V&R

Molly Whittaker / Horst Holtermann / Andreas Hänni

Einführung in die griechische Sprache des Neuen Testaments

Grammatik und Übungsbuch

IANUA LINGUAE GRAECAE C

Mit Beiheft
(Schlüssel der Übersetzungsübungen)

8. Auflage

Vandenhoeck & Ruprecht

Berechtigte Übersetzung aus dem Englischen durch Hans Holtermann
Erste Bearbeitung durch Horst Holtermann
Vollständig überarbeitet von Andreas Hänni

Abdruck der Konjugationstabellen mit freundlicher Genehmigung
des Verlages Aschendorff in Münster/Westfalen.

Titel der englischen Ausgabe: „New Testament Greek Grammar"
by Molly Whittaker. SCM Press Ltd. London.

Bibliografische Information der Deutschen Nationalbibliothek
Die Deutsche Nationalbibliothek verzeichnet diese Publikation in der
Deutschen Nationalbibliografie; detaillierte bibliografische Daten sind
im Internet über http://dnb.d-nb.de abrufbar.

ISBN 978-3-525-52142-7

© SCM Press LTd. London 1969. Deutsche Übersetzung:

© 2012, 1974 Vandenhoeck & Ruprecht GmbH & Co. KG, Göttingen/
Vandenhoeck & Ruprecht LLC, Oakville, CT, U.S.A.
www.v-r.de
Alle Rechte vorbehalten. Das Werk und seine Teile sind urheberrechtlich geschützt.
Jede Verwertung in anderen als den gesetzlich zugelassenen Fällen bedarf der vorherigen schriftlichen Einwilligung des Verlages. – Printed in Germany.
Druck und Bindung: Elanders Waiblingen GmbH, Waiblingen

Vandenhoeck & Ruprecht Verlage | www.vandenhoeck-ruprecht-verlage.com
E-Mail: info@v-r.de

VORWORT

Die C-Ausgabe der IANUA LINGUAE GRAECAE dient der Einführung in die griechische Sprache des Neuen Testaments. Sie ist eingerichtet für Arbeitsgemeinschaften in der Oberstufe der Gymnasien, für Grund- und Leistungskurse in der Sekundarstufe II und für Universitätskurse. Durch die Aufnahme eines Schlüssels mit den Lösungen der Übersetzungsübungen ist dies Lehrbuch auch für das Selbststudium geeignet.
Das Buch hat seinen Zweck erreicht, wenn der Griechischlernende nach seinem Abschluß in der Lage ist, griechische Texte des Neuen Testaments mit Hilfe eines Wörterbuchs und einer größeren Grammatik zu lesen und zu interpretieren. Der grammatische Lernstoff ist in die einzelnen Lektionen eingearbeitet. Die wissenschaftliche Beschreibung des hellenistischen Griechisch, der Koine (im folgenden mit K abgekürzt), soweit es im NT vorkommt, enthält die Grammatik des neutestamentlichen Griechisch von Blass/Debrunner/Rehkopf aus dem gleichen Verlag (Bestellnr. 3-525-52106-5, 17. Aufl. 1990), Übersichten über das Klassische Griechisch (im folgenden mit KG abgekürzt), das im gleichen Verlag erschienene Heft von Horst Holtermann, ELEMENTA GRAMMATICAE GRAECAE (Bestellnr. 3-525-72060-2).

Wie soll mit diesem Lehrbuch gelernt werden?
Wir empfehlen folgendes Verfahren:
Jede **Lektion** beginnt mit der ausführlichen **Beschreibung der neuen grammatischen Erscheinung**. Man soll diesen Lehrbuchtext mehrmals durchlesen, bis man seinen Inhalt verstanden hat und in eigenen Worten wiedergeben kann. Die sog. Paradigmen, d.h. die Deklinations- und Konjugationsbeispiele muß man fehlerfrei aufsagen können.
Danach folgen die neuen **Vokabeln**. Es empfiehlt sich, sie in ein Vokabelheft abzuschreiben und damit den ersten Schritt zum Einprägen zu tun. Die richtige Aussprache und alle Bedeutungen müssen gelernt sein, ehe man an die Übersetzungsübungen gehen kann, die der Anwendung und Festigung des Gelernten dienen.
Die folgenden **Übungen zur Übersetzung aus dem Griechischen ins Deutsche** müssen zunächst zweimal laut gelesen werden. Danach werden sie in ein Heft abgeschrieben, denn nur so kann die Hand an das richtige Schreiben griechischer Wörter gewöhnt werden. Jetzt erst wird schriftlich

ins Deutsche übersetzt. Dabei können durchaus die Vokabelbedeutungen verwendet werden, die das Lehrbuch angegeben hat und die schon erlernt sind. Denn der Schlüssel für diese Übersetzungsaufgaben im Beiheft verwendet ebenfalls diese Bedeutungen, selbst wenn dadurch manche der Übersetzungen unausgefeilt klingen. Nur in wenigen Fällen, wo das Sprachgefühl dazu zwingt, über die wörtliche Übersetzung hinaus zu einer Umformung fortzuschreiten, werden solche Umformungsmöglichkeiten im Schlüssel angegeben. Dabei erscheint zunächst die wörtliche Übersetzung in Klammern, mit einem Gleichungszeichen am Ende, und danach die Umformung: (... =) ... Das Gleichungszeichen will nicht etwa die Gleichwertigkeit beider Ausdrücke behaupten, sondern ist nur aus satztechnischen Gründen gewählt worden. Ferner sind die verschiedenen Formen der Klammersetzung in diesem Schlüssel zu beachten: Die runden Klammern (...) umschließen Auswahlmöglichkeiten der Übersetzung, die eckigen Klammern [...] Worte, die bei einer stilgerechten deutschen Übersetzung besser fortfallen würden, obwohl sie im griechischen Original enthalten sind, die spitzen Klammern <...> endlich Worte, die man im Deutschen zur Klärung der Ausdrucksintention hinzufügen würde. In all diesen Angaben haben wir uns sehr zurückgehalten, um den Charakter des Lösungsschlüssels nicht zu verwischen. Mit diesem Hilfsmittel und mit den dadurch bedingten Übersetzungsvorschlägen wollen wir erreichen, daß der Lernende das Griechische Stufe für Stufe sicher beherrscht, nicht aber, daß er in der Kunst des Interpretierens und des darauf gegründeten Übersetzens ein Meister wird. Das ist Sache der Textlektüre und später des neutestamentlichen Seminars.

Die meisten Lektionen enthalten danach **Übungen zum Übersetzen aus dem Deutschen ins Griechische**. Der Wert dieser Übungsform ist in der Fachdidaktik umstritten, mindestens in Deutschland. Wo genügend Zeit ist, die griechische Sprache auch auf diesem Wege beherrschen zu lernen, sollte man auf diese Übungsform nicht verzichten. Im anderen Fall können die im Schlüssel angegebenen griechischen Lösungsvorschläge als Ausgang für Übersetzungen **aus dem Griechischen ins Deutsche** verwendet werden. Nur hat man dabei das Klammersystem umzudenken.

Die **Vokabelverzeichnisse** schließen das Lehrbuch ab. Hier ist nachzuschlagen, wenn eine Vokabelbedeutung entfallen ist, aber aus der Erfahrung empfehlen wir dringend das Anlegen einer „Roten Liste entfallener Vokabeln". Da das Lehrbuch alle einmal eingeführten Vokabeln auf dem Wege der **immanenten Repetition** ständig wieder als Übersetzungsaufgabe stellt, sollten diese beim ersten Lernen, spätestens aber nach dem ersten Vergessenhaben gründlich eingeprägt werden.

Formenübungen enthalten nur die Lektionen 35 und 36. Sie können zu allen Lektionen leicht durch Aufgabenstellung des Lehrers oder – bei Selbststudium – durch frei gewählte Deklinations- und Konjugationsaufgaben ergänzt werden.

Das **Sprachmaterial**, das in diesem Lehrbuch vorgelegt wird, wurde allein schon durch den ausgewählten **Wortbestand** an die statistischen Untersuchungen zur Sprache des NT gebunden und damit eingegrenzt. Die gleiche Tendenz zur Rationalität im Aufwand hat auch bei der Frage der Angabe von deutschen Bedeutungen zu den einzelnen griechischen Vokabeln, also bei der Wortfelddefinition, vorgeherrscht. So wurden jeweils nur soviel verschiedene Bedeutungen aufgenommen, wie zur Lösung der Übersetzungsaufgaben dieses Buches nötig sind. Es ist wohl selbstverständlich, daß der spätere Umgang mit den Texten der Heiligen Schrift diese ersten Kenntnisse ständig erweitern und vertiefen muß. Jedenfalls werden in diesem Lehrbuch die häufigsten Wörter des NT in ihren Grundbedeutungen erlernt.

Die **Beispielsätze** wurden aus der englischen Originalausgabe übernommen. Sie sind von Molly Whittaker unter ständigem Blick auf Sprache, Stil und Situation des neutestamentlichen Griechisch **frei geformt**. Wir konnten uns nicht dazu entschließen, von Anfang an nur mit Originalsätzen des NT zu arbeiten, weil dann einmal die notwendigerweise umständliche Kommentierung von der jeweiligen Lernaufgabe abgelenkt hätte und zum anderen die Erwartung, ja Hoffnung, daß man sich rasch an bekannte deutsche Übersetzungen erinnert, nicht zum exakten Erlernen der griechischen Sprache geführt hätte. Hierauf aber kam es uns an, und deswegen haben wir den anderen Weg gewählt, der sich mit der englischen Originalausgabe inzwischen in Großbritannien durchgesetzt hat. Daß die einzelnen Sätze aus Übungs- und Wiederholungsgründen (aus diesen vor allem) nicht immer inhaltlich besonders reizvoll sind, wird der Lernende, dem sein Ziel klar vor Augen steht, um des Lerngewinns willen wohl in Kauf nehmen. Wir erwarten von ihm ja auch ein höheres Alter und damit die Fähigkeit, sich ganz auf die sprachliche Form zu konzentrieren.

Wer Griechisch in jüngerem Alter auf der Schule, im altsprachlichen Gymnasium, in der Form des Klassischen Griechisch mit seiner Fülle von Dialekten und Stilen erlernt hat, der hat sicher demjenigen vieles voraus, der erst in späteren Jahren an diese Sprache herangeht und den begrenzten Zweck verfolgt, nur das Griechisch des NT zu erlernen. Aber auch dieser zweite Weg trägt seinen Wert in sich. Denn nicht ohne Grund sind die aramäisch gesprochenen Worte des Jesus von Nazareth in der ersten Sprache der Wissenschaft, auf Griechisch, aufgezeichnet worden und in dieser Sprach- und Denkform zuerst um die Welt gegangen.

HORST HOLTERMANN MOLLY WHITTAKER

VORWORT ZUR 6. AUFLAGE

Die vorliegende Ausgabe ist eine gründliche Bearbeitung des bewährten Werkes von Molly Whittaker und Horst Holtermann. Sie hält fest am klaren Aufbau, bringt jedoch einige Verbesserungen, die das Studium der neutestamentlichen Sprache weiter erleichtern sollen: Zusammengehöriges wird nicht mehr durch Seitenumbruch getrennt, die grammatischen Erscheinungen werden durch eine Übersicht zur Formenlehre und ein Register zur Syntax besser erschlossen, das Vokabular ist abgestimmt auf das Griechische Lernvokabular zum Neuen Testament von Friedrich Rehkopf (ISBN 3-525-52183-9). Erweiterungen oder gründlichere Umgestaltungen finden sich in den Lektionen 7 und 9 (Aspekte von Imperfekt und Aorist), 11 (Medium), 17 (AcI), 21 und 23 (Syntax des Partizips), 24 (Liquida), 30 (Prospektivus), 33 bis 35 (Athematische Konjugation), 41 (Konditionalsatz), 42 (Optativ) und 45 (Enklitika). Die Anmerkungen enthalten wie bisher nicht immer nur ergänzende Informationen, sondern oft auch solche, die dem Lernstoff zugerechnet werden müssen; an ihrer Funktion als Gestaltungsmittel ist also festgehalten worden.

Mein Dank geht an die Schüler der Kirchlich-theologischen Schule Bern, die mit ihren vielfältigen und unablässigen Anregungen ihrer Verbundenheit mit all denen Ausdruck verliehen haben, die sich nach ihnen auf die spannende Auseinandersetzung mit dem originalen Wort des Neuen Testaments einlassen wollen.

Bern, den 28. Februar 1996   ANDREAS HÄNNI

VORWORT ZUR 7. AUFLAGE

In der Neuauflage wurden einige Fehler beseitigt sowie im Schlüssel die fehlende Lösung 45 ergänzt. 6. und 7. Auflage sind im Unterricht parallel einsetzbar.

Bern, den 30. Juni 2000   ANDREAS HÄNNI

INHALT

Die Zahlen hinter den Angaben über die Grammatikpensen der einzelnen Lektionen verweisen auf die Paragraphen der ELEMENTA GRAMMATICAE GRAECAE von H. Holtermann (3. Aufl., Göttingen 1974, ISBN 3-525-72060-2), deren Benutzung als zusammenfassende Kurzgrammatik neben der Grammatiklehre dieses Übungsbuches empfohlen wird. Die ELEMENTA GRAMMATICAE GRAECAE stellen aber den Bestand des Klassischen Griechisch (KG) dar; daher sind in allen Fällen, wo das Griechisch des NT, die Koine (K), stark vom KG abweicht, die entsprechenden Paragraphen in eckige Klammern gesetzt: [ ]. Paragraphen oder Paragraphenteile, die mehr grammatischen Stoff enthalten, als in der betr. Lektion gelernt werden soll, sind in runde Klammern gesetzt: ( ).

Grammatikpensum

Lektion   Seite

- Alphabet, Diphthonge: 1; Spiritus: 2 c; Iota subscriptum:
  2 d, 1; Akzente: 2 a 11
1 Präsens Indikativ Aktiv: λύω ich löse: 25 (a) 13
2 o-Deklination: Substantive und Artikel: ὁ λόγος das Wort
  – τὸ ἔργον das Werk, die Arbeit, die Tat: 3 14
3 Indikativ Präsens Aktiv der verba contracta auf -ε-: φιλέω/
  φιλῶ ich liebe: 28 a; Der unbestimmte Artikel: (62);
  Präpositionen ἐκ, ἐν, εἰς: (48) 17
4 α-Deklination: feminine Substantive: 4 a, b, g–l; Übersicht
  über den bestimmten Artikel: –; Zeichensetzung: 2 e 18
5 α-Deklination: maskuline Substantive:
  4 c–f; ἀπό, πρό, σύν: (48) 20
6 Adjektive der o-/α-Deklination: 5; πρός: (48) 22
7 Imperfekt Indikativ Aktiv: 25 (a), 49 a–c; μέγας, πολύς: 8 g;
  διά: (48) 24
8 Das Verb sein: [40c]; Der bestimmte Artikel: (62);
  οὗτος, ἐκεῖνος: 13 b, 2 + 3 26
9 Futur und schwacher Aorist Indikativ Aktiv: 25 (a, c),
  24, 23a; 49 d–f 29
10 Personal- und Reflexivpronomen: 16, (17); αὐτός:
   13 b, 4 + 5; Artikel mit μέν und δέ: 62 a; κατά, μετά: (48) 32

7

11	Medium: Präsens, Imperfekt, Futur, Aorist: 25 (d, e), 50; Futur von εἰμί: (40 c)	36
12	Passiv: Präsens, Imperfekt: 25 (d); Temporalsätze: –; ὑπό: (48)	39
13	Starker Aorist Aktiv und Medium: 25 (b, e), 30a; Relativpronomen: 13 c	41
14	Starker Aorist (Forts.): 25 (b, e); indirekte Rede, eingeleitet mit ὅτι: –	44
15	Futur und Aorist Passiv: 25 (e, c, j); 30b; Wurzelaorist I: 31 (a)	46
16	Infinitiv: Formenbildung: (25); Funktionen: 54 a, b, (c), d	49
17	Deklinierter Infinitiv: 54 e, f; AcI.; Adverbien der Adjektive der o-/α-Deklination: 12 a	52
18	3. Deklination: Substantive mit konsonantischem Stamm: 6, 7a, b	56
19	3. Deklination: Besonderheiten: 8; ἐπί (48)	58
20	3. Deklination: Substantive mit vokalischem Stamm: 9 a–c, 10 a–c; περί (48)	61
21	Partizipien: Bildung: 7 c, (25); adjektivischer Gebrauch: 55 a, b	63
22	Partizipien: Adverbialer Gebrauch I (Participium coniunctum): 55 c; παρά: (48)	67
23	Partizipien: Adverbialer Gebrauch II (Genitivus absolutus): 55 d; Prädikativer Gebrauch: Umschreibende Konjugation, AcP, Verben des modifizierten Seins oder Tuns: 55 (e–i)	70
24	Futur und Aorist der verba liquida: 29; πᾶς: 7 c; τίς: 13 a	73
25	Imperative: (25); Zahlen 1–4: (18 a); mehrfache Negationen: –	77
26	Konjunktiv: Formenbildung; 25 f, (i, j); adhortativus: 52 a, prohibitivus: 52 b, iussivus: –, finalis: 52 d	81
27	Adjektive und Adverbien der 3. Deklination: 6 (a), 9 d, 10 d	84
28	Verba contracta mit Stamm auf α: 28 b, c; δύναμαι: 39 a; οὐ μή als starke Negation: –	86
29	Verba contracta mit Stamm auf o: 28 d; direkte und indirekte Fragen: –; Konjunktiv: deliberativus: 52 c	90
30	Demonstrativ-, Relativ- und Interrogativpronomina und -adverbien: 15; Konjunktiv: prospectivus: 52 e, f	93
31	Perfekt Aktiv, Medium und Passiv: 25 (k – m), 30 c; (Empfehlung: Aktionsart: 49 III)	97
32	Plusquamperfekt Aktiv, Medium und Passiv: 25 (k – m); οἶδα: [32 b]; Indirekte Rede (AcI): 54 c; Stammformen	102
33	Aktiv von δίδωμι, τίθημι, ἵημι: (41)	106

34	Medium und Passiv von δίδωμι, τίθημι, ἵημι: (41); ὥστε:	110
35	ἵστημι: 39 b, c, (f); φημί: 40 a; εἶμι: 40 b; Wurzelaorist II: 31 a, (b); ἀντί: 48	113
36	δείκνυμι: 42; πρίν: ; ὑπέρ: (48)	117
37	Steigerung der Adjektive und Adverbien: 11, 12 c	120
38	Präpositionen: (48)	124
39	Komposita: –	130
40	Präpositionale Adverbien: (48); Einige Kasusfunktionen: (45–47)	132
41	Bedingungssätze: 57; τε: –	138
42	Optativ: (25), 53; Die Negationen οὐ und μή (Zusammenfassung): –	141
43	Einige syntaktische Besonderheiten: attractio relativi: 58 e; τοῦ + Inf.: –; ἵνα-Sätze: –	144
44	Zahlwörter: 18	148
45	Semitismen: –; Enklitika: 2 b	151
–	Stammformen	157
–	Die Musterbeispiele zur Deklination und Konjugation	165
–	Thematische Konjugation der Verben auf -ω	166
–	Sachregister	169
–	Deutsch-griechisches Wörterverzeichnis	172
–	Gesamtverzeichnis der griechischen Vokabeln	178
–	SCHLÜSSEL: Lösung der Übersetzungsaufgaben:	im Beiheft

Alphabet, Diphthonge, Spiritus, Iota subscriptum, Akzente

Alphabet

	gr. Buchstabe	kl. Buchstabe	Lautwert
Alpha[1]	A	α	ă, ā
Beta	B	β	b
Gamma[2]	Γ	γ	g
Delta	Δ	δ	d
Epsilon	E	ε	ĕ
Zeta	Z	ζ	ds
Eta	H	η	āē, ē
Theta	Θ	θ	th
Jota	I	ι	ĭ, ī
Kappa	K	κ	k
Lambda	Λ	λ	l
My	M	μ	m
Ny	N	ν	n
Xi	Ξ	ξ	ks
Omikron	O	ο	ŏ
Pi	Π	π	p
Rho	P	ρ	r
Sigma[3]	Σ	σ, ς	s
Tau	T	τ	t
Ypsilon[4]	Y	υ	ŭ, ū
Phi	Φ	φ	f
Chi	X	χ	ch
Psi	Ψ	ψ	ps
Omega	Ω	ω	ō

[1] Große Buchstaben werden gewöhnlich gebraucht für Namen, für den Beginn eines Absatzes oder um einen neuen Abschnitt zu kennzeichnen, jedoch verfahren die Herausgeber nicht einheitlich.

[2] Steht ein γ vor einem Guttural (κ, χ, γ, ξ), so wird es im Griechischen als n ausgesprochen und im Deutschen auch als n geschrieben – ἄγγελος: Engel.

[3] σ im Wort, ς am Ende eines Wortes. Einige Herausgeber gebrauchen nur die Form ς, wie sie in alten Papyrusrollen und Handschriften gebraucht wird.

[4] Ins Lateinische übernommen und von da her in die deutsche Sprache eingegangen – Κύπρος: Zypern.

Diphthonge
(zwei Vokale werden zusammengezogen)

αι	ai
ει	ei
οι	oi (eu)
αυ	au
ου	u
ευ, ηυ	eu
υι	üi

Spiritus
Der Spiritus asper (῾) gleicht dem deutschen h im Anlaut, der Spiritus lenis (᾽) steht bei vokalisch anlautenden Wörtern. Der Spiritus (asper oder lenis) steht bei anlautendem großgeschriebenem Vokal davor (Ἡρῴδης), bei anlautendem kleingeschriebenem Vokal darüber (ἄγγελος, ὥρα) und bei anlautendem Diphthong auf dem zweiten Vokal (Αἰνείας, εὑρίσκω). Anlautendes ρ bekommt den Spiritus asper (ῥητορική). Der Spiritus, ob asper oder lenis, ist ein wesentlicher Bestandteil des Wortes und muß mitgeschrieben werden.

Iota subscriptum
Steht ein kleines ι unter α, η, ω, so wird es nicht mehr ausgesprochen. Es ist aber ein Grundbestandteil, Teil eines ursprünglichen Diphthongs, und muß mitgeschrieben werden. Bei Großschreibung wird das ι beigeschrieben (Ἅιδης, ἩΡΩΙΔΗΣ); es heißt dann Iota adscriptum.

Akzente (Akut, Gravis, Zirkumflex)
Akzente geben die Tonhöhe, nicht den Nachdruck an, der auf dem betonten Vokal liegt. Sie wurden um 200 v. Chr. von Aristophanes von Byzanz zum Nutzen von Ausländern, die Griechisch lernten, in ein System gebracht. Diese Akzente wurden noch bis 1982 im modernen Griechisch verwendet, sind jedoch heute durch das sog. Einakzentsystem ersetzt. Einige Wörter können nur durch ihre Akzente unterschieden werden; jeder Lernende muß daher mit den Grundregeln der Akzentsetzung vertraut sein und Akzente setzen können. Deshalb werden in diesem Buch Regeln für ihren Gebrauch gegeben, soweit es notwendig ist.

Digamma
In älterer Zeit gebrauchte man für den Laut w das Zeichen F (Digamma, Doppelgamma).

1 Präsens Indikativ Aktiv
λύω ich löse

Die meisten griechischen Verben haben das gleiche Endungssystem. Es gibt keine Trennung in Konjugationen wie im Lateinischen. Die Endungen geben die Personen an. Personalpronomina sind nicht nötig, außer zur besonderen Hervorhebung (wie im Lateinischen).

λύ – ω	ich löse		λύ – ομεν	wir lösen
λύ – εις	du löst		λύ – ετε	ihr löst
λύ – ει	er, sie, es löst		λύ – ουσι(ν)[5]	sie lösen

Akzentregeln
Merke: Bei den meisten Verbformen steht der Akzent so weit wie möglich vom Ende des Wortes entfernt.
Regel 1: Ein **Akzent** kann nur auf der letzten, vorletzten oder drittletzten Silbe stehen.
Regel 2: Ein **Akut** kann auf jeder dieser drei Silben stehen, gleichgültig ob sie lang oder kurz ist. Ist aber die **letzte Silbe** lang, kann **der Akut nur auf einer der beiden letzten Silben** stehen.

λύω	ich löse, lasse frei	λαμβάνω	ich nehme, bekomme
ἀκούω (m. Akk./Gen.)	ich höre	λέγω	ich sage, nenne
βλέπω	ich sehe, erblicke	παιδεύω	ich erziehe
		πέμπω	ich schicke, sende
γράφω	ich schreibe		
ἐσθίω	ich esse	πιστεύω	ich vertraue, glaube
εὑρίσκω	ich finde		
θεραπεύω	ich pflege, diene, heile	σῴζω	ich rette, schütze
κηρύσσω	ich verkündige, predige		

[5] Im KG wurde bei der Personalendung -ουσι vor einem mit Vokal beginnenden Folgewort ein ν eingefügt, um das Aufeinanderstoßen zweier Vokale, den sog. Hiát, zu vermeiden; ebenso am Ende eines Satzes. In der K, der Sprache, in der das NT geschrieben wurde, setzen weniger feinfühlige Autoren das ν vor einem Konsonanten, oder sie lassen es vor einem Vokal weg, ganz nach Belieben.

Übersetze ins Deutsche: βλέπουσι, πέμπετε, ἐσθίομεν, σῴζει, ἀκούεις, εὑρίσκω, θεραπεύετε, γράφεις, λέγουσι, λαμβάνομεν, πιστεύει, κηρύσσετε, λύουσιν.

Übersetze ins Griechische: Wir sagen. Er hört. Sie glauben. Du pflegst. Ich nehme. Sie schreiben. Ihr sendet. Sie findet. Wir retten. Du verkündest. Ich esse. Ihr seht. Wir lösen.

---

2 o-Deklination: Substantive und Artikel
ὁ λόγος das Wort – τὸ ἔργον das Werk, die Arbeit, die Tat

Die o-Deklination umfaßt Substantive und Adjektive mit dem Stammauslaut -o. Die Endung -ος weist meistens auf maskulines, die Endung -ον auf neutrales Geschlecht. Das Griechische hat einen bestimmten **Artikel**, der wie im Deutschen vor dem Substantiv steht.

Singular	Maskulinum	Neutrum
Nominativ	ὁ λόγος	τὸ ἔργον
Genitiv	τοῦ λόγου	τοῦ ἔργου
Dativ	τῷ λόγῳ	τῷ ἔργῳ
Akkusativ	τὸν λόγον	τὸ ἔργον
Vokativ	(ὦ) λόγε	(ὦ) ἔργον
Plural		
Nom.	οἱ λόγοι	τὰ ἔργα
Gen.	τῶν λόγων	τῶν ἔργων
Dat.	τοῖς λόγοις	τοῖς ἔργοις
Akk.	τοὺς λόγους	τὰ ἔργα
Vok.	(ὦ) λόγοι	(ὦ) ἔργα

Merke: 1) Der **Vokativ** ist der Fall der Anrede. Es gibt ihn nur für den Singular, und auch das nicht immer: Wenn nicht anders erwähnt, stimmen seine Formen mit dem Nominativ überein. Zur Verdeutlichung steht zuweilen der Anruf ὦ davor.
2) Sowohl **im Singular** als auch **im Plural** sind bei Substantiven im **Neutrum Nominativ, Akkusativ und Vokativ gleich**. Diese Formen haben im Plural immer ein α als Endung, wie im Lateinischen.

3) Im KG steht, wenn das **Satzsubjekt Neutrum Plural** ist, das **Prädikat** meist **im Singular**; in der K kann man in diesem Fall das Prädikat sowohl im Singular (sogenannter kollektiver Singular) als auch im Plural finden:
KG : τὰ ἔργα σώζει – K: τὰ ἔργα σώζει/σώζουσιν

Kasusgebrauch:
Nominativ für das Subjekt:	ὁ λόγος σώζει.
	Das Wort rettet.
Genitiv für die Besitzanzeige:	ὁ δοῦλος τοῦ ἀδελφοῦ
	der Sklave des Bruders
Dativ als indirektes Objekt:	γράφει τοῖς ἀδελφοῖς.
	Er schreibt den Brüdern.
Akkusativ als direktes Objekt:	βλέπουσι τὸ ἔργον.
	Sie sehen das Werk.
Vokativ als Anrede:	ὦ ἄγγελε.
	O Engel!

Akzentregeln
Merke: Während die Akzentsetzung bei den Verben einer allgemeinen Regel folgt, steht der Akzent bei den Substantiven auf derselben Silbe wie im Nominativ Singular, sofern dies nach den Akzentregeln möglich ist. Man muß sich daher jedes Wort mit seinem Akzent einprägen, optisch und akustisch.
Regel 3: Ein **Gravis ersetzt den Akut auf der letzten Silbe**, wenn dieser Silbe im selben Satz ein Wort folgt: βλέπω τοὺς ἀδελφούς. Vor einem Satzzeichen kann also kein Gravis stehen.
Regel 4: Ein **Zirkumflex kann nur auf einer langen Silbe**, und zwar auf der **vorletzten oder letzten** Silbe stehen. Bei Wörtern, die die vorletzte Silbe betonen, steht er nur dann, wenn die letzte Silbe kurz ist (δοῦλος). Ist diese lang, so steht ein Akut (δούλου).
Regel 5: Substantive mit **Akut auf der drittletzten Silbe** im Nominativ Singular lassen in denjenigen Kasus, deren Endung durch eine **lange letzte Silbe** gebildet wird, den Akut und damit die **Betonung auf die vorletzte Silbe** übergehen: ἄγγελος – ἀγγέλου; vgl. Regel 2.

Merke: 1) Diphthonge sind naturlang, aber auslautendes οι und αι gelten für die Akzentsetzung als kurz: ἄγγελος, ἄγγελοι, aber ἀγγέλοις.
2) In der α- und o-Deklination bekommt die letzte Silbe, wenn sie betont ist, im Gen. und Dat. Sing. und Pl. den Zirkumflex: τοῖς ἀδελφοῖς.

Maskulinum		Neutrum	
ὁ ἄγγελος	Bote, Engel	τὸ ἀργύριον	Silber, Geld
ὁ ἀδελφός	Bruder	τὸ δαιμόνιον	Dämon (Pl.: die Teufel)
ὁ ἄρτος	Brot		
ὁ δοῦλος	Sklave, Diener	τὸ ἔργον	Werk, Arbeit, Tat
ὁ θεός[6]	Gott	τὸ εὐαγγέλιον	gute Nachricht Evangelium
ὁ λόγος	Wort, Bericht, Rede		
ὁ νόμος	Gesetz	τὸ ἱμάτιον	Mantel; Pl.: Kleidungsstükke, Kleider
		τὸ πλοῖον	Schiff, Boot
		τὸ τέκνον	Kind

Übersetze: 1. ἐσθίει[7] ὁ δοῦλος τὸν ἄρτον τοῦ Θεοῦ. 2. σώζουσιν οἱ ἄγγελοι τοὺς ἀδελφούς. 3. γράφετε τοῖς δούλοις τοὺς λόγους τῶν ἀδελφῶν. 4. ὦ ἀδελφέ, πιστεύεις[8] τοῖς λόγοις τῶν ἀγγέλων. 5. πέμπει ὁ ἀδελφὸς τὸ πλοῖον. 6. λαμβάνει τὰ τέκνα τὸ ἀργύριον τῶν δούλων. 7. γράφει ὁ ἀδελφὸς τὸ εὐαγγέλιον τοῖς δούλοις. 8. λαμβάνουσι τὰ δαιμόνια τὸ ἱμάτιον τοῦ τέκνου. 9. κηρύσσομεν τὸ εὐαγγέλιον.

Übersetze: 1. Wir sehen die Werke Gottes. 2. Die Brüder finden die Evangelien. 3. ‹O› Engel, du schreibst die Worte des Evangeliums für die Kinder. 4. Die Kinder Gottes empfangen das Evangelium. 5. Sie rettet die Kleider für die Brüder. 6. Die Sklaven schicken die Schiffe. 7. Die Teufel essen das Brot der Kinder. 8. Ich höre die Worte des Gesetzes.

---

[6] Wenn Gott gemeint ist, wird der Artikel gesetzt, um ihn von anderen Göttern zu unterscheiden; oft wird auch der Anfangsbuchstabe groß geschrieben. Der Vokativ lautet selten ὦ θεέ, häufiger ὦ θεός, oft sogar nur ὁ θεός.

[7] Die griechische Wortstellung ist sehr flexibel, aber das Prädikat steht im NT häufig vor dem Subjekt.

[8] Wird mit dem Dativ oder Präpositionen gebraucht: εἰς m. Akk., ἐν m. Dat.

3 Indikativ Präsens Aktiv der verba contracta auf -ε- φιλέω/φιλῶ ich liebe – Der unbestimmte Artikel – Präpositionen: ἐκ, ἐν, εἰς

Merke: Im Lexikon wird immer die unkontrahierte Form (φιλέω) angegeben, um den Stammvokal zu zeigen, und daher muß man diese Form lernen. In Texten tritt allerdings immer die Kontraktion (φιλῶ) ein. War einer der beiden kontrahierten Vokale vor der Kontraktion betont, so wird nun der Vokal des Kontraktionsergebnisses betont (φιλέω → φιλῶ). Statt eines Akutes kann aber – wenn es nach den Akzentregeln möglich ist – ein Zirkumflex stehen. Dieser Zirkumflex ist ein guter Hinweis auf ein verbum contractum.

Kontraktionsregeln: 1. ε + ε → ει
                               2. ε + ο → ου
                               3. ε + langer Vokal/Diphthong → langer Vokal/Diphthong

Indikativ Präsens Aktiv:

φιλέ-ω	→ φιλῶ	ich liebe
φιλέ-εις	→ φιλεῖς	du liebst
φιλέ-ει	→ φιλεῖ	er, sie, es liebt
φιλέ-ομεν	→ φιλοῦμεν	wir lieben
φιλέ-ετε	→ φιλεῖτε	ihr liebt
φιλέ-ουσι(ν)	→ φιλοῦσι(ν)	sie lieben

Der unbestimmte Artikel
Steht im Griechischen kein Artikel, so entspricht das im Deutschen dem unbestimmten Artikel oder ebenso dem Gebrauch ohne Artikel:

ὁ λόγος	das Wort	λόγος	Wort/ein Wort

ἄγω	ich führe, treibe, gehe	μαρτυρέω	ich bin Zeuge,
αἰτέω (m. dopp. Akk.)	ich bitte, fordere (jd. um etw.)	(m. Dat.)	bezeuge, lege Zeugnis ab von etw.
ζητέω	ich suche (nach etw.)	ποιέω	ich mache, tue
καλέω	ich rufe, nenne	τελέω	ich beende, vollende
κρύπτω	ich verberge	τηρέω	ich bewache,
λαλέω (m. Dat.)	ich rede, spreche (mit)		beachte, behüte, behalte

φιλέω	ich liebe	καί – καί	sowohl – als auch
ὁ ἀπόστολος	Apostel	οὐ, οὐκ, οὐχ	nicht (vor ': οὐκ;
ὁ θάνατος	Tod		vor ': οὐχ)
ὁ κόσμος	Welt	ἐν (m. Dat.)[9]	in, an
ὁ κύριος	Herr	εἰς (m. Akk.)[9]	in ... (hinein)
ὁ οἶκος	Haus	ἐκ (m. Gen)[9]	aus ... (heraus)
καί	und, sogar, auch		(vor Vokalen: ἐξ)

Übersetze: 1. ἄγουσιν οἱ δοῦλοι τοὺς ἀποστόλους εἰς τὸν οἶκον. 2. τηρεῖ καὶ σώζει ὁ Κύριος τὸν κόσμον. 3. οὐ μαρτυρεῖτε τῷ εὐαγγελίῳ, ὦ ἀδελφέ. 4. καλεῖ ὁ ἀπόστολος τὰ δαιμόνια ἐκ τῶν τέκνων. 5. ζητοῦμεν τὸ ἀργύριον ἐν τῷ οἴκῳ. 6. ποιεῖτε ἄρτους τῷ κυρίῳ, δοῦλοι. 7. λαλοῦσιν οἱ ἄγγελοι τοὺς λόγους τοῦ Θεοῦ. 8. αἰτεῖ τὰ τέκνα ἄρτον. 9. σώζεις, Κύριε, τοὺς ἀδελφοὺς ἐκ τοῦ θανάτου. 10. οὐχ εὑρίσκομεν τὰ ἱμάτια ἐν τῷ οἴκῳ τοῦ δούλου.

Übersetze: 1. Das Gesetz legt Zeugnis ab [von] den Worten Gottes. 2. Wir verbergen das Brot im Haus. 3. Die Apostel schreiben Evangelien für die (bloßer Dat.) Welt. 4. Du nimmst die Kleider des Kindes aus dem Haus. 5. Ihr ruft das Kind des Sklaven. 6. Die Teufel finden das Geld der Kinder nicht. 7. Sie vollendet das Werk des Apostels. 8. Die Boten bitten [um] Brote. 9. Die Brüder glauben an das Gesetz Gottes. 10. Der Herr hört und bewahrt Gottes Wort (= das Wort des Gottes).

---

4   α-Deklination: feminine Substantive. Übersicht über den bestimmten Artikel. Zeichensetzung.

Alle Substantive der α-Deklination, die auf α oder η enden, sind Feminina und werden **im Plural gleich** dekliniert.
Im **Singular** behalten Substantive, deren Stamm auf ε, ι oder ρ endet, das α bei (sog. ARIE-Regel): θεά, ἀλήθεια, ἡμέρα. Steht bei Substantiven vor dem α aber ein anderer Konsonant als ρ, so wird das α in Gen. und Dat. Sg. zu η (θάλασσα – θαλάσσης, θαλάσσῃ). Ein η im Nom. Sg. bleibt im ganzen Singular η.

[9]   Eine Übersicht über alle Präpositionen befindet sich in Lektion 38.

Sing.	Nom.	ἡ	ἡμέρα	θάλασσα	ἐντολή
	Gen.	τῆς	ἡμέρας	θαλάσσης	ἐντολῆς
	Dat.	τῇ	ἡμέρᾳ	θαλάσσῃ	ἐντολῇ
	Akk.	τὴν	ἡμέραν	θάλασσαν	ἐντολήν
	Vok.	(ὦ)	ἡμέρα	θάλασσα	ἐντολή
Pl.	Nom.	αἱ	ἡμέραι	θάλασσαι	ἐντολαί
	Gen.	τῶν	ἡμερῶν	θαλασσῶν	ἐντολῶν
	Dat.	ταῖς	ἡμέραις	θαλάσσαις	ἐντολαῖς
	Akk.	τὰς	ἡμέρας	θαλάσσας	ἐντολάς
	Vok.	(ὦ)	ἡμέραι	θάλασσαι	ἐντολαί

Merke: Alle Substantive der **α-Deklination** sind im **Gen. Pl. endbetont** (Kontraktion aus ά-ων). Das α im Gen. und Dat. Sing. und Akk. Pl. ist lang. Das auslautende -α ist nach ρ, ι und ε lang, falls der Akzent dies nicht ausschließt (ἁμαρτία hat langes -α; ἀλήθεια hat kurzes -α).

Übersicht: Bestimmter Artikel

Sing.	N.	ὁ	ἡ	τό	Plur.	οἱ	αἱ	τά
	G.	τοῦ	τῆς	τοῦ		τῶν	τῶν	τῶν
	D.	τῷ	τῇ	τῷ		τοῖς	ταῖς	τοῖς
	A.	τόν	τήν	τό		τούς	τάς	τά

ἡ ἀγάπη	Liebe	πῶς;	wie?
ἡ ἀλήθεια	Wahrheit	τὸ σάββατον	Sabbat, Woche
ἡ ἁμαρτία	Fehler, Sünde	τὸ σημεῖον	(Vor-)Zeichen, Wunder
ἡ βασιλεία	Königreich		
ἡ δικαιοσύνη	Gerechtigkeit	ἀλλά	aber, sondern (kann vor einem Vokal zu ἀλλ' werden)
ἡ δόξα	Ruhm, Herrlichkeit, Ehre		
ἡ εἰρήνη	Friede		
ἡ ἐκκλησία	Versammlung, Gemeinde, Kirche	γάρ[10]	denn, nämlich
		δέ[10]	aber (schwach betont), und
ἡ ἐντολή	Auftrag, Gebot		
ἡ ἐξουσία	Macht, Gewalt	οὖν[10]	nun, also, daher
ἡ ἡμέρα	Tag		
ἡ θάλασσα	Meer, See	[10] Diese Konjunktion steht nie am Satzanfang, sondern lehnt sich immer an ein vorangehendes Wort an (ὁ δὲ Ἰησοῦς, ὁ λόγος γάρ) und dient meist der logischen Verknüpfung zweier gleichrangiger Sätze.		
ὁ ἄνθρωπος	Mensch		
ἔχω	ich habe, halte		
τὸ ἱερόν	Tempel		

Zeichensetzung
Ein erhöhter Punkt (Kolon) bedeutet Semikolon oder Doppelpunkt (λέγει·).
Das deutsche Semikolon bedeutet Fragezeichen (πῶς;).

Übersetze: 1. ζητοῦσιν οὖν οἱ ἀδελφοὶ τὴν βασιλείαν τοῦ Θεοῦ· φιλοῦσι γὰρ τὴν ἀλήθειαν. 2. πῶς ἐν τῷ σαββάτῳ λαλεῖς τοὺς λόγους τοῦ εὐαγγελίου ἐν τῇ ἐκκλησίᾳ, ἀλλ' οὐ τηρεῖς τὰς ἐντολάς; 3. ποιοῦμεν τὰ ἔργα τοῦ νόμου, πιστεύομεν δὲ ἐν τῷ εὐαγγελίῳ· ἐν γὰρ τοῖς λόγοις τῶν ἀποστόλων εὑρίσκομεν τὴν ἀλήθειαν. 4. σώζει ὁ ἄγγελος τοὺς ἀνθρώπους ἐκ τῆς ἁμαρτίας, τὰ δὲ δαιμόνια ἄγουσιν εἰς θάνατον· ἐν γὰρ τῷ κόσμῳ ἔχουσιν ἐξουσίαν. 5. ποιοῦσι τὰ ἔργα οἱ δοῦλοι ἐν τῇ θαλάσσῃ, τὸ δὲ ἀργύριον λαμβάνει ὁ κύριος καὶ τηρεῖ τοῖς τέκνοις.

Übersetze: 1. Ihr findet ‹die› Liebe und ‹den› Frieden in der Kirche, denn die Brüder glauben an die Worte des Herrn. 2. Wir suchen also ‹die› Gerechtigkeit in den Aufträgen des Gesetzes, aber das Gesetz schützt nicht vor (ἐκ) der Sünde. 3. Gott tut Wunder für (bloßer Dat.) die Welt, die Menschen aber glauben an die Teufel. 4. Die Sünde führt die Brüder in den Tod. 5. Die Kinder sprechen also [mit] dem Apostel im Tempel, denn er liebt die Kinder, in den Menschen aber sieht er die Sünden der Welt. 6. ‹O› Bruder, du bittest [um] Brote, aber wir essen das Brot der Engel, nicht [das] der Menschen. 7. Wie tust du die Werke Gottes am Sabbat?

---

5 α-Deklination: maskuline Substantive.
ἀπό, πρό, σύν

Alle Substantive, die auf -ης oder -ᾱς enden, sind Maskulina. Im Unterschied zum Femininum haben sie einen besonderen Vok. Sing. und enden im Gen. Sing. auf -ου.

		Schüler, Jünger	Jüngling
Sing.	Nom.	ὁ μαθητής	νεανίας
	Gen.	τοῦ μαθητοῦ	νεανίου
	Dat.	τῷ μαθητῇ	νεανίᾳ
	Akk.	τὸν μαθητήν	νεανίαν
	Vok.	ὦ μαθητά	νεανία
Pl.	Nom.	οἱ μαθηταί	νεανίαι
	Gen.	τῶν μαθητῶν	νεανιῶν
	Dat.	τοῖς μαθηταῖς	νεανίαις
	Akk.	τοὺς μαθητάς	νεανίας
	Vok.	ὦ μαθηταί	νεανίαι

ἀπό (m. Gen)	von	ἡ ὁδός	Weg, Straße
ὁ βαπτιστής	Täufer	ὁ οἰκοδεσπότης	Hausherr
ἡ γλῶσσα	Zunge, Sprache	οἰκοδομέω	ich baue
ὁ δεσπότης	Herr	ἡ παρθένος	Jungfrau,
ἡ ἔρημος[11]	Einöde, Wüste		Mädchen
ἡ κώμη	Dorf	πρό (m. Gen.)	vor
ὁ μαθητής	Schüler, Jünger	ὁ προφήτης	Prophet
ὁ νεανίας	Jüngling, junger Mann	σύν (m. Dat.)	mit
		ὁ υἱός	Sohn
ἡ νόσος	Krankheit		

Übersetze: 1. αἱ νεανίαι σὺν τοῖς δούλοις τοῦ προφήτου οἰκοδομοῦσιν τὸ ἱερόν, ὁ δὲ Κύριος οὐκ αἰτεῖ οἶκον. 2. ἡ παρθένος ἔχει νόσον· ὁ δὲ υἱὸς τοῦ ἀνθρώπου θεραπεύει τὰς νόσους. 3. ὦ δέσποτα, οὐκ ἀκούεις τοὺς λόγους τῆς γλώσσης, ἀλλὰ βλέπεις τὰ ἔργα τῶν ἀνθρώπων. 4. φιλεῖ ὁ βαπτιστὴς τὴν δικαιοσύνην καὶ κηρύσσει ἐν τῇ ἐρήμῳ τὴν βασιλείαν τοῦ Θεοῦ· τηροῦμεν οὖν τὰς ἐντολὰς τοῦ προφήτου. 5. ὦ μαθηταί, λαμβάνετε ἐξουσίαν ἐν τῇ κώμῃ, οἱ δὲ ἀπόστολοι μαρτυροῦσι τῷ κόσμῳ. 6. ὦ νεανία, λαλῶ ταῖς παρθένοις πρὸ τοῦ ἱεροῦ· ζητοῦσι γὰρ τὴν εἰρήνην καὶ τὴν ἀλήθειαν ἀπὸ τοῦ εὐαγγελίου.

Übersetze: 1. Die Sklaven führen die Mädchen aus dem Haus ins Dorf, der Hausherr aber beobachtet die Kinder mit den jungen Männern vor dem

---

[11] Es gibt einige feminine Substantive der o-Dekl. auf -ος. Bei diesen muß der feminine Artikel stehen, genau wie bei maskulinen Substantiven der α-Deklination der maskuline Artikel stehen muß, trotz den anders klingenden Endungen.

Tempel. 2. In der Kirche sehen wir die Herrlichkeit Gottes, denn die Brüder legen Zeugnis von der Gerechtigkeit und Wahrheit ab. 3. Ihr ruft die jungen Männer vor dem Sabbat, und sie bitten [um] Brot für die Kinder. 4. O Herr, du rettest die Welt und die Menschen vor der Macht der Teufel; daher glauben wir an die Wahrheit des Evangeliums. 5. Das Mädchen heilt nicht die Krankheiten, ‹o› Prophet, aber es liebt ‹die› Kinder und gehorcht den (= bewahrt die) Geboten Gottes. 6. Der Menschensohn (= Sohn des Menschen) predigt vom Boot aus (= aus dem Boot) den Schülern, und sie hören zu und schreiben die Worte für die (Dat.) Kinder des Hausherrn [auf].

---

6   Adjektive der o-/α-Deklination. πρός

Hierbei unterscheidet man zwei Gruppen: Maskulinum und Neutrum werden immer nach λόγος und ἔργον dekliniert; das Femininum wird entweder nach ἡμέρα gebildet, wenn der Stamm auf ε, ι oder ρ endet, oder nach ἐντολή, wenn er auf einen anderen Konsonanten endet (vgl. Lektion 4). Die Betonung des Gen. Pl. f. richtet sich nach dem Maskulinum, ist also nicht immer endbetont.

		heilig			der erste		
Sing.	Nom.	ἅγιος	ἁγία	ἅγιον	πρῶτος	πρώτη	πρῶτον
	Gen.	ἁγίου	ἁγίας	ἁγίου	πρώτου	πρώτης	πρώτου
	Dat.	ἁγίῳ	ἁγίᾳ	ἁγίῳ	πρώτῳ	πρώτῃ	πρώτῳ
	Akk.	ἅγιον	ἁγίαν	ἅγιον	πρῶτον	πρώτην	πρῶτον
	Vok.	ἅγιε	ἁγία	ἅγιον	πρῶτε	πρώτη	πρῶτον
Pl.	Nom.	ἅγιοι	ἅγιαι	ἅγια	πρῶτοι	πρῶται	πρῶτα
	Gen.	ἁγίων	ἁγίων	ἁγίων	πρώτων	πρώτων	πρώτων
	Dat.	ἁγίοις	ἁγίαις	ἁγίοις	πρώτοις	πρώταις	πρώτοις
	Akk.	ἁγίους	ἁγίας	ἅγια	πρώτους	πρώτας	πρῶτα
	Vok.	ἅγιοι	ἅγιαι	ἅγια	πρῶτοι	πρῶται	πρῶτα

ἀγαθός, -ή, -όν   gut   ἄδικος, -ον[12]   ungerecht
ἅγιος, -α, -ον   heilig, rein   δίκαιος, -α, -ον   gerecht

---

[12] Bei zusammengesetzten Adjektiven und einigen anderen gibt es keine besondere feminine Form. Die maskulinen Formen dienen hier auch als Femininum.

ὁ ἐμός, -ή, -όν[13]	mein	περιπατέω	ich gehe umher, gehe, wandele
ἔσχατος, -η, -ον	der letzte		
ὁ ἡμέτερος, -α, -ον	unser		
ἡ καρδία	Herz	πιστός, -ή, -όν	treu, gläubig
ὁ οὐρανός	Himmel	πονηρός, -ά, -όν	mühselig, schlecht, böse
τὸ παιδίον	kleines Kind		
πείθω	ich überrede, überzeuge	πρός (m. Akk.)	zu, nach
		πρῶτος, -η, -ον	der erste
		ὁ σός, σή, σόν	dein
		ὁ ὑμέτερος, -α, -ον	euer

Übersetze: 1. περιπατεῖ οὖν τὰ ἐμὰ παιδία σὺν τοῖς σοῖς νεανίαις ἀπὸ τῆς θαλάσσης πρὸς τὴν πρώτην κώμην· καλεῖ γὰρ ὁ ἄδικος οἰκοδεσπότης. 2. οὐ βλέπουσιν οἱ ἄνθρωποι τὴν βασιλείαν τοῦ οὐρανοῦ ἐν τῷ κόσμῳ, ἐν δὲ ταῖς ἡμετέραις καρδίαις πιστεύομεν εἰς τὸν υἱόν. 3. ἐν δὲ ταῖς ἐσχάταις ἡμέραις κηρύσσουσι οἱ ἅγιοι ἀπόστολοι τὸ ἐμὸν εὐαγγέλιον τοῖς πιστοῖς μαθηταῖς. 4. οἱ δίκαιοι λόγοι τοῦ σοῦ ἀγαθοῦ υἱοῦ, ἀδελφέ, σώζουσι τὰ ἡμέτερα τέκνα ἐκ τοῦ θανάτου· μαρτυροῦσι γὰρ τῇ ἁγίᾳ ἀληθείᾳ τῶν πρώτων προφητῶν. 5. οὐκ ἔχετε ἀργύριον ἐν τοῖς ὑμετέροις οἴκοις, τοῖς δὲ πιστοῖς δούλοις σώζετε τοὺς ἐσχάτους ἄρτους. 6. ἐν ἀγάπῃ λέγεις λόγους ἀγαθούς.

Übersetze: 1. ‹Der› Friede und ‹die› Liebe legen Zeugnis von der (Dat.) Wahrheit des Evangeliums ab. 2. In unserem Dorf halten die gerechten Brüder die heiligen Gebote Gottes; in eurer Kirche aber finden die Schüler die Wahrheit nicht. 3. Der junge Mann liebt die kleinen Kinder und spricht mit den gläubigen Mädchen. 4. Du versteckst deine Gerechtigkeit, deine Werke aber sprechen vor Gott. 5. Wie überredet die böse Zunge der Teufel sogar unsere guten ‹und› reinen Diener?

---

[13] Possessivpronomina stehen im Griechischen mit Artikel, im Deutschen ohne Artikel

7 Imperfekt Indikativ Aktiv. μέγας, πολύς, διά

Das **Imperfekt** bezeichnet eine andauernde oder nicht abgeschlossene (**linear**, ἐζήτει er war auf der Suche), eine wiederholte (**iterativ**, ἔφερον sie brachten wiederholt) oder, seltener, versuchte (**konativ**, ἀνεγίνωσκον ich versuchte zu lesen) Handlung in der Vergangenheit.

Unterscheidungsmerkmale:

(1) Tempusendungen: -ον, -ες, -ε(ν), -ομεν, -ετε, -ον.

(2) Alle Vergangenheitstempora, also auch das Imperfekt, werden durch ein **Augment** (= Zuwachs) gekennzeichnet, das entweder als ε vor beginnendem Konsonant (z.b.: ἔλυον ← λύω) **oder als Dehnung** eines beginnenden Vokals erscheint:

ἔλυον	ich löste	ἐφίλε-ον	→ ἐφίλουν	ich liebte
ἔλυες	usw.	ἐφίλε-ες	→ ἐφίλεις	usw.
ἔλυε(ν)[14]		ἐφίλε-ε	→ ἐφίλει	
ἐλύομεν		ἐφιλέ-ομεν	→ ἐφιλοῦμεν	
ἐλύετε		ἐφιλέ-ετε	→ ἐφιλεῖτε	
ἔλυον		ἐφίλε-ον	→ ἐφίλουν	

η als Dehnung von	α	ἤκουον	← ἀκούω
η	αι	ᾔτουν	← αἰτέω
η	ε	ἤσθιον	← ἐσθίω
ω	ο	ὠνόμαζον	← ὀνομάζω
ῳ	οι	ᾠκοδόμουν	← οἰκοδομέω
ευ, ι, υ		keine Veränderung	εὕρισκον

Wenn Verben mit einer Präposition zusammengesetzt werden, wie es oft geschieht (vgl. Lektion 39), so bleibt die Präposition im Präsens vor einem Konsonanten voll erhalten: ἀπο–θνήσκω; wenn sie aber auf einen Vokal endet, fällt dieser vor einem folgenden Vokal aus: ἀπ–άγω. Vor dem Augment fällt der Vokal immer aus, mit Ausnahme von περί: ἀπ–έθνησκον, ἀν–εγίνωσκον, παρ–εκάλουν; aber περι–επάτουν.[15]

[14] ν steht, wenn das folgende Wort mit Vokal beginnt (vgl. Lektion 1, Anm. 5).
[15] Diese Empfindlichkeit gegen das Aufeinanderstoßen zweier Vokale am Schnitt zwischen zwei Wörtern (Hiat) führt auch manchmal dazu, daß bei Präpositionen und einfachen Partikeln (kurzen Wörtern wie Adverbien oder Konjunktionen) der letzte Vokal ausfällt (Elision), wenn er kurz ist und wenn das folgende Wort mit einem Vokal beginnt (ἀλλ' οὐκ, ὁ δ' ἐμός, ἀπ' οἴκου). Steht vor dem ausgefallenen Vokal ein π oder τ und

μέγας, πολύς

Dies sind zwei sehr häufige Adjektive der o-/α-Deklination, die im Nominativ und Akkusativ Sing. maskulinum und neutrum unregelmäßig sind. Der Plural wird regelmäßig gebildet.

	groß			viel		
Nom.	μέγας	μεγάλη	μέγα	πολύς	πολλή	πολύ
Gen.	μεγάλου	μεγάλης	μεγάλου	πολλοῦ	πολλῆς	πολλοῦ
Dat.	μεγάλῳ	μεγάλῃ	μεγάλῳ	πολλῷ	πολλῇ	πολλῷ
Akk.	μέγαν	μεγάλην	μέγα	πολύν	πολλήν	πολύ
Vok.	μέγας	μεγάλη	μέγα	πολύς	πολλή	πολύ
Nom. etc.	μεγάλοι	μεγάλαι	μεγάλα	πολλοί	πολλαί	πολλά

Bis die Präpositionen vertrauter geworden sind, wird die Fuge der Komposita zwischen Präposition und Stamm bei den Vokabeln gezeigt.

αἰώνιος, -ον	ewig (besondere Form für Fem. ist selten)	ἐκ-βάλλω	ich werfe hinaus, verbanne
ἀκολουθέω	ich folge	ἡ ζωή	Leben
ἀνα-γινώσκω	ich lese	ὁ Ἰησοῦς[16]	Jesus
ἀπ-άγω	ich führe fort	μέγας, -άλη, μέγα	groß
ἀπο-θνήσκω	ich sterbe		
ἀπο-κτείνω	ich töte	ὀνομάζω	ich nenne
βάλλω	ich werfe	παρα-καλέω	ich rufe herbei, ermahne, tröste, bitte, lade ein
τὸ βιβλίον	Buch		
γινώσκω	ich erkenne, weiß		
διά (mit Akk.)	wegen	πολύς, πολλή, πολύ	viel
(mit Gen.)	durch		
τὸ δίκτυον	Netz		

ist der folgende Vokal aspiriert, so werden π oder τ durch Angleichung (Assimilation) zu φ resp. θ (ἀφ'ἁμαρτίας, μεθ' ὑμῶν). Die Elision wird durch den Apostroph bezeichnet.

[16] Aus dem Aramäischen ungefähr in die o-Deklination übertragen: Nom. Ἰησοῦς Gen. Ἰησοῦ Dat. Ἰησοῦ Akk. Ἰησοῦν Vok. Ἰησοῦ. Bei Namen bekannter Menschen steht gewöhnlich der Artikel: ὁ Ἰησοῦς = Jesus.

Übersetze: 1. περιεπάτει οὖν ὁ 'Ιησοῦς σὺν τοῖς μαθηταῖς πρὸς τὴν θάλασσαν· ἠκολούθουν δὲ πολλοί. 2. ἐν δὲ τῇ μεγάλῃ κώμῃ εὕρισκον[17] πολλὰ παιδία καὶ ἀπῆγον[18] διὰ τῆς ὁδοῦ εἰς τὸν ἡμέτερον οἶκον· φιλῶ γὰρ τὰ ἀγαθὰ τέκνα. 3. πῶς ἔβαλλον οἱ πιστοὶ δοῦλοι τὰ δίκτυα ἐκ τοῦ πλοίου εἰς τὴν μεγάλην θάλασσαν; 4. ᾐτεῖτε τὸν ἅγιον ἄρτον ἐκ τοῦ ἱεροῦ, οὐκ ἐκ τοῦ οὐρανοῦ. 5. ἀπὸ τῆς γλώσσης τοῦ 'Ιησοῦ ἤκουον οἱ ἀδελφοὶ τοὺς λόγους τῆς αἰωνίου ζωῆς. 6. διὰ τὴν σὴν δικαιοσύνην ἀνεγίνωσκες τὸ πρῶτον βιβλίον τοῦ νόμου, ἀλλ' οὐκ ἐγίνωσκες τὸ εὐαγγέλιον. 7. ἠκολουθοῦμεν οὖν τῷ 'Ιησοῦ καὶ εἰς τὴν ἔρημον. 8. ἐξέβαλλεν ὁ 'Ιησοῦς τὰ δαιμόνια καὶ παρεκάλει τὰ παιδία.

Übersetze: 1. Wegen [der] Krankheit starben [gewöhnlich] viele Schüler in der Wüste, der gerechte Apostel aber heilt die Gläubigen (Menschen). 2. Wir nannten ‹den› Jesus [gewöhnlich] den Sohn des Menschen und schrieben die Gebote des heiligen Evangeliums in unsere (Dat.) Bücher. 3. Der böse Herr schickt viele Kinder in die Wüste; daher sterben sie. 4. Euer ungerechte Herr tötete [immer wieder] viele meiner treuen Sklaven, denn er kannte die Worte des Gesetzes nicht. 5. ‹O› junger Mann, du suchtest das Königreich des Himmels; du siehst daher wegen deiner guten Werke die Zeichen Gottes, und sie überreden dein Herz.

8 Das Verb sein. Der bestimmte Artikel.
οὗτος, ἐκεῖνος

Das unregelmäßige Verb „sein" hat drei Zeiten: Präsens, Imperfekt und Futur (vgl. S. 37 unten). Im Präsens ist εἰμί (ich bin), mit Ausnahme der 2. Person Sing., enklitisch, d.h. es ist so schwach, daß es sich an das vorangehende Wort anlehnt und dabei oft seinen Akzent an dieses abgibt.[19]

---

[17] ευ und ηυ werden gleich ausgesprochen, ευ am Anfang bekommt oft ein Augment.
[18] Der Akzent kann nicht vor dem Augment stehen.
[19] Eine Liste der Enklitika und ihrer Akzentregeln steht auf S. 155.

Präsens Indikativ		Imperfekt Indikativ	
εἰμί	ich bin	ἤμην	ich war
εἶ	du bist	ἦσθα, ἦς	du warst[20]
ἐστί(ν)	er, sie, es ist	ἦν	er, sie, es war
ἐσμέν	wir sind	ἦμεν, ἤμεθα	wir waren
ἐστέ	ihr seid	ἦτε	ihr waret
εἰσί(ν)	sie sind	ἦσαν	sie waren

Diesem Verb folgt oft im Satz ein **Prädikatsnomen**, das etwas über das Subjekt aussagt; daher steht das Prädikatsnomen, ob Adjektiv oder Substantiv, im selben Kasus wie das Subjekt, also **im Nominativ**:

ἡ παρθένος ἐστὶν ἀγαθή.   ὁ Ἰησοῦς ἦν ὁ υἱὸς τοῦ θεοῦ.
Das Mädchen ist gut.   Jesus war der Sohn Gottes.

Steht ein Prädikatsnomen, so wird das Verb „sein" oft ausgelassen; es muß im Deutschen dann ergänzt werden:

μακάριοι οἱ πτωχοί.   Selig **sind** die Armen.

Der bestimmte Artikel
Der Artikel wird gebraucht, um ein Substantiv des entsprechenden Genus zu bilden:
(a) bei Adjektiven, z.B. οἱ ἅγιοι, die Heiligen, τὸ πονηρόν, das Böse.
(b) bei Adverbien, z.b. schreibt Lukas häufig ἀπὸ τοῦ νῦν, von der gegenwärtigen Zeit, d.h. von jetzt an.
(c) bei präpositionalen Ausdrücken, z.B. οἱ ἐν Ἰουδαίᾳ, die in Judäa.

οὗτος: dieser – ἐκεῖνος: jener
Zwei häufige Demonstrativpronomina der o-/α-Deklination, die sorgfältig gelernt werden müssen:

οὗτος	αὕτη	τοῦτο	οὗτοι	αὗται	ταῦτα
τούτου	ταύτης	τούτου	τούτων	τούτων	τούτων
τούτῳ	ταύτῃ	τούτῳ	τούτοις	ταύταις	τούτοις
τοῦτον	ταύτην	τοῦτο	τούτους	ταύτας	ταῦτα

---

[20] Wenn zwei Formen angegeben werden, bedeutet das, daß Formen des KG und der K ohne Unterschied gebraucht wurden.

Der Diphthong vor auslautendem o oder ω ist ου, vor auslautendem η oder α ist er αυ. Daher ist τούτων der Gen. Plur. für alle Genera, auch für das Femininum.
ἐκεῖνος ist regelmäßig bis auf das Neutrum Sing. Dieses endet auf -o, wie bei allen Demonstrativpronomina.

Merke: Sowohl οὗτος (dieser) als auch ἐκεῖνος (jener) stehen entweder vor oder hinter der Kombination aus Artikel und Substantiv, nie dazwischen (prädikative Stellung):

οὗτος ὁ μαθητής ἡ κώμη ἐκείνη
dieser Schüler   jenes Dorf

Beide können auch ohne Artikel und Substantiv stehen. Dann sind sie selbst Substantive. Im Deutschen **kann** dann ein Substantiv im Genus des Demonstrativpronomens ergänzt werden.

οὗτοι   ἐκεῖναι   ταῦτα
diese (Männer) jene (Frauen) diese Dinge = dies (im Dt. Sing.)

διδάσκω	ich lehre	ὁ ὄχλος	Volk, Menge
ἐκεῖνος, -η, -ο	jener	πλούσιος, -α, -ον	reich
ὁ Ἰουδαῖος	Jude	πτωχός, -ή, -όν	arm
καλός, -ή, -όν	schön, gut	ὁ Ῥωμαῖος	Römer
μακάριος, -α, -ον	glücklich, selig	ὁ σταυρός	Kreuz
νῦν	nun, jetzt	τότε	damals, dann
οὗτος, αὕτη,	dieser	τυφλός, -ή, -όν	blind
τοῦτο		ὁ Φαρισαῖος	Pharisäer

Übersetze: 1. οἱ Φαρισαῖοι οὐ φιλοῦσι τούτους τοὺς πλουσίους Ῥωμαίους· διὰ γὰρ τὰς ἁμαρτίας οὐχ ἅγιοί εἰσιν. 2. τότε, ἐν ταῖς ἡμέραις ἐκείναις ἐδίδασκες τὸν ὄχλον, νῦν δὲ τυφλὸς εἶ· ὁ γὰρ ἀπόστολος οὐ θεραπεύει ταύτην τὴν νόσον. 3. ἔβαλλε ταῦτα τὰ ὑμέτερα τέκνα τὰ ἐμὰ ἱμάτια ἐξ ἐκείνου τοῦ πρώτου πλοίου εἰς τὴν θάλασσαν· πολλοί[21] γάρ εἰσι καὶ πονηροί. 4. καλά ἐστι

---

[21] Solche sinngemäßen Konstruktionen sind häufig: τέκνον ist neutrum, da aber ein Kind eine Person ist, wird das in εἰσι enthaltene Subjekt als maskulinum aufgefaßt.

τὰ ἔργα ταύτης τῆς παρθένου, ἀλλ' οὐ πιστὴ ἡ καρδία. 5. ὦ μακάριοι προφῆται, ἐμαρτυρεῖτε τῇ ἀληθείᾳ. 6. κηρύσσει ὁ βαπτιστὴς τοῖς πτωχοῖς ἐν τῇ ἐρήμῳ· δίκαιος γάρ ἐστι καὶ ἅγιος οὗτος ὁ ἔσχατος τῶν προφητῶν.

(Von jetzt an werden Hinweise auf Texte des NT gegeben, die die bereits vorgekommenen Formen und Konstruktionen veranschaulichen. Unvermeidlich werden dabei auch neue Vokabeln auftreten; diese sollten in einem Lexikon nachgeschlagen werden, und der Lernende sollte sich ein eigenes Vokabelheft anlegen und neue Wörter lernen, wenn sie vorkommen.)

Matth. 22,14; 25,2; 25,36 (ἐν – ἤμην); Joh. 1,19a; 5,9b

Übersetze: 1. In den Tagen der Propheten bauten Reiche (die reichen Menschen) viele Häuser in diesem Dorf. 2. Wir lehrten die Söhne dieser guten Herren [zusammen] mit jenen Kindern. 3. Ihr aßet dieses gute Brot und sandtet den treuen Sklaven Brote. 4. Du warst in diesem Boot und lasest diesen Kindern die Gebote jenes guten Gesetzes vor. 5. Wegen dieser bösen Taten töteten die Römer die Sklaven am Kreuz. 6. Dieser Reiche (Mensch) suchte ein großes Haus für den glücklichen Sohn des Hausherrn.

9 Futur und schwacher Aorist Indikativ Aktiv

Das **Futur Aktiv** wird gebildet, indem man an den Präsensstamm ein σ und dann die Präsensendung anhängt: λύω – λύ-σ-ω. Der **Aorist**[22] **Aktiv** wird durch das Augment, ein an den Stamm angehängtes σ und die Aorist-Endungen gebildet, für die α der charakteristische Vokal ist: ἔλυσα.
Während die drei in Lektion 7 vorgestellten Verwendungsarten des Imperfekts sich mit einer Linie graphisch darstellen lassen (**durativer Aspekt**), so ist das beim **Aorist** der Punkt (**punktueller Aspekt**). Der Aorist bezeichnet bei Erzählungen in der Vergangenheit eine einmalige abgeschlossene Handlung (**komplexiv**, ἐδίωξεν er verfolgte), seltener den Beginn eines Geschehens (**ingressiv**, ἐπίστευσαν sie wurden gläubig) oder seinen Endpunkt (**effektiv**, ἔπεισε αὐτόν er überredete ihn).

Anders als Imperfekt und Aorist drückt das **Futur** nicht den Aspekt, sondern allein die **Zeitstufe** aus.

---

[22] ἀόριστος χρόνος unbestimmte Zeit, d.h. nicht weiter definierbare Zeitform. Dieser Name hilft uns zum Verständnis des Aorists wenig.

Am einfachsten ist die Bildung dieser Tempora bei den **verba vocalia**:

λύσω	ich werde	ἔλυσα	ich löste, habe gelöst
λύσεις	lösen usw.	ἔλυσας	usw.
λύσει		ἔλυσε(ν)	
λύσομεν		ἐλύσαμεν	
λύσετε		ἐλύσατε	
λύσουσι(ν)		ἔλυσαν	

Bei den **Verba contracta** wird der Stammvokal vor σ meist gedehnt:

φιλέω, φιλήσω, ἐφίλησα; aber καλέσω, ἐκάλεσα; τελέσω, ἐτέλεσα.

Endet der Stamm auf einen stummen Konsonanten (**verba muta**), so folgt die Verbindung mit σ bestimmten Regeln[23]:

Gutturale:
(1) κ, χ, γ + σ = ξ: διώκω, διώξω, ἐδίωξα.
(2) Ein erweiterter Präsensstamm auf σσ enthält einen Guttural,[24] der im Futur und im Aorist zu spüren ist:

κηρύσσω, κηρύξω, ἐκήρυξα.

Labiale:
(1) π, φ, β + σ = ψ: πέμπω, πέμψω, ἔπεμψα
(2) Ein erweiterter Präsensstamm auf πτ enthält einen Labial:

ἀποκαλύπτω, ἀποκαλύψω, ἀπεκάλυψα.

Dentale:
(1) τ, θ, δ fallen vor σ aus: πείθω, πείσω, ἔπεισα.
(2) Ein erweiterter Präsensstamm auf ζ enthält gewöhnlich einen Dental, es kann aber auch ein Guttural sein:

σώζω, σώσω, ἔσωσα; κράζω[25], κράξω, ἔκραξα.

---

[23] Regeln für die Futur- und Aorist-Bildung bei den sog. verba liquida, deren Stämme auf λ, μ, ν, ρ enden, werden nicht vor Seite 73 gegeben.
[24] Verben mit erweitertem Präsensstamm haben diesen im Präsens und Imperfekt; der eigentliche Stamm wird für die Bildung aller anderen Tempora benutzt.
[25] Alle Verben auf -ζω, die in diesem Buch vorkommen, außer κράζω und ἁρπάζω, (Lektion 34) enthalten einen Dental.

ἀγοράζω	ich kaufe	ἐκ-κόπτω	ich haue ab,
ἀπο-καλύπτω	ich enthülle,		breche ab
	offenbare	ἑτοιμάζω	ich bereite
βαστάζω	ich trage, ertrage	κράζω	ich schreie
ἡ γῆ (γῆς, γῇ, γῆν)	Erde	ὁ ληστής	Räuber
δέκα (undekl.)	zehn	ὅτι	weil, daß
τὸ δένδρον	Baum	πράσσω	ich tue
διώκω	ich verfolge	φυλάσσω	ich bewache

Bilde:
a) 1. Person Sing. Futur Indikativ Aktiv von ἄγω, γράφω, βλέπω;
b) 3. Sing. Aorist Indik. Aktiv der Verba unter den obenstehenden Vokabeln;
c) 3. Pl. Aorist Indik. Aktiv von ἀκούω, αἰτέω. παρακαλέω, θεραπεύω.

Übersetze: 1. ἔπεμψαν οὖν οἱ Ἰουδαῖοι τοὺς πονηροὺς ληστὰς τούτους πρὸς τοὺς Ῥωμαίους· ἐξουσίαν γὰρ οὐκ εἶχον[26] εἰς τούτους. 2. γράψομεν τούτους τοὺς ἁγίους λόγους ἐν τῷ βιβλίῳ καὶ οὐκ ἀποκαλύψομεν τῷ ὄχλῳ τῷ ἀδίκῳ.[27] 3. τότε ἐβάστασεν ὁ Ἰησοῦς τὸν σταυρόν, οἱ δέ μαθηταὶ οὐκ ἠκολούθησαν. 4. ὦ πλούσιε νεανία, ἠγόρασας ἱμάτια τοῖς πτωχοῖς, πολὺ δὲ ἀργύριον φυλάσσεις ἐν τῷ οἴκῳ. 5. διώξουσιν ἐκεῖνοι οἱ δοῦλοι τὸν πονηρὸν ἄγγελον εἰς ταύτην τὴν γῆν· καλοὶ γάρ εἰσι καὶ πιστοί. 6. ὅτι ἔκραξεν ἐν τῇ ἐρήμῳ, ἤκουσαν οἱ ὄχλοι τὸν βαπτιστὴν καὶ ἔπραξαν τὰς ἐντολὰς τοῦ νόμου. 7. πῶς ἐξέκοψας ἐκεῖνα τὰ μεγάλα δένδρα;

Matth. 5,12b; 13,3 (καὶ - παραβολαῖς); 26,19; 1.Kor. 15,11b

Übersetze: 1. Die Juden kauften ein Kreuz für den Sohn des Menschen, und du hast dein Werk beendet, ‹o› Jesus. 2. Wegen dieser Sünde der Welt sandte Gott Jesus auf die (oder: zur) Erde und rettete die Menschen. 3. Ihr werdet dem Herrn einen Weg in der Wüste bereiten; denn er beschützt und wird retten die Treuen und Heiligen. 4. An diesem Tage verkündeten zehn Apostel das Evangelium vielen in jener ‹der› großen Volksmenge. 5. Ich bat [um] ein Buch und schrieb diese Dinge meinen Kindern, weil sie auf Gott

---

[26] ἔχω – Ipf.: εἶχον – Fut.: ἕξω (Spiritus asper beachten!).

[27] ὁ ὄχλος ὁ ἄδικος = ὁ ἄδικος ὄχλος: die seltenere Form der attributiven Stellung eines Adjektivs. Steht kein Artikel, so ist die Wendung attributiv oder prädikativ (vgl. S. 27) deutbar: ὄχλος ἄδικος = ἄδικος ὄχλος = eine ungerechte Menge, oder: eine Menge ist ungerecht.

vertrauen (Präs.) und Zeugnis ablegen werden [von] den Wundern Jesu.
6. Wir haben damals den Blinden (Menschen) in diesem Haus verborgen.
7. Die Räuber töteten nämlich gewöhnlich die Reichen und nahmen sogar das Geld der Armen. 8. Wie hat der erste Apostel das Evangelium enthüllt?

---

10 Personal- und Reflexivpronomen. αὐτός. Artikel mit μέν und δέ. κατά, μετά

Personalpronomen

Sing.	Nom.	ἐγώ ich	σύ du	αὐτός, -ή, -ό er, sie, es
	Gen.	ἐμοῦ, μου	σοῦ, σου	αὐτοῦ, -ῆς, -οῦ
	Dat.	ἐμοί, μοι	σοί, σοι	αὐτῷ, -ῇ, -ῷ
	Akk.	ἐμέ, με	σέ, σε	αὐτόν, -ήν, -ό
Plur.	Nom.	ἡμεῖς[28] wir	ὑμεῖς ihr	αὐτοί, -αί, -ά sie
	Gen.	ἡμῶν	ὑμῶν	αὐτῶν
	Dat.	ἡμῖν	ὑμῖν	αὐτοῖς, -αῖς, -οῖς
	Akk.	ἡμᾶς	ὑμᾶς	αὐτούς, -άς, -ά

Der Nominativ wird nur gebraucht, um das Subjekt zu betonen.
Genitiv, Dativ und Akkusativ der betonten Formen von ἐγώ und σύ werden nur gebraucht zur Hervorhebung oder nach einer Präposition. Sonst stehen die unbetonten Formen, die sich immer an das vorangehende Wort anlehnen und daher nie am Satzanfang stehen können (vgl. die Enklitika, S. 155).

        πιστεύουσι δι' ἐμέ.   τὸ παιδίον μου κράζει.
        Sie vertrauen meinetwegen.   Mein kleines Kind schreit.

        σὺ λέγεις.   διώκουσί σε.
        Du sagst (es).   Sie verfolgen dich.

Der Genitiv des Personalpronomens ersetzt als genitivus possessivus meistens das Possessivpronomen, das nur gebraucht wird, wenn der Besitz betont ist:

οἱ δοῦλοι ἡμῶν   (betont οἱ ἡμέτεροι δοῦλοι) unsere Sklaven
τὸ ἀργύριόν σου   (betont τὸ σὸν ἀργύριον) dein Geld

---

[28] Der Zirkumflex zeigt eine ursprüngliche Kontraktion zweier Vokale an, aus ἡμέ-ες.

αὐτός, -ή, -ό
αὐτός wird auf drei Arten gebraucht:

1. in der Bedeutung „selbst, persönlich" (lat. ipse), in prädikativer Wortstellung, (vgl. S. 27):
αὐτὸς λέγει.	ἐβλέψαμεν τὸν προφήτην αὐτόν.
Er selbst sagt es.	Wir sahen den Propheten selbst.

2. in der Bedeutung „derselbe" (lat. idem), in attributiver Wortstellung (vgl. S. 31, Anm. 27)[29]:
ὁ αὐτὸς νόμος	dasselbe Gesetz
ὁ αὐτός	derselbe

3. als Ersatz für das Personalpronomen der 3. Pers. „er, sie es" (lat. is, ea, id):

Nom.	ὅτι αὐτοὶ παρακλη-θήσονται	denn sie werden getröstet werden
Gen.	τὸ βιβλίον αὐτοῦ	(das Buch von ihm =) sein Buch
	τὸ βιβλίον αὐτῆς	(das Buch von ihr =) ihr Buch
	τὸ βιβλίον αὐτῶν	(das Buch von ihnen =) ihr Buch
Dat.	πέμπει ἄρτον αὐτοῖς.	Er schickt ihnen Brot.
Akk.	φιλοῦμεν αὐτήν.	Wir lieben sie.

Da es keine besondere 3. Person des Possessivpronomens (ὁ ἐμός, ὁ σός, vgl. Lektion 6) gibt, wird der Genitiv (αὐτοῦ, αὐτῆς; αὐτῶν) als Possessivpronomen benutzt (lat. eius; eorum, earum).

Reflexivpronomen
Die 1. und 2. Person Sing. sind Verbindungen von αὐτός mit dem Personalpronomen:

---

[29] Das Neutrum Sing. und Pl. wird manchmal mit dem Artikel zu einer Krasis (Verschmelzung) zusammengezogen: ταὐτό = τὸ αὐτό dasselbe [Ding]; ταὐτά = τὰ αὐτά dieselben Dinge = dasselbe. Diese Formen werden von ταῦτα (diese Dinge = dies) durch die Koronis (Häkchen), die die gleiche Form wie der Spiritus lenis hat, und durch den Akzent unterschieden.

Sing.	Gen.	ἐμαυτοῦ, -ῆς meiner	σεαυτοῦ, -ῆς	(ἑ)αυτοῦ, -ῆς
	Dat.	ἐμαυτῷ, -ῇ mir	σεαυτῷ, -ῇ	(ἑ)αυτῷ, -ῇ
	Akk.	ἐμαυτόν, -ήν mich	σεαυτόν, -ήν	(ἑ)αυτόν, -ήν, -ό

Plur.	Gen.	unser	(ἑ)αυτῶν
	Dat.	uns	(ἑ)αυτοῖς, -αῖς
	Akk.	uns	(ἑ)αυτούς, -άς, -ά

λύω ἐμαυτόν.   τί λέγεις περὶ σεαυτοῦ;
Ich befreie mich.   Was sagst du über dich?

ἔχει ζωὴν αἰώνιον ἐν αὐτῷ (oder ἑαυτῷ).
Er hat ewiges Leben in sich.

μαρτυροῦμεν ἑαυτοῖς.   φιλοῦσιν ἑαυτάς.
Wir zeugen für uns.   Sie (die Frauen) lieben sich.

Artikel mit μέν und δέ
Der Artikel (ὁ, ἡ, τό) zeigt in einigen Verwendungsweisen Spuren eines ursprünglichen Gebrauchs als Pronomen und deutet mit δέ verstärkt einen Subjektswechsel an (ὁ δέ: er aber, οἱ δέ: sie aber), was im NT oft nach Verben des Sagens vorkommt:

ἐκάλεσα τὸν ἀδελφόν μου, ὁ δὲ οὐκ ἤκουσεν.
Ich rief meinen Bruder, er aber hörte nicht.

Genauso verhält es sich mit μέν ... δέ (μέν ist eine betonende Partikel, bleibt oft unübersetzt, wird gern folgendem δέ entgegengestellt und gibt einen leichten Gegensatz an, eine im KG häufige stilistische Feinheit):

ἐγὼ μέν εἰμι Ῥωμαῖος, σὺ δὲ δοῦλος.
Ich bin [zwar] Römer, du aber bist Sklave.

Zusammen mit dem Artikel wird das Partikelpaar μέν – δέ als Personalpronomen benutzt:

ὁ μέν (οἱ μέν) ...   ὁ δὲ (οἱ δέ)
er   (sie)   ... der aber (die aber),

d.h. der eine ... der andere (einige ... andere)

οἱ μὲν γράφουσιν, οἱ δὲ ἀναγινώσκουσι.
Einige schreiben, andere lesen.

ἁμαρτωλός, -όν	sündig; Sünder	μετά (m. Akk.)	nach
ὁ δεσμός	Band, Fessel	(m. Gen)	mit
ἐχθρός, -ά, -όν	feindlich; Feind	ὁ οἶνος	Wein
ὁ ἰατρός	Arzt	πίνω	ich trinke
ἴδιος, -α, -ον[30]	eigen	πότε;	wann?
κατά (m. Akk.)	längs, gemäß, in, während	τὸ πρόβατον	Schaf
		συνάγω	treibe zusammen, führe zusammen
(m. Gen)	von ... herab, gegen, bei (beim Schwur)	ὁ τελώνης	Steuereinnehmer, Zöllner
μέν	zwar		

Übersetze: 1. ἔλυσα τοὺς δεσμοὺς αὐτῶν καὶ ἔπεμψα τοὺς μὲν πρὸς τὴν θάλασσαν, τοὺς δὲ εἰς ταύτην τὴν κώμην. 2. ἀνεγίνωσκον οἱ δοῦλοί σου καὶ τὰ παιδία ἡμῶν ταὐτά (τὰ αὐτά) βιβλία· φιλοῦσι γὰρ τοὺς λόγους τοῦ ἁγίου ἀποστόλου. 3. ὁ πλούσιος καὶ ἄδικος τελώνης αὐτὸς ᾔτει ἀπὸ τοῦ πτωχοῦ τὰ ἱμάτια αὐτοῦ· οὗτος γὰρ οὐκ εἶχεν ἀργύριον. 4. μετὰ δὲ τὰς ἡμέρας ταύτας βλέψουσι καὶ οἱ ἁμαρτωλοὶ τὴν βασιλείαν τῶν οὐρανῶν·[31] ὁ γὰρ 'Ιησοῦς πείσει αὐτούς. 5. σύ, ὦ δέσποτα, ἐλάλησας ταῦτα κατὰ τοῦ προφήτου τούτου, ὅτι ἐχθρὸς εἶ καὶ διώκεις ἡμᾶς. 6. κατὰ τὸν νόμον ὑμῶν ἐπέμψαμεν τὸν ἁμαρτωλὸν ἐκεῖνον μετὰ τῶν δούλων αὐτοῦ πρὸς αὐτὸν τὸν 'Ρωμαῖον· ὁ δὲ οὐκ ἐτήρησεν αὐτοὺς ἐν τῷ ἰδίῳ οἴκῳ αὐτοῦ. 7. πότε ἔβλεψας σὺ τὸν Κύριον;

Matth. 1,21b; 3,17 (οὗτ. - ἀγαπ.); 9,37; 22,16 (καὶ - Ἡρ.);
Mark. 14,7a; 14,56; Joh. 1,41a; 17,14b

---

[30] Im KG reichte der Artikel, um auszudrücken, daß etwas zum Subjekt des Verbs gehört (φιλεῖ τὸν υἱόν er liebt seinen Sohn); in der K wurde dies Verhältnis durch ein Possessivpronomen verstärkt (φιλεῖ τὸν υἱὸν αὐτοῦ/ἑαυτοῦ) oder durch ἴδιος (φιλεῖ τὸν ἴδιον υἱόν) oder zur Betonung sogar durch beides (τῇ ἰδίᾳ διαλέκτῳ αὐτῶν).
[31] In einigen Schriften des NT bevorzugte man den Plur., weil das semitische Wort für Himmel nur im Plur. vorkommt.

Übersetze: 1. Einige tranken (Impf.) mit den Zöllnern Wein, andere aßen mit euch in demselben Dorf Brot. 2. Meine Feinde suchen unser Land, und sie werden unsere Schafe zusammentreiben und uns in die Einöde verfolgen. 3. Ihr selbst respektiertet (= bewachtet: Aor.) den guten Arzt, weil er eure blinden Söhne geheilt hat; sie aber legten Zeugnis gegen ihn ab. 4. Der gerechte Hausherr (aber) glaubte nicht sich, sondern den Aufträgen Gottes, denn das Evangelium Jesu hatte sie ihm enthüllt (Aor.). 5. Deswegen, [o] junger Mann, schriebst du dasselbe in das (Dat.) Buch des Zöllners gegen unseren Bruder; der aber wird dir nicht glauben und mir die Wahrheit sagen. 6. Dieses arme Mädchen war schön; also begehrten (= suchten) [gewöhnlich] viele sie, sie selbst aber liebte den blinden Sohn des Reichen, weil er ein großes Haus und viel Geld hatte.

11 Medium: Präsens, Imperfekt, Futur, Aorist. Futur von εἰμί

Das **Medium** steht zwischen dem Aktiv und dem Passiv, d.h. wie im Aktiv tut das Subjekt etwas, doch gleichzeitig erfährt es wie im Passiv auch etwas.

1. φυλάσσῃ αὐτόν   Du bewachst ihn **für dich/im eigenen Interesse** = du hütest dich vor ihm.
ἀποδιδόμεθα τὸ χωρίον   Wir geben das Grundstück im eigenen Interesse weg = wir verkaufen es.
2. νίπτομαι τοὺς πόδας   Ich wasche **mir** die Füße (**am eigenen Körper**).
3. νίπτομαι   Ich wasche **mich (reflexiv)**.
4. δέχεται ἐμέ   Er empfängt mich (**Empfangen**).

Bisweilen erscheinen Aktiv und Medium **ohne deutlichen Unterschied**:
5. αἰτεῖ neben αἰτεῖται ἄρτον   Er bittet um Brot.
6. φεύγω lautet im Futur φεύξομαι   Ich werde fliehen (**mediales Futur**, vgl. Lektion 13f.).

Einige Verben haben ihre aktiven Formen abgelegt (daher ihr Name **Deponentien**). Trotzdem haben sie stets **aktive Bedeutung**, deren mediale Herkunft nicht mehr immer erspürt werden kann. Grundsätzlich läßt sich von jedem transitiven Deponens ein Passiv bilden. Man unterscheidet zwischen:

7. **deponentia media (M)**, die nur mediale Formen bilden (δέχομαι, ἐκλέγομαι), und
8. **deponentia passiva (P)**, die den Aorist passiv, die übrigen Tempora medial (das Futur seltener auch passiv) bilden (πορεύομαι, φοβέομαι).

Präsens Indikativ Medium:

λύομαι	αἰτέομαι -οῦμαι
λύῃ (oder λύει) (aus: -ε-σαι)	αἰτέῃ -ῃ (oder -έει -εῖ)
λύεται	αἰτέεται -εῖται
λυόμεθα	αἰτεόμεθα -ούμεθα
λύεσθε	αἰτέεσθε -εῖσθε
λύονται	αἰτέονται -οῦνται

Imperfekt Indikativ Medium (Es wird gebildet wie im Aktiv, durch Vorsetzen des Augments und Anfügen der Endungen):

ἐλυόμην	ᾐτεόμην -ούμην
ἐλύου (aus: -ε-σο)	ᾐτέου -οῦ
ἐλύετο	ᾐτέετο -εῖτο
ἐλυόμεθα	ᾐτεόμεθα -ούμεθα
ἐλύεσθε	ᾐτέεσθε -εῖσθε
ἐλύοντο	ᾐτέοντο -οῦντο

Futur und Aorist Medium werden entspr. dem Verfahren beim Aktiv gebildet, das Futur durch Anhängen von σ an den reinen Stamm (Dehnung bei Verba contracta: αἰτήσομαι) und dann der Präsensendungen, der Aorist durch Vorsetzen des Augments, Anhängen des σ und dann der Aoristendungen, in denen der charakteristische Vokal α ist (ᾐτησάμην).

Futur Indikativ Medium: Aorist Indikativ Medium:

λύσομαι	ἐλυσάμην
λύσῃ (oder λύσει)	ἐλύσω (aus: ἐλύσα-σο)
λύσεται	ἐλύσατο
λυσόμεθα	ἐλυσάμεθα
λύσεσθε	ἐλύσασθε
λύσονται	ἐλύσαντο

Merke: Das Verb „sein" bildet ein mediales Futur mit aktiver Bedeutung. Mit Ausnahme der 3. Sing. ist die Bildung regelmäßig: ἔσομαι, ἔσῃ, ἔσται, ἐσόμεθα, ἔσεσθε, ἔσονται.

δέχομαι (M)	annehmen, empfangen	νεκρός, -ά, -όν	tot; Leichnam
		νίπτω	waschen
ὁ διάβολος[32]	Teufel	προσ-εύχομαι (M) (m. Dat.)	beten (zu), anflehen
ἐκ-λέγομαι (M)	auswählen		
ἔρχομαι (M)[33]	gehen, kommen	προσ-καλέομαι (M)	herbeirufen, vorladen
ὁ Ἰωάννης	Johannes		
ἡ κεφαλή	Kopf	χωλός, -ή, -όν	lahm
ὁ λαός	Volk, Leute		

Übersetze: 1. κατ' ἐμοῦ. πέμπει σοι τὰ τέκνα ἑαυτοῦ. φιλεῖτε ἑαυτούς. ἐζήτουν ἡμᾶς. ἐκηρύξαμεν ὑμῖν. 2. ὁ μὲν προσηύξατο τῷ Θεῷ, ὁ δὲ ἔκραξεν ἐν τῇ ἐρήμῳ. 3. πῶς ἔρχονται οἱ τελῶναι καὶ οἱ ἁμαρτωλοὶ εἰς τὴν βασιλείαν τῶν οὐρανῶν πρὸ ἡμῶν τῶν Φαρισαίων; 4. ἐξελέξατο ὁ Ἰησοῦς τοὺς ἀποστόλους αὐτοῦ ἐκ τοῦ λαοῦ· οἱ δὲ ἠκολούθησαν αὐτῷ. 5. δεχόμεθα οὖν εἰς τὴν ἁγίαν ἐκκλησίαν καὶ τοὺς χωλοὺς καὶ τοὺς πτωχούς, κατὰ τὴν ἐντολὴν τοῦ Κυρίου ἡμῶν. 6. ἐν δὲ ταῖς ἐσχάταις ἡμέραις ἐλεύσεται ὁ Ἰησοῦς αὐτὸς καὶ προσκαλέσεται τοὺς νεκροὺς καὶ σώσει αὐτοὺς ἐκ τῆς ἐξουσίας τοῦ διαβόλου. 7. ἐδέχου τοὺς ἀδίκους εἰς τὸν οἶκόν σου καὶ ἡτοίμαζες αὐτοῖς ἄρτον καὶ οἶνον· διὰ τοῦτ' οὖν πολλοὶ ἤρχοντο πρός σε καὶ ἐφίλουν. 8. ἔνιπτεν ἡ δούλη τὸ τέκνον, ἀλλ' αὐτὸς ἐνίπτετο τὴν κεφαλὴν ἑαυτοῦ. 9. μέγας οὖν ἔσται καὶ σώσει τὸν λαόν.

Mark. 6,7 (καί – δω.); Luk. 8,27 (οὐκ – ἔμεν.); Joh. 1,20a; 15,16a; Gal. 4,14b

Übersetze: 1. Einige heilen, andere predigen. Sein Sohn. Unsere kleinen Kinder. Wir werden dir folgen. Ich lege für mich selbst (Dat.) nicht Zeugnis ab. 2. Du, ‹o› Herr, wähltest diesen (Menschen) aus; und er wird viele führen und ihnen dein Evangelium in seinen Büchern enthüllen. 3. ‹Die› bösen Menschen (zwar) beten zum Teufel, aber Jesus wirft (die) Teufel infolge (wegen) seiner Macht hinaus. 4. Ihr lehrtet [gewöhnlich] viele blinde (Menschen) [zusammen] mit diesen Mädchen; und sie (fem.) lasen ihnen [gewöhnlich] die Worte vom (= des) ewigen Leben vor. 5. Ich verfaßte (= machte für mich) das erste Buch, ‹o› Theophilus, weil meine Brüder in ihrem Herzen nicht beteten, sondern Schlechtes (Pl.) gegen die Kirche sagten. 6. Jener lahme (Mensch) wird das Brot erhalten, weil er gemäß (dem Gesetz) [darum] bittet.

---

[32] Korrekt: Verleumder; in dieser Bedeutung steht das Wort im AT für Satan.

[33] Sehr häufiges Verb mit unregelmäßigem Futur Medium (ἐλεύσομαι) und unregelmäßigem Aorist Aktiv und Perfekt Aktiv (s. S. 44, 100).

12 Passiv: Präsens, Imperfekt. Temporalsätze. ὑπό

Das **Passiv** wird gebraucht, wenn **etwas mit dem nicht handelnden Subjekt geschieht**, zum Unterschied vom Aktiv, wo das Subjekt etwas tut, oder vom Medium, wo das Subjekt etwas in seinem Interesse tut oder von sich aus zuläßt, daß mit ihm etwas geschieht.

Passiv und Medium haben **im Präsens und Imperfekt gleiche Formen**, unterscheiden sich aber in der Bildung von Futur und Aorist (s. S. 46). Manchmal gibt es jedoch kaum Unterschiede in der Bedeutung. Vgl. 1. Kor. 10,2, ἐβαπτίσαντο (sie erhielten die Taufe) mit Gal. 3,27, wo der Aorist Passiv in einem ähnlichen Ausdruck gebraucht wird:

ἐβαπτίσθητε (ihr erhieltet die Taufe/wurdet getauft).

Ein **persönlich Handelnder** wird durch **ὑπό mit dem Genitiv auctoris** ausgedrückt (vgl. lat. ab m. Abl.), das **Mittel oder Werkzeug** durch den **Dativ instrumenti** (vgl. lat. Ablativ) oder in der K oft durch **ἐν mit Dativ**.

συνάγεται τὰ πρόβατά μου ὑπὸ τῶν λῃστῶν (ἐν) λίθοις.
Meine Schafe werden von den Räubern mit Steinen zusammengetrieben.

Temporalsätze
Temporale Konjunktionen:
    als   ὅτε, ὡς
    während ὅτε, ὡς, ἐν ᾧ, ἕως
    bis   ἕως, μέχρι(ς), ἄχρι(ς), auch mit οὗ oder ὅτου.

Alle diese Konjunktionen finden sich mit dem geeigneten Tempus des Indikativs, bei Dauer mit dem Präsens oder Imperfekt, bei punktueller Handlung mit dem Aorist. ἕως, μέχρι und ἄχρι werden auch als Präpositionen verwendet:

ἕως ὅτου εἶ μετ' αὐτοῦ   μέχρι ἐμοῦ
solange du mit ihm bist   bis auf meine Zeit

βαπτίζω	taufen, eintauchen	ἡ γραφή	Schreiben (Pl.: Schriften)

ἐλεέω (m. Akk.)[34]	bemitleiden, sich erbarmen	ὁ ὀφθαλμός περιβλέπομαι	Auge sich umsehen,
ὁ ἐργάτης	Arbeiter	(M)	betrachten
ὁ Ἰορδάνης	Jordan	πορεύομαι (P)[36]	reisen,
ὁ λίθος	Stein		marschieren
ἡ μάχαιρα[35]	Schwert	ὁ ποταμός	Fluß
ἡ μετάνοια	Sinnesänderung, Buße	ὑπό (m. Akk.) (m. Gen.)	unter von, durch (vom
ὁ μισθός	Sold, Lohn		Handelnden)

Bilde die 3. Sing. Aorist Indik. Aktiv von ἐλεέω, ἀποκαλύπτω; 2. Sing. Imperfekt Indik. Aktiv und Passiv von ἔχω; 1. Pl. Präsens Indik. Passiv von ζητέω, σώζω; 3. Pl. Futur Indik. von δέχομαι, πορεύομαι; 3. Sing. Präsens und Fut. Indik. von ἔρχομαι; 2. Pl. Aorist Indik. Medium von αἰτέω, περιβλέπομαι.

[Von jetzt an werden in der Übersetzung aus dem Griechischen gebrauchte Wörter, die leicht von deutschen Fremdwörtern her gedeutet werden können, z.B. Synagoge, oder mit bereits gelernten Wörtern verwandt sind, nicht mehr in den Vokabeln aufgeführt, die den Übungen voranstehen.]

Übersetze: 1. ἀπεκτείνοντο οἱ πτωχοὶ μαχαίρῃ ὑπὸ τῶν πονηρῶν τελωνῶν, ὡς ἐπορεύοντο διὰ τῆς ἐρήμου εἰς ταύτην τὴν γῆν. 2. οἰκοδομεῖται ἡ συναγωγὴ μεγάλοις λίθοις ὑπὸ τῶν αὐτῶν ἐργατῶν· μετὰ δὲ πολλὰς ἡμέρας τελέσουσι τὸ ἔργον, ἀλλ' οὐκ ἐν τῷ σαββάτῳ. 3. ὅτι ἠλέησε τὸν ὄχλον, προσεκαλέσατο αὐτοὺς ὁ Ἰησοῦς· οἱ δὲ οὐκ ἐπείθοντο τοῖς λόγοις αὐτοῦ. 4. μέχρι ἐβαπτισάμην ἐν τῷ Ἰορδάνῃ ποταμῷ, οὐ προσηυχόμην ἐν μετανοίᾳ τῷ Θεῷ· ἠγόμην γὰρ εἰς ἁμαρτίαν ὑπὸ τοῦ διαβόλου καὶ τῶν δαιμονίων αὐτοῦ. 5. βάλλεται τὰ δίκτυα ἐκ τοῦ πλοίου εἰς τὴν θάλασσαν ὑπὸ τοῦ Πέτρου. 6. πολλοὶ ἐβαπτίσαντο καὶ πορεύονται νῦν ἐν τῇ ὁδῷ τῆς δικαιοσύνης.

Mark. 6,20a; Luk. 24,32 (ὡς – γρ.); Joh. 5,7b (ἐν ᾧ – κατ.); 17,12 (ὅτε – αὐτούς); 19,8 (ὅτε – λόγ.)

---

[34] Merke, daß nur das letzte ε kontrahiert wird: ἐλεῶ.
[35] Unregelmäßiger Gen. und Dat. Sing. auf -ης, -ῃ in K (KG hat -ας, -ᾳ).
[36] Aber mit Futur Medium: πορεύσομαι; im Aorist dann passivische Form.

Übersetze: 1. Das große Kreuz wird von Jesus getragen, aber er wird vom Volk nicht bemitleidet. 2. Wir betrachteten den Tempel und sprachen [mit] den kleinen Kindern, denn wir bemitleideten sie. 3. Während das letzte Evangelium geschrieben wurde, wurden die Schriften von diesem treuen Apostel stets unter Steine[n] versteckt. 4. Du erhieltest den Lohn deiner Gerechtigkeit, als du Jesus mit deinen eigenen Augen sahst; in den letzten Tagen aber wird er in seinem Ruhm mit den heiligen Engeln kommen. 5. Ihr wurdet von vielen Räubern in die Wüste verfolgt, bis unser Herr seine Sklaven schickte. 6. Diese Schriften wurden nicht von den jungen Männern gelesen (= konnten nicht gelesen werden), denn sie wurden von dem ungerechten Zöllner in seinem ‹eigenen› Haus unter Verschluß gehalten (= bewacht).

13 Starker Aorist Aktiv und Medium. Relativpronomen

Die bis jetzt für die Aoristbildung gegebenen Regeln gelten für den sog. schwachen Aorist und treffen für die große Mehrheit der Verben zu. Einige Verben hängen jedoch nicht das σ und dann die Aoristendungen an den Stamm, sondern bilden einen vom Präsensstamm verschiedenen Aoriststamm (**starker Aorist**) und hängen die **Imperfektendungen** an. Man kann nicht ohne Lernen wissen, ob ein Verb einen starken Aorist hat. Es gibt nur wenige dieser Verben, sie werden aber häufig gebraucht und müssen sorgfältig gelernt werden.

Aorist Indik. Aktiv:		Aorist Indik. Medium:	
ἔλαβον	ich nahm oder erhielt	ἐλαβόμην	ich nahm oder erhielt für mich
ἔλαβες	usw.	ἐλάβου	usw.
ἔλαβε(ν)		ἐλάβετο	
ἐλάβομεν		ἐλαβόμεθα	
ἐλάβετε		ἐλάβεσθε	
ἔλαβον		ἐλάβοντο	

Weil es oft auch in der Bildung des Futurs Unregelmäßigkeiten gibt, ist dies in der folgenden Liste genauso wie der starke Aorist angegeben:

ἄγω	ἄξω	ἤγαγον	führen, treiben, gehen
ἁμαρτάνω	ἁμαρτήσω	ἡμάρτησα od. ἥμαρτον	sündigen
ἀπο-θνῄσκω	ἀποθανοῦμαι	ἀπέθανον	sterben
γίνομαι³⁷	γενήσομαι	ἐγενόμην	werden, geschehen (Aor. auch: ich war)
εὑρίσκω	εὑρήσω	εὗρον	finden
λαμβάνω	λήμψομαι³⁷	ἔλαβον	nehmen, bekommen
λείπω	λείψω	ἔλιπον	verlassen, zurücklassen
μανθάνω		ἔμαθον	lernen, erfahren
πάσχω		ἔπαθον	erleiden, ertragen
πίνω	πίομαι	ἔπιον	trinken
πίπτω	πεσοῦμαι	ἔπεσον	fallen
τίκτω	τέξομαι	ἔτεκον	hervorbringen, gebären
φεύγω	φεύξομαι	ἔφυγον	fliehen, meiden

In der K besteht die Tendenz, an die geläufigen Formen des schwachen Aorists anzugleichen; neben ἥμαρτον gibt es daher ἡμάρτησα, neben κατέλιπον (Intensivum zu λείπω zurücklassen) κατέλειψα, ohne Unterschied in der Bedeutung.

Die medialen Formen des Futurs (**futurum medium**) werden wie Deponentien nur aktiv übersetzt. Die Formen ἀποθανοῦμαι und πεσοῦμαι sind e-Kontrakta (φιλέω Lektion 3).

Relativpronomen
Dieses Pronomen gleicht bis auf den Nom. Sing. Mask. ὅς und die akzentuierten Formen ἥ, οἵ, αἵ dem bestimmten Artikel, aber ohne τ am Anfang.

ὅς	ἥ	ὅ	οἵ	αἵ	ἅ
οὗ	ἧς	οὗ	ὧν	ὧν	ὧν
ᾧ	ᾗ	ᾧ	οἷς	αἷς	οἷς
ὅν	ἥν	ὅ	οὕς	ἅς	ἅ

---

³⁷ Dies ist die Schreibweise in der K, statt γίγνομαι und λήψομαι im KG.

Das Relativpronomen muß mit seinem Beziehungswort in Numerus und Genus, aber nicht notwendigerweise im Kasus übereinstimmen, weil dieser durch die Funktion des Relativpronomens in dem Satz, in dem es steht, bestimmt wird:

ἄγεται πρὸς τὸν σταυρὸν ὁ διδάσκαλος, ὃν φιλοῦμεν.
Der Lehrer, den wir lieben, wird zum Kreuz geführt.

ἔρχεται τὸ τέκνον, οὗ τὸ ἱμάτιον ἔλαβον.
Das Kind, dessen Mantel ich nahm, kommt.

ἀποθανοῦνται οἱ νεανίαι, οἳ ἐποίησαν τοῦτο.
Die jungen Männer, die dies taten, werden sterben.

ἐκεῖ	da, dort	ἡ σωτηρία	Rettung, Heil, Erlösung
κακός, -ή, όν	schlecht, böse		
πέντε	fünf	ὁ χρόνος	Zeit
		ὧδε	hier

Übersetze: 1. οὐχ ἥμαρτεν ὁ τυφλὸς οὗτος, οὗ ἐθεράπευσε τοὺς ὀφθαλμοὺς ὁ Ἰησοῦς. 2. οἱ μὲν Γαλιλαῖοι φεύξονται εἰς τὴν Σαμάρειαν, οἱ δὲ ἐχθροὶ εὑρήσουσιν αὐτοὺς ἐκεῖ. 3. ἔμαθον οἱ μαθηταὶ ταῦτα ἐν τῇ Ῥώμῃ, ἐν ᾗ ἔλιπεν αὐτοὺς ὁ Παῦλος. 4. καὶ[38] ἐγένετο μετὰ πολὺν χρόνον, ἔτεκεν ἡ παρθένος υἱόν, ὃς πολλοὺς ἤγαγεν εἰς σωτηρίαν. 5. οὐκ ἐπίομεν οἶνον, ἕως οὗ περιεβλεψάμεθα τὸ ἱερόν. 6. ἔπεσε τὰ παιδία μου ἐκ τοῦ πλοίου καὶ ἀπέθανον πέντε ἐν τῇ θαλάσσῃ· διὰ τοῦτο πολλὰ ἐπάθομεν. 7. ὡς ἔλεγε τοῦτο, ἐγένετο μέγα σημεῖον ἐκ τοῦ οὐρανοῦ.
Matth. 10,38; Mark. 1,36–37a; 2,27a; Luk. 10,30 (Ἄνθ. – περι.); 20,31–32; Joh. 1,42a; 14,24 (καὶ – ἐμός); Off. 17,11

Übersetze: 1. Fünf (zwar) haben ihren Lohn bekommen und werden in Frieden weggehen (ἀπέρχομαι), dieser Arbeiter aber hat eine Krankheit, die der Arzt hier heilen wird. 2. Wir trieben unsere Schafe zum großen Fluß, in den sie [hinein] fielen; dort ‹aber› ließen wir sie zurück. 3. Ihr werdet Rettung vor (= aus) euren Feinden erhalten, die gesündigt haben, als sie gegen Gott sprachen. 4. Er wird groß werden, und das Volk der Juden

---

[38] Die Konstruktion καὶ ἐγένετο (+ ggf. Zeitangabe) + unverbunden nachfolgendes Hauptverb (hier: ἔτεκεν) ist nicht griechisch, sondern Nachahmung einer im Hebräischen des AT häufigen Konstruktion mit der Bedeutung „Und es geschah ..., ‹daß›". Für das Griechische des NT ist diese Konstruktion also ein sog. Semitismus.

wird ihn Johannes den Täufer nennen, weil er viele im Jordan ‹Fluß› taufen wird. 5. Du hast hier das Geld gefunden, das mein Bruder unter jenem großen Stein (Akk.), der von den Dienern bewacht wird, zurückgelassen hat.

14 Starker Aorist (Fortsetzung). Indirekte Rede, eingeleitet mit ὅτι

Einige im starken Aorist sehr häufig gebrauchte Verben haben keine verwandte Präsensform, sondern sind mit einem Präsens eines anderen Stammes, aber derselben Bedeutung verbunden, unter dem sie in Lexika und in Stammformlisten (s. S. 157) zu finden sind. Wegen des häufigen Gebrauchs wurden die Aoristformen dieser Verben aber oft an den schwachen Aorist angeglichen (εἶπα, εἶπας, εἴπαμεν etc. statt εἶπον, εἶπες, εἴπομεν etc.).

ἔρχομαι (M)	ἐλεύσομαι (M)	ἦλθον	kommen, gehen
ἐσθίω	φάγομαι (M)	ἔφαγον	essen
ἔχω	ἕξω	ἔσχον	haben, halten[39]
λέγω	ἐρῶ (-έω)	εἶπον[40]	sagen
	(s. S. 73)		(Inf.: εἰπεῖν)
ὁράω	ὄψομαι (M)	εἶδον	sehen (Inf.: ἰδεῖν)
φέρω	οἴσω	ἤνεγκον	tragen, bringen

Indirekte Rede
In der K ist die gewöhnliche Konstruktion ein durch ὅτι in der Bedeutung „daß" eingeleiteter Satz.[41] Das Tempus ist dasselbe wie in der direkten Rede, d.h. bei Vorzeitigkeit ein Augmenttempus (Impf. od. Aor.), bei Gleichzeitigkeit das Präsens und bei Nachzeitigkeit das Futur:

---

[39] Der Stamm lautet σεχ- resp. σχ-. Im Präsensstamm wird das anlautende σ- durch Spritus asper ersetzt ἐχ-. Die dadurch entstehende Abfolge von zwei aspirierten Lauten wird dann durch Hauchdissimilation beseitigt, d.h. der erste (manchmal ist es auch der zweite, vgl. Lektion 19, Anm. 60) aspirierte Laut wird in den entsprechenden nicht-aspirierten Laut überführt ἔχ-. Er bleibt aber aspiriert, wenn der zweite lautgesetzlich verändert ist, so im Futur ἕξ-.

[40] εἶπε ist im NT das häufigste Wort für „er sagte"; ἔφη kommt auch vor (s. S. 116), und das Imperfekt ἔλεγε kann vorkommen, um die Fortführung der Rede anzuzeigen; es wird dann wie ein Aorist aufgefaßt und übersetzt.

[41] Nicht zu verwechseln mit ὅτι in der Bedeutung „weil". Der Zusammenhang verhindert gewöhnlich Doppeldeutigkeit. – Es gibt auch ein überflüssiges und unübersetzbares ὅτι, das dem Anführungsstrich gleichwertig ist und direkte Zitate einleitet (s. S. 103).

λέγει, ὅτι ὁ Ἰησοῦς ἦν ἐν τῇ κώμῃ.
Er sagt, daß Jesus im Dorf gewesen sei.

λέγει, ὅτι ὁ Ἰησοῦς ἐστιν ἐν τῇ κώμῃ.
Er sagt, daß Jesus im Dorf sei.

λέγει, ὅτι ὁ Ἰησοῦς ἔσται ἐν τῇ κώμῃ.
Er sagt, daß Jesus im Dorf sein werde.

ὁ ἀγρός	Acker, Feld	φοβέομαι (P)	fürchten, sich fürchten
βασανίζω	foltern, martern		
ὁ διάκονος	Diener, Priester	ἡ φυλακή	Gefängnis, Nachtwache, Wache
ἕτερος, -α, -ον	ein anderer; verschieden		
εὐθύς	sofort	ἡ φωνή	Stimme
ὁ στρατιώτης	Soldat	ἡ χήρα	Witwe
ὁ τόπος	Platz, Ort	Χριστός	Christus (wörtlich: Gesalbter, d.h. Messias)
ὁ ὑπηρέτης	Diener		

Lernen Sie die folgenden Komposita von ἔρχομαι (gewöhnlich wird auch eine Präposition verwendet, aber nicht unbedingt diejenige, die im Kompositum als Präfix erscheint):

ἀπέρχομαι   (m. Präposition)   weggehen
διέρχομαι   (m. Akk. oder διά m. Gen.)   hindurchgehen
εἰσέρχομαι   (m. Präposition)   hineingehen
ἐξέρχομαι   (m. Präposition)   herauskommen
προσέρχομαι (m. Dat. oder Präposition)   hinzukommen, sich nähern
συνέρχομαι (m. Dat. oder Präposition)   zusammenkommen, zusammen kommen

Bilde die 2. Sing. Aorist Indik. Aktiv von μανθάνω, τίκτω; 1. Pl. Aorist Indik. Aktiv von φεύγω, ἀποθνήσκω; 3. Sing. Aorist Indik. Medium von λαμβάνω, γίνομαι; 3. Pl. Fut. Indik. Medium von εὑρίσκω, πίνω; 2. Sing. Aorist Indik. Aktiv und Medium von γράφω, αἰτέω, ἀγοράζω.

Übersetze: 1. *ἤνεγκεν οὖν ὁ Σίμων τὸν σταυρὸν τοῦ Χριστοῦ, ἕως ἦλθον πρὸς τὸν τόπον, ἐν ᾧ ἀπέθανεν.* 2. *εἶπον δὲ οἱ ὑπηρέται, ὅτι οὐχ εὗρον τοὺς ἀποστόλους ἐν τῇ φυλακῇ, ἐν ᾗ ἔλιπον αὐτούς.*

3. καὶ ἐγένετο, ὡς ἐξήλθομεν ἐκ Ναζαρετ, εἶδε χήραν καὶ εἶπεν, ὅτι ἐλεεῖ αὐτήν. 4. καὶ ὅτε ἔφαγον τοὺς πέντε ἄρτους, ἀπῆλθον εἰς τὰς ἰδίας οἰκίας αὐτῶν. 5. καὶ εὐθὺς ἦλθον εἰς τὴν χώραν τῶν Γερασηνῶν· ἐκεῖ δὲ εἶδον, ὅτε ἐξῆλθον ἐκ τοῦ πλοίου, ἄνθρωπον, ὃς ἐβασανίζετο ὑπὸ πολλῶν δαιμονίων, ἃ ἐκαλεῖτο Λεγιών. 6. ὑμεῖς μὲν οἱ Φαρισαῖοι εἴπετε ἡμῖν, ὅτι γινώσκετε τὰς ἐντολὰς τοῦ νόμου· οὗτος δὲ ὁ Στέφανος ἐμαρτύρησε τῇ ἀληθείᾳ καὶ περιπατεῖ ἐν τῇ ὁδῷ τῆς αἰωνίου ζωῆς· πιστὸς γάρ ἐστι καὶ ἀγαθὸς διάκονος τῆς ἐκκλησίας.

Mark. 2,13a; 3,13 (καὶ [das dritte] – αὐτ.); Luk. 5,33 (οἱ – νηστ.); Joh. 4,50; 6,24a; Apg. 9,9b; 16,6a.

Übersetze: 1. Als wir die Stimme unseres Herrn hörten, sagten wir sofort, daß er sich nähere. 2. Ein anderer Soldat (aber) sagte, daß Jesus mit lauter (μέγας) Stimme geschrien habe. 3. Ihr gingt durch unser Land und erfuhret (= lerntet), daß viele Kinder auf den Äckern starben. 4. Viele (aber) fürchteten den Teufel, bis sie Jesus sahen und er sie rettete. 5. Weil ich diesen lahmen (Menschen) bemitleidete, sagte ich, daß ich mit ihm gehen und (ihn) zum Arzt bringen würde. 6. Der treue Sklave sagte, daß sein Herr durch die Wüste gegangen sei und seine Schafe dort zurückgelassen habe.

15 Futur und Aorist Passiv, Wurzelaorist I

Der **Indikativ Aorist Passiv** wird gebildet durch Vorsetzen des Augments, Anhängen von θ an den Stamm und dann der besonderen Aoristendungen des Passivs. Das **Futur Passiv** wird vom Aorist Passiv her gebildet (so daß sich jede etwaige Unregelmäßigkeit bei beiden gleichmäßig findet), d.h. (gewöhnlich) Stamm + θ + ησ + Endungen des Präsens Passiv.

ἐλύθην	ich wurde gelöst,	λυθήσομαι	ich werde gelöst werden
ἐλύθης	bin gelöst worden usw.	λυθήσει oder -ῃ	usw.
ἐλύθη		λυθήσεται	
ἐλύθημεν		λυθησόμεθα	
ἐλύθητε		λυθήσεσθε	
ἐλύθησαν		λυθήσονται	

Konsonantische Stämme werden vor θ, wenn möglich, aspiriert:

Gutturale	κ, χ, γ	vor θ werden zu χ	διώκω	ἐδιώχθην
Labiale	π, φ, β	vor θ werden zu φ	πέμπω	ἐπέμφθην
Dentale	τ, θ, δ	vor θ werden zu σ	πείθω	ἐπείσθην

Starke Aoriste gibt es wie im Aktiv und Medium auch im Passiv; aber die **Endungen sind für den schwachen und starken Aorist Passiv gleich**. Der starke Aorist unterscheidet sich durch das Fehlen des θ. Entsprechend wird von ihm aus ein **starkes Futur Passiv** gebildet:[42]

γράφω	ἐγράφην	γραφήσομαι
σπείρω	ἐσπάρην	σπαρήσομαι

Der starke Aorist Passiv gleicht in der Formenbildung einer alten intransitiven Aorist-Aktiv-Form, dem sog. **Wurzelaorist**; diese wird in der K noch in -βαίνω[43] – ἔβην, χαίρω – ἐχάρην gebraucht. Wie diese Formen ist auch der Wurzelaorist Aktiv von γινώσκω gebildet, nur mit dem Unterschied, daß der Endvokal der Verbwurzel ω ist (γινώσκω – ἔγνων):

ἐγράφην	-ἔβην	ἐχάρην	ἔγνων
ἐγράφης	-ἔβης	ἐχάρης	ἔγνως
ἐγράφη	-ἔβη	ἐχάρη	ἔγνω
ἐγράφημεν	-ἔβημεν	ἐχάρημεν	ἔγνωμεν
ἐγράφητε	-ἔβητε	ἐχάρητε	ἔγνωτε
ἐγράφησαν	-ἔβησαν	ἐχάρησαν	ἔγνωσαν

Das Futur Aktiv dieser drei Verben paßt sich den starken Stämmen an, hat aber mediale Endungen:

-βήσομαι   χαρήσομαι   γνώσομαι

Einige häufige unregelmäßige Aoriste des Passivs:

---

[42] Starker Aorist und starkes Futur finden sich oft bei den verba liquida (σπείρω) (vgl. Lektion 24). In diesem Lehrgang erscheinen sonst nur die drei Labiale γράφω, κρύπτω und τρέπω (Lektion 39).
[43] Das einfache Verb βαίνω ist in der K veraltet, aber einige Komposita werden im NT häufig verwendet.

Präs. Akt.:	Aor. Pass.:	Fut. Pass.:	
ἀκούω	ἠκούσθην	ἀκουσθήσομαι	hören
καλέω	ἐκλήθην	κληθήσομαι	rufen
κρύπτω	ἐκρύβην	κρυβήσομαι	verstecken
λαμβάνω	ἐλήμφθην	λημφθήσομαι	nehmen, bekommen
λέγω	ἐρρέθην, ἐρρήθην[44]		sagen, nennen
μιμνήσκομαι (P)	ἐμνήσθην	μνησθήσομαι	(m. Gen.) sich erinnern
σώζω	ἐσώθην	σωθήσομαι	retten, schützen
τελέω	ἐτελέσθην	τελεσθήσομαι	beenden, vollenden

Verba contracta dehnen, wie im Aktiv und Medium, ε zu η:

ἐφιλήθην

ἀναβαίνω	hinaufgehen, heraufkommen	ἡ παραβολή	Gleichnis
ἀναλαμβάνω	aufnehmen	πειράζω	versuchen, prüfen
ἀσπάζομαι (M)	begrüßen	σοφός, -ή, -όν	weise, klug
καθαρίζω	reinigen	σπείρω	ausstreuen, säen
ὁ καρπός	Frucht	τεσσεράκοντα	vierzig
καταβαίνω	hinabgehen, herabsteigen	ὕστερον (Adv.)	später
νηστεύω	fasten, hungern	χαίρω	sich freuen
		ὡς	wie, daß, als, während

Übersetze: 1. ἐχάρη δὲ ἡ Μαρία, ὅτε ἠσπάσατο αὐτὴν ὁ ἄγγελος· οὗτος γὰρ εἶπεν αὐτῇ, ὅτι τέξεται υἱόν, ὃς κληθήσεται 'Ιησοῦς, ὅτι σώσει τὸν λαὸν αὐτοῦ. εἶπεν οὖν αὐτῷ ἡ παρθένος, ὅτι δούλη ἐστὶ τοῦ Κυρίου. 2. κατέβη οὖν ὁ 'Ιησοῦς εἰς τὴν ἔρημον καὶ ἐκεῖ ἡμέρας[45] τεσσεράκοντα ἐνήστευσεν· ὕστερον δέ, ὅτε ἐπειράσθη ὑπὸ τοῦ διαβόλου, εἶπεν αὐτῷ, ὅτι ἐγράφη, Οὐκ ἐκπειράσεις Κύριον, τὸν Θεόν σου. 3. ὡς ἐρρήθη ἐν τῇ παραβολῇ, οὗτοι ἐσπάρησαν εἰς τὴν γῆν τὴν καλὴν καὶ φέρουσι πολὺν καρπόν. 4. μετὰ τὸν θάνατον τοῦ 'Ιησοῦ ἦμεν μετ' αὐτοῦ, ἕως οὗ ἀνελήμφθη ἀφ' ἡμῶν εἰς τὸν οὐρανόν. 5. ἐχάρησαν οἱ δέκα λεπροί, ὅτε

---

[44] λέγω wurde nur im Präsens und Imperfekt gebraucht, und so wurden diese Formen des Stammes ῥη/ῥε- neben dem starken Aorist Aktiv εἶπον verwendet, um die anderen Tempora zu ersetzen.
[45] Der Akkusativ wird wie im Lateinischen für die Dauer der Zeit gebraucht.

ἐκαθαρίσθησαν ὑπὸ τοῦ Ἰησοῦ. 6. ἔγνωτε ἐν ταῖς ἰδίαις καρδίαις ἑαυτῶν, ὅτι οὐκ ἀκουσθήσονται οἱ λόγοι ὑμῶν, ἀλλὰ προσηύξασθε τῷ Θεῷ· ὁ δὲ ἔσωσεν ὑμᾶς. 7. πότε ἐμνήσθης τοῦ λόγου, ὃς ἐρρέθη ὑπὸ τοῦ σοφοῦ νεανίου;
Matth. 28,16a; Mark. 1,9; 12,12 (ἔγν. – εἶπ); Luk. 1,60 (Οὐχί – Ἰω.); Joh. 2,2

Übersetze: 1. Glücklich sind die Armen, denn später werden sie reich sein. 2. Ihr werdet von den Juden verfolgt werden, weil ihr mich und meine Werke kanntet. 3. Dies Schreiben wird vor (ἀπό) den Weisen versteckt werden, aber es wird (den) kleinen Kindern enthüllt werden. 4. Fünf Brote wurden gekauft, aber sie wurden nicht vor den Feinden beschützt, die sie sofort aßen. 5. Jesus (aber) reiste mit seinen Jüngern zum See; dort aber fanden sie eine große Menge ‹der› Juden, von denen die einen von ihm überzeugt wurden, die anderen nicht zur Buße geführt werden konnten (= wurden). 6. Es wurde vom Propheten gesagt, daß die Sünder die Erlösung ‹des› Gottes sehen und sich freuen würden.

16 Infinitiv: Formenbildung, Funktionen

Formenbildung
1. Die aktiven Endungen lauten -ειν (← ε-εν), -(ε)ναι, -σαι; die passiven -σθαι.
2. Die Stämme sind gleich wie bei den finiten Formen.
3. Da der Aorist keine Vergangenheitsbedeutung hat, fehlt das Augment.[46]
4. Die Betonung steht anders als bei den finiten Formen (vgl. S. 13):
   a) Im Aktiv auf der zweitletzten Silbe, beim starken Aor. auf der letzten.
   b) Im Medium und Passiv möglichst weit vom Ende entfernt, beim starken Aor. und beim Aor. Passiv auf der zweitletzten.

	Aktiv	Medium	Passiv
Präsens	λύειν	λύεσθαι	λύεσθαι
Futur	λύσειν	λύσεσθαι	λυθήσεσθαι
Schwacher Aorist	λῦσαι	λύσασθαι	λυθῆναι
Starker Aorist	λαβεῖν	λαβέσθαι	γραφῆναι

[46] Merke: εἶπον: εἰπεῖν; εἶδον: ἰδεῖν.

Die Kontrakta bilden analog φιλέ-ειν → φιλεῖν, φιλέ-εσθαι → φιλεῖσθαι; φιλήσειν, φιλήσεσθαι, φιληθήσεσθαι; φιλῆσαι, φιλήσασθαι, φιληθῆναι.

Die Infinitive von „sein" lauten εἶναι und ἔσεσθαι. Für den Aorist steht γενέσθαι.

Tempusformen des Infinitivs
Durch das Fehlen des Augments hat der Infinitiv Aorist nicht die Bedeutung der Vergangenheit; er bezeichnet nur die drei Ausgestaltungen des punktuellen Aspekts (διῶξαι verfolgen {an sich}, πιστεῦσαι gläubig werden, πεῖσαι {schließlich} überreden – vgl. Lektion 9), während der Infinitiv Präsens die drei Ausgestaltungen des durativen Aspekts ausdrückt (ζητεῖν auf der Suche sein, {weiterhin} suchen, φέρειν wiederholt bringen, ἀναγινώσκειν zu lesen versuchen – vgl. Lektion 7). Wie schon bei den finiten Formen so ist auch beim Infinitiv jeweils zu prüfen, ob der Aspekt, dessen Beachtung im Griechischen eine Selbstverständlichkeit ist, wirklich ins Deutsche übertragen werden soll, das diese Unterscheidung nicht macht. Entscheiden muß der Zusammenhang:

ἐκέλευσεν ἡμᾶς ἀναγινώσκειν τὰς γραφάς.
Er befahl uns, (weiterhin) die Schriftstücke zu lesen.

ἐκέλευσεν ἡμᾶς ἀναγνῶναι τοῦτο τὸ βιβλίον.
Er befahl uns, dieses Buch (einmal) zu lesen.

Der Infinitiv Futur erscheint selten. Wie der Indikativ Futur bezeichnet er nicht den Aspekt, sondern allein die Zeitstufe der Nachzeitigkeit.

Funktionen des Infinitivs
Die folgenden drei Funktionen des Infinitivs haben Parallelen im Deutschen und dürften keine Schwierigkeiten bieten:
1. Der Infinitiv drückt die **(beabsichtigte) Handlung** aus nach **Verben der Willensäußerung, des Anfangens und Aufhörens**, z.B.:

ἄρχομαι (M) (m. Gen)	ἄρξομαι	ἠρξάμην	beginnen, anfangen (mit)
βούλομαι (P)	βουλήσομαι	ἐβουλήθην	wollen
θέλω (Impf. ἤθελον)	θελήσω	ἠθέλησα	wollen

| μέλλω | μελλήσω | im Begriff sein, |
| (Impf. ἤμελλον) | | vorhaben, wollen, sollen, (Umschreibung des Futurs) werden |

ἤρξατο διδάσκειν αὐτούς.
Er begann, sie zu unterrichten.

μέλλει γὰρ ὁ υἱὸς τοῦ ἀνθρώπου ἔρχεσθαι.
Denn der Sohn des Menschen ist im Begriff zu gehen.

2. Der Infinitiv drückt **die Absicht** aus nach **Verben der Bewegung**:

ἀπῆλθεν ὁ Ἰησοῦς προσεύχεσθαι.
Jesus ging fort, um zu beten.

3. Der Infinitiv drückt **das Beabsichtigte** aus nach **Verben des Befehlens** (jedes Verb des Befehlens oder der Aufforderung muß mit dem Kasus gelernt werden, den es regiert):

κελεύω	m. Akk.	auffordern, befehlen
δέομαι (P)[47]	m. Gen.	bitten
διατάσσω [48]	m. Dat.	(anordnen) befehlen
ἐπιτάσσω	m. Dat.	(anordnen) befehlen
προστάσσω	m. Dat.	(anordnen) befehlen

δέομαί σου θεραπεῦσαι τὸν υἱόν μου.
Ich bitte dich, meinen Sohn zu heilen.

ἐκέλευσε τὸν δοῦλον ἀπελθεῖν.
Er forderte den Sklaven auf wegzugehen
(= befahl dem Sklaven ...).

διέταξέ (διετάξατό) μοι φαγεῖν τοῦτον τὸν ἄρτον.
Sie befahl mir, dies Brot zu essen.

Merke: Die Negation beim Infinitiv ist immer μή.

[47] Bei allen einsilbigen Stämmen auf ε wird der Vokal ε nur mit folgendem ε kontrahiert (δέομαι, δέῃ, aber δεῖται; der Aorist lautet ἐδεήθην).
[48] Bei diesem Kompositum, aber nicht bei den beiden anderen, werden Aktiv und Medium ohne Unterschied gebraucht.
[49] In neuere Texte sind semitische Wörter, die nicht in einer im Griechischen deklinierbaren Form erscheinen, ohne Akzent oder Spiritus aufgenommen worden. Es gibt auch Ἱεροσόλυμα (o-Deklination, Neutrum Plural).

Übersetze: 1. ἀνέβη ὁ 'Ιησοῦς εἰς Ιερουσαλημ⁴⁹. ἔγνω γάρ, ὅτι ἐκεῖ μέλλει πολλὰ πάσχειν· παρεκάλεσεν οὖν καὶ τοὺς μαθητὰς αὐτοῦ φέρειν τοὺς ἰδίους σταυροὺς αὐτῶν καὶ ἀκολουθεῖν αὐτῷ. 2. καὶ ἐγένετο, ὅτε ἐτέλεσεν τοὺς λόγους τούτους, ἀπῆλθεν ὁ 'Ιησοῦς εἰς τοὺς ἀγροὺς διδάσκειν ἑτέρους. 3. ἤρξαντο οὖν οἱ ἀπόστολοι ἐξελθεῖν εἰς τὰ ἔσχατα τῆς γῆς· διετάξατο γὰρ αὐτοῖς ὁ 'Ιησοῦς κηρύσσειν τοῖς ἀνθρώποις, ὅτι προσέρχεται ἡ βασιλεία τῶν οὐρανῶν. 4. ὅτε ἤμελλεν⁵⁰ ἀποθνῄσκειν ὁ 'Ιησοῦς, ἔκραξε φωνῇ μεγάλῃ. 5. ἐδεήθημεν τοῦ ὑπηρέτου μὴ δέξασθαι τὸ ἀργύριον· ὁ δὲ οὐκ ἠθέλησεν ἀκοῦσαι, ἀλλ' ἐχάρη, ὅτε ἔλαβε τὸν μισθὸν τῆς ἀδικίας αὐτοῦ. 6. οὐκ ἐβούλου πορευθῆναι μεθ' ἡμῶν διὰ τῶν ἀγρῶν· διὰ τοῦτ' οὖν νῦν ἐπιτάσσομέν σοι μὴ συνελθεῖν ἡμῖν ἰδεῖν τὰ σημεῖα ταῦτα.

Matth. 20,22 (τό – πίν.); Mark. 2,17b; 5,17; Luk. 12,1 (ἤρξ. – πρῶτ.); 15,15 (καὶ (zweite) – χοίρ.); Joh. 12,21 (Κύρ. – ἰδ.); Apg. 21,34 (ἐκέλ. – παρ.)

Übersetze: 1. Der Prophet befahl den Leuten, einen Weg für den Herrn zu bereiten. 2. Wir wollten euch nicht [ständig] dieselben [Dinge] schreiben. 3. Du batest mich, mit (bloßer Akk.) diesem armen Mann Mitleid zu haben und ihn zu meinem Haus zu schicken. 4. Jesus begann, das Volk viele [Dinge] zu lehren. 5. Ich bitte dich, auf (bloßer Akk.) diesen Wein aufzupassen (behüten), weil mein Herr den Mädchen befohlen hat, [ihn] nicht zu trinken. 6. Ihr seid mit eurem Bruder gekommen, um an diesem Platz unterrichtet (= gelehrt) zu werden. 7. Diese Sünder wurden durch seine weisen Worte überzeugt, den Herrn in ihrem Herzen zu fürchten und gerechte Werke zu tun.

17 Deklinierter Infinitiv. AcI. Adverbien der Adjektive der o-/α-Deklination

Deklinierter Infinitiv
Der Infinitiv wird wie ein Verbalsubstantiv im Neutrum gebraucht (vgl. das lat. Gerundium), wobei der Kasus durch den vorangestellten Artikel angegeben wird; der Infinitiv wird dabei nicht verändert. Er kann durch ein **Adverb** näher bestimmt werden.

⁵⁰ Bei μέλλω steht immer der Infinitiv Präsens, auch wenn die Handlung nicht andauert.

ἀγαθὸν τὸ εὖ γράφειν.
(Gut ‹ist› das Gutschreiben →) Es ist gut, gut zu schreiben.

τῷ μανθάνειν γινόμεθα σοφοί.
Durch Lernen werden wir weise.

Dieses Verbalsubstantiv kann ein (logisches) **Subjekt** erhalten, das dann im **Akkusativ** steht, und (im Subjektsakkusativ) wie ein regierendes Verb **Objekte** in den drei übrigen Kasus bei sich haben:

μετὰ τὸ γράψαι ἡμᾶς ταύτην τὴν ἐπιστολήν ...
(Nach unserem diesen-Brief-Schreiben →)
Nachdem wir diesen Brief geschrieben hatten, ...

In der K ist dieser Gebrauch von Präpositionen mit dekliniertem Infinitiv, die ein substantivisches Satzglied (hier: adverbiale Bestimmung) bilden, häufiger als im KG und wird bei den folgenden Konstruktionen angewendet, deren Übersetzung am besten durch Gliedsätze (hier: Adverbialsätze) geschieht:

1. Temporal:
μετά (m. Akk.) – nach einer Handlung oder Behandlung des Subjekts
    μετὰ τὸ ἀπαχθῆναι τοὺς ἀποστόλους ...
    Nachdem die Apostel weggeführt worden waren, ...

ἐν (m. Dat.) – während der Handlung oder Behandlung des Subjekts
    ἐν τῷ πορεύεσθαι τὸν Ἰησοῦν διὰ τῆς Γαλιλαίας ...
    Während Jesus durch Galiläa ging, ...

πρό (m. Gen.) – vor der Handlung oder Behandlung des Subjekts
    πρὸ τοῦ πειρασθῆναι τὸν Ἰησοῦν ὑπὸ τοῦ διαβόλου ...
    Bevor Jesus vom Teufel in Versuchung geführt wurde, ...

2. Kausal:
διά (m. Akk.) – aufgrund der Handlung oder Behandlung des Subjekts
    διὰ τὸ φοβεῖσθαι τὸν Πειλᾶτον τοὺς Ἰουδαίους ...
    Weil Pilatus die Juden fürchtete, ...

3. Final:
εἰς (m. Akk.) – in Richtung, mit Blick auf die Handlung oder Behandπρός   lung des Subjekts
    εἰς (πρὸς) τὸ ἰδεῖν τὰ παιδία τὸν Ἰησοῦν ...
    Damit die kleinen Kinder Jesus sehen konnten, ...

Der AcI

Der Infinitiv wird auch dann als substantivisches Satzglied gebraucht, wenn er als Subjekt des Verbs „sein" oder eines unpersönlichen Ausdrucks auftritt. In diesem Fall fehlt der Artikel. Man nennt diese Konstruktion „AcI" (accusativus cum infinitivo).[51]

καλόν ἐστιν ἡμᾶς ὧδε εἶναι.
Es ist gut, daß wir hier sind.
oder: Es ist gut für uns, hier zu sein.

δεῖ τοὺς ἀνθρώπους ἀποθανεῖν.
Es ist nötig, daß die Menschen sterben.
oder: Die Menschen müssen sterben.

Negiert (οὐ δεῖ): Sie dürfen nicht ...
Bei ἔξεστι(ν) steht die Person, der etwas erlaubt ist, im Dativ (wie im Lateinischen bei „licet"):

οὐκ ἔξεστιν ὑμῖν κηρύσσειν.
Euch ist es nicht erlaubt, weiterhin zu predigen.
oder: Ihr dürft nicht weiterpredigen.

Adverbien der Adjektive der o-/α-Deklination
Diese kann man durch Ändern der Endung -ων des Gen. Pl. in -ως bilden.

ἄδικος, ἀδίκων, ἀδίκως – δίκαιος, δικαίως – κακός, κακῶς – καλός, καλῶς

δεῖ[52] (m. AcI)	es ist nötig, recht	ὁ κριτής	Richter
ἔξεστι (m. Dat und Inf.)	es ist erlaubt, möglich	παλαιός, -ά, -όν	alt
εὖ[53] (Adv.)	gut	πάλιν	zurück, wieder
εὐαγγελίζομαι (M)	das Evangelium verkünden	ἡ χαρά	Freude
		ἡ χρεία	Nutzen, Bedarf
ὁ ἥλιος	Sonne	ὠφελέω	unterstützen,
ὁ κράββατος	Bettstelle, Bett	(m. Akk.)	helfen

[51] Über den AcI als Objekt vgl. S. 104, Punkt 2.
[52] δεῖ ist kontrahiert, wie der Akzent zeigt; daher heißt das Imperfekt ἔδει.
[53] εὖ wird als Adverb von ἀγαθός gebraucht, welches keine eigene Adverbbildung hat. Es kommt häufig als Präfix vor, z.B. εὐαγγελίζομαι, das wie ein Kompositum augmentiert wird: εὐηγγελιζόμην.

Bilde den Infinitiv Futur Aktiv, Medium und Passiv von ἄγω, σώζω, πέμπω; Präsens Infinitiv Aktiv und Passiv von ζητέω, πειράζω; Aorist Infinitiv Aktiv von μανθάνω, κρύπτω; Aorist Infinitiv Medium von αἰτέω, προσεύχομαι; Aorist Infinitiv Passiv von κηρύσσω, καλέω.

Übersetze: 1. ἐν δὲ τῷ πορεύεσθαι τὸν Ἰησοῦν καὶ τοὺς μαθητὰς αὐτοῦ πρὸς Ιερουσαλημ εἶπεν, ὅτι δεῖ τὸν υἱὸν τοῦ ἀνθρώπου πολλὰ παθεῖν. 2. οὐκ ἔξεστιν ἡμῖν εὖ γνῶναι τὸν χρόνον, ἐν ᾧ ἐλεύσεται ὁ Χριστός· διὰ δὲ τὸ εἰπεῖν αὐτὸν ταῦτα ἐμάθομεν, ὅτι ἐν ἐκείνῃ τῇ ἡμέρᾳ ὄψονται αὐτὸν οἱ ἅγιοι. 3. μετὰ δὲ τὸ τὸν Ἰωάννην ἀκοῦσαι ἐν τῷ δεσμωτηρίῳ τὰ ἔργα τοῦ Χριστοῦ ἔπεμψε μαθητὰς λαλεῖν αὐτῷ· ὁ δὲ ἐκέλευσεν αὐτοὺς εἰπεῖν τῷ διδασκάλῳ ἑαυτῶν, ἃ ἤκουσαν καὶ ἔβλεψαν. 4. καλῶς οὖν εἶπεν, ὅτι οὐ χρείαν ἔχουσιν οἱ δίκαιοι μετανοίας διὰ τὸ μὴ ἁμαρτωλοὺς εἶναι αὐτούς. 5. ἀδίκως προσηύχοντο οἱ Φαρισαῖοι ἐν ταῖς ὁδοῖς πρὸς τὸ ἀκουσθῆναι ὑπὸ τῶν ἀνθρώπων καὶ δόξαν λαβεῖν. 6. ἐν δὲ ταῖς ἐσχάταις ἡμέραις κρυβήσεται μὲν ὁ ἥλιος, χαρήσονται δὲ οἱ ἅγιοι διὰ τὸ πάλιν ἐλθεῖν τὸν Χριστὸν εἰς τὴν γῆν. 7. εἶπεν οὖν, ὅτι πρὸ τοῦ ἀναγνῶναι αὐτὸν τὰς παλαιὰς γραφὰς οὐκ ἐπίστευσε τοῖς λόγοις τοῦ διδασκάλου, ὃς ἐκέλευσε τοὺς πλουσίους δικαίως ὠφελεῖν τοὺς πτωχούς. 8. κακῶς μὲν ἔχει[54] αὕτη ἡ παρθένος, θεραπεύσει δὲ τὴν νόσον ὁ σοφὸς ἰατρός. 9. πῶς σώσει ὁ Κύριος τὸν κόσμον;

Luk. 2,4 (διὰ – Δ.); 8,42b; Apg. 12,20 (ᾐτ. – βασ.); 19,21 (Μετὰ – ἰδ.); Römer 8,29 (εἰς – ἀδ.)

(Benutze bei der folgenden Übung den deklinierten Infinitiv, wo es möglich ist!)

Übersetze: 1. Weil die Apostel an diesem Platz das Evangelium verkündeten, meine Brüder, wird eure Freude groß sein. 2. Diese jungen Männer brachten ein Bett, damit Jesus den Lahmen sehen und ihn heilen [konnte]. 3. Gerecht legten die Richter Zeugnis [von] dem alten Gesetz ab, während sie das Volk bewachten. 4. Nachdem Jesus wieder zum See gekommen war, befahl er dem Schüler, sein Netz aus dem Boot zu werfen. 5. Es ist nötig, daß ein guter Richter seine Aufträge gut behält, weil sie von Gott durch den großen Propheten geschrieben sind. 6. Wir wollten durch dieses Land reisen, um von dem Weisen zu lernen.

---

[54] ἔχω wird umgangssprachlich mit Adverbien gebraucht, um einen Zustand oder eine Lage auszudrücken, wie das Verb εἰμί mit einem Adjektiv. κακῶς ἔχω heißt: Ich bin krank, wie unser umgangssprachliches: Mir geht es schlecht.

18 3. Deklination: Substantive mit konsonantischem Stamm

(Bei der 3. Deklination ist es nötig, den Nom. Sing., den Gen. Sing. und das Genus jedes Substantivs zu lernen, weil man aus dem Nominativ allein nicht immer auf den Genitiv und das Genus schließen kann.)

Konsonantische Stämme
Diese haben alle die gleichen Kasusendungen hinter dem Stamm, aber im Nom. Sing. und Dat. Pl. verschmilzt der Stammauslaut oft mit der Endung (-ς bzw. -σιν), wie wir dies schon bei der Bildung von Futur und Aorist Aktiv und Medium gesehen haben.

	Wächter	Hoffnung	Körper	Heiland, Retter
Nom.	ὁ φύλαξ	ἡ ἐλπίς	τὸ σῶμα[55]	ὁ σωτήρ
Gen.	φύλακος	ἐλπίδος	σώματος	σωτῆρος
Dat.	φύλακι	ἐλπίδι	σώματι	σωτῆρι
Akk.	φύλακα	ἐλπίδα	σῶμα	σωτῆρα
Vok.	φύλαξ	ἐλπίς	σῶμα	σῶτερ[56]
Nom.	φύλακες	ἐλπίδες	σώματα	σωτῆρες
Gen.	φυλάκων	ἐλπίδων	σωμάτων	σωτήρων
Dat.	φύλαξι(ν)	ἐλπίσι(ν)	σώμασι(ν)	σωτῆρσι(ν)
Akk.	φύλακας	ἐλπίδας	σώματα	σωτῆρας
Vok.	φύλακες	ἐλπίδες	σώματα	σωτῆρες

Gutturale κ, χ, γ + σ = ξ
Labiale   π, φ, β + σ = ψ[57]
Dentale   τ, θ, δ fallen vor σ aus.
Liquida   ρ bleibt unverändert vor σ.

---

[55] Alle Substantive der 3. Deklination, die im Nom. Sing. auf α enden, sind Neutra und haben immer einen Stamm auf -ατ.
[56] Gewöhnlich bleibt der Akzent auch im Vok. Sing. wie im Nom. Sing.: σῶτερ ist also eine Ausnahme; ebenso πάτερ, ἄνερ, θύγατερ.
[57] Nur der Vollständigkeit halber angegeben; es gibt nur wenige solche Wörter.

Weitere Liquida und Stämme auf -ντ:

Sing.	Hirte	Zeitalter, Ewigkeit	Führer, Gouverneur	Herrscher
Nom.	ὁ ποιμήν	ὁ αἰών	ὁ ἡγεμών	ὁ ἄρχων
Gen.	ποιμένος	αἰῶνος	ἡγεμόνος	ἄρχοντος
Pl.				
Dat.	ποιμέσι(ν)	αἰῶσι(ν)	ἡγεμόσι(ν)	ἄρχουσι(ν)

Liquida ν fällt vor σ aus.
-οντ vor σ: ντ fällt aus und ο wird zu ου gedehnt (**Ersatzdehnung**).
(Die Wörter der oben stehenden Deklinationsbeispiele gehören zum Lernvokabular).

τὸ αἷμα	Blut	ποῦ;	wo?
ὁ ἀλέκτωρ, -ορος	Hahn	τὸ ῥῆμα	Wort
ὁ ἀμπελών, -ῶνος	Weinberg	ἡ σάρξ[58], σαρκός	Fleisch
ἄρχω (m. Gen.)	herrschen über	σαρκί, σάρκα	
τὸ ὄνομα	Name	τὸ στόμα	Mund
ἡ πατρίς, -ίδος	Vaterland, Heimat	τέσσαρες, -α	vier
		φωνέω	die Stimme erheben, sprechen
τὸ πνεῦμα	Geist		

Übersetze: 1. εὐθὺς οὖν ἐπορεύθησαν τέσσαρες φύλακες εἰς τὴν πατρίδα ἑαυτῶν πρὸς τὸ ἰδεῖν τὸ σημεῖον τοῦτο τὸ μέγα. 2. μετὰ τὸ φωνῆσαι τὸν ἀλέκτορα πάλιν ἐλευσόμεθα πρὸς τὸν ἀμπελῶνα τοῦ ἄρχοντος ὅτι θέλομεν πιεῖν τὸν καλὸν οἶνον μετὰ τῶν ποιμένων. 3. ἐν ἐλπίδι ἀποθνήσκετε διὰ τὸ πιστεύειν, ὅτι ἕξει ἡ ψυχὴ ζωὴν εἰς τὸν αἰῶνα[59]. 4. πῶς ὄψονται σὰρξ καὶ αἷμα τὴν βασιλείαν τοῦ οὐρανοῦ, ἣ μέλλει ἔρχεσθαι ἐν ἐκείναις ταῖς ἡμέραις; 5. ἐπέμφθη ὁ σωτὴρ εἰς τὸν κόσμον κηρύξαι τὸν λόγον τοῖς ἡγεμόσι καὶ τοῖς ἄρχουσι καὶ τοῖς πτωχοῖς. 6. ἐν δὲ τῷ ὀνόματι τοῦ Χριστοῦ ποιήσουσι μεγάλα ἔργα εἰς τὸ πείθειν τοὺς ἀνθρώπους, ὅτι ἔλεγε τὸ στόμα αὐτοῦ ῥήματα πιστὰ καὶ δίκαια.

---

[58] Die meisten einsilbigen Wörter der 3. Deklination werden im Gen. und Dat. Sing. und Pl. auf der letzten Silbe betont.

[59] αἰών bedeutet Zeitalter, gleichaltrig mit der Welt; daher bedeutet εἰς τὸν αἰῶνα bis zum Ende der Zeit, für immer (vgl. lateinisch in saeculum).

7. πάλιν ἔκραξεν, ὅτι διὰ τοῦ σώματος εὑρίσκομεν τὸν μισθὸν τοῦ θανάτου, διὰ δὲ τοῦ ἁγίου πνεύματος σωζόμεθα ἐκ τῆς ἐξουσίας τοῦ διαβόλου. 8. ποῦ εὗρες τὸν καλὸν ἀλέκτορα τοῦτον;

Joh. 5,47; 10,14; Apg. 13,23; Römer 8,10; 8,24a; 1.Kor. 2,6 (Σοφ. - τούτου)

Übersetze: 1. Er wußte, daß (ὅτι) der reiche Herrscher den (Akk.) armen Richtern helfen muß. 2. Die schlechten Wächter brachten dem ungerechten Führer viel Frucht aus dem Weinberg des Herrschers. 3. Die zehn guten Hirten führten ihre Schafe klugerweise aus der Einöde in ihre (eigene) Heimat. 4. Durch den heiligen Geist kamen gute Worte aus dem Mund des Heilands. 5. In diesem Zeitalter werdet ihr von den Bösen verfolgt werden, später aber werdet ihr eure Belohnung erhalten und groß werden im Himmel. 6. Dann sagte Jesus, daß wir sein Fleisch essen und sein Blut trinken müßten.

19   3. Deklination: Besonderheiten. ἐπί

Einige häufige **„unregelmäßige" Substantive** der 3. Deklination sind mit Nom. Sing., Gen. Sing. und Dat. Plur. zu lernen:

τὸ γόνυ	γόνατος	γόνασι(ν)	Knie
ἡ θρίξ	τριχός[60]	θριξί(ν)	Haar
ὁ, ἡ κύων	κυνός	κυσί(ν)	Hund
ἡ νύξ	νυκτός	νυξί(ν)	Nacht
ὁ ὀδούς	ὀδόντος	ὀδοῦσι(ν)	Zahn
τὸ οὖς	ὠτός	ὠσί(ν)	Ohr
ὁ πούς	ποδός	ποσί(ν)	Fuß
τὸ ὕδωρ	ὕδατος	ὕδασι(ν)	Wasser
ἡ χάρις	χάριτος	χάρισι(ν) (Akk. Sing. χάριν)	Dank, Gnade
ἡ χείρ	χειρός	χερσί(ν)	Hand

---

[60] Hauchdissimilation, vgl. Lektion 14, Anm. 39.

Sing.	Mann	Frau	Vater
Nom.	ὁ ἀνήρ	ἡ γυνή	ὁ πατήρ
Gen.	ἀνδρός	γυναικός	πατρός
Dat.	ἀνδρί	γυναικί	πατρί
Akk.	ἄνδρα	γυναῖκα	πατέρα
Vok.	ἄνερ	γύναι	πάτερ
Pl.			
Nom.	ἄνδρες	γυναῖκες	πατέρες
Gen.	ἀνδρῶν	γυναικῶν	πατέρων
Dat.	ἀνδράσι(ν)	γυναιξί(ν)	πατράσι(ν)
Akk.	ἄνδρας	γυναῖκας	πατέρας
Vok.	ἄνδρες	γυναῖκες	πατέρες

ἡ μήτηρ (Mutter) und ἡ θυγάτηρ (Tochter) werden wie πατήρ dekliniert.

ἐπί

ἐπί steht mit drei Kasus. Die Grundbedeutung ist „auf" (fast unterschiedslos bei allen drei Kasus).

m. Akk.
auf (wohin? wo?), **über, gegen**
 ἔπεσεν ἐπὶ τὴν γῆν.
 Es fiel auf die Erde.

m. Gen.
(1) **auf** (wo? wohin?)
 ἐπὶ τῶν νεφελῶν
 auf den Wolken
(2) **in der Zeit, zur Zeit von** (wann?)
 ἐπὶ τῶν προφητῶν
 zur Zeit der Propheten
(3) **in Gegenwart von, vor** (wo?)
 ἐπὶ τοῦ Καίσαρος
 in Gegenwart Cäsars, vor Cäsar

m. Dat.
(1) **auf** oder **an** (wo? wohin?)
 ἐπὶ τῇ θύρᾳ
 an der Tür
(2) **über** (Grund: worüber?)
 ἐθαύμασεν ἐπὶ τῇ ἀπιστίᾳ αὐτῶν.
 Er war erstaunt über ihren Unglauben.

ἁγιάζω	heiligen	ἡ θύρα	Tür
τὸ ἔλαιον	Öl	ἡ λαμπάς, -άδος	Lampe
ἐπεί	als, da, weil (kausal oder temporal)	ἡ νεφέλη	Wolke
θαυμάζω	erstaunt sein, sich wundern, bewundern	ἡ σοφία	Weisheit, Klugheit
		φρόνιμος, -ον	vernünftig

Übersetze: 1. ἀριθμεῖ[61] ὁ πατὴρ ἡμῶν ὁ ἐν οὐρανοῖς καὶ τὰς τρίχας τῶν κεφαλῶν ἡμῶν. 2. μετὰ δὲ τὸ βαπτισθῆναι τὸν Ἰησοῦν ἐν τῷ ποταμῷ, ἐπεὶ ἀνέβη ἐκ τοῦ ὕδατος, ἠκούσθη φωνὴ ἐκ τῶν νεφελῶν. 3. ὦτα ἔχουσιν οἱ ἄνθρωποι εἰς τὸ ἀκούειν καὶ πόδας εἰς τὸ περιπατεῖν. 4. ἔπεσεν ὁ πατὴρ πρὸς τὰ γόνατα τοῦ Ἰησοῦ καὶ ἐδεήθη αὐτοῦ ὠφελῆσαι τὸν υἱόν· ὁ δὲ εὐθὺς ἐθεράπευσεν αὐτόν. 5. ὦ γύναι, λέγω σοι, ὅτι πέντε ἔσχες ἄνδρας καὶ νῦν, ὃν ἔχεις, οὐκ ἔστιν σου ἀνήρ. 6. αἱ μὲν ἠγόρασαν ἔλαιον ταῖς λαμπάσιν, αἱ δέ οὐκ εἶχον καὶ ἐθαύμαζον ἐπὶ τῇ σοφίᾳ τῶν φρονίμων παρθένων. 7. ὦ πάτερ, ἐλεήσεις ἡμᾶς· οἱ γὰρ τελῶναι καὶ ἁμαρτωλοὶ ἁγιάζονται τῇ σῇ χάριτι. 8. οὐ δεῖ τὰς γυναῖκας ἀποκαλύψαι τὰς τρίχας ἐν τῇ ἐκκλησίᾳ.

Luk. 1,34; 6,6b; 12,3b; 13,28a; Joh. 1,13; Eph. 3,14–15; 5,23

Übersetze: 1. Wegen der Gnade Gottes wurde er [ein] Apostel, nachdem (Inf.) er die Stimme des Herrn mit seinen eigenen Ohren gehört hatte. 2. Der gute Führer wollte meine Mutter und Schwester in ihr ‹eigenes› Land schicken, damit (Inf.) sie vor den Feinden gerettet würden. 3. Es war Nacht, und Jesus begann, auf dem Wasser vom Lande zum Boot zu wandeln; die Schüler aber sahen ihn mit eigenen Augen und gerieten in Furcht (Aor. Pass.). 4. Du trugst die Frucht aus dem Weinberg in deinen Händen und ließest sie an der Tür des Hauses des Hirten zurück. 5. Die Hunde aßen das Fleisch des Toten mit ihren Zähnen. 6. ‹Die› Männer und ‹die› Frauen müssen ihre Kinder dazu bringen (= überreden), gerecht auf dem Weg des Herrn zu gehen.

---

[61] ἀριθμεῖ: zählt.

3. Deklination: Substantive mit vokalischem Stamm. περί

Es gibt Stämme auf ι, υ, ευ (urspr. -εF) und ε (urspr. -εσ):

Sing.	Stadt, Staat	Fisch	König	Volk (Pl. Heiden)
Nom.	ἡ πόλις[62]	ὁ ἰχθύς[63]	ὁ βασιλεύς	τὸ ἔθνος[64]
Gen.	πόλεως	ἰχθύος	βασιλέως	ἔθνους
Dat.	πόλει	ἰχθύι	βασιλεῖ	ἔθνει
Akk.	πόλιν	ἰχθύν	βασιλέα	ἔθνος
Vok.	πόλι	ἰχθύ	βασιλεῦ	ἔθνος
Pl.				
Nom.	πόλεις	ἰχθύες	βασιλεῖς	ἔθνη
Gen.	πόλεων	ἰχθύων	βασιλέων	ἐθνέων, -ῶν
Dat.	πόλεσι(ν)	ἰχθύσι(ν)	βασιλεῦσι(ν)	ἔθνεσι(ν)
Akk.	πόλεις	ἰχθύας	βασιλεῖς, -έας	ἔθνη
Vok.	πόλεις	ἰχθύες	βασιλεῖς	ἔθνη

ἡ ἀνάστασις, -εως	Auferstehung	ὁ ἱερεύς	Priester
ἀπολύω	befreien, erlösen	ἡ κρίσις, -εως	Urteil, Gericht
		τὸ ὄρος	Berg
ὁ ἀρχιερεύς, -έως	der Hohepriester	ἡ ὀσφύς	Hüfte
		περί (m. Akk.)	um ... herum
ὁ γραμματεύς, -έως	Schreiber	(m. Gen)	in bezug auf, über
ἡ δύναμις, -εως	Macht, große Tat, Wunder	ἡ πίστις, -εως	Glaube, Vertrauen
τὸ ἔτος	Jahr		
ἡ ζώνη	Gürtel	τὸ πλῆθος	Menge
ἡ θλῖψις, -εως	Mühsal	τὸ τέλος	Ende, Ziel

---

[62] Alle Substantive wie πόλις sind femininum.
[63] Symbol der frühen Kirche, da die Buchstaben die Anfangsbuchstaben von Ἰησοῦς Χριστὸς Θεοῦ Υἱὸς Σωτήρ sind.
[64] Besonderheit: von einem ursprünglichen Stamm ἐθνεσ-, bei dem das σ zwischen zwei Vokalen (intervokalisches Sigma) oder vor σ (im Dat. Pl.) ausfällt und das verbleibende ε mit dem folgenden Vokal kontrahiert wird. Diese Gruppe ist immer neutrum.

Bilde den Gen. Sing. von γλῶσσα, μαθητής, φύλαξ; Akk. Sing. von πρόβατον, λαμπάς, σωτήρ; Akk. Pl. von χείρ, θρίξ, γόνυ; Dat. Pl. von πούς, κύων, αἰών, ἄρχων; 3. Person Sing. Aorist Indik. Aktiv, Medium und Passiv von ἄρχω, πέμπω, ἀγοράζω, αἰτέω.

Übersetze: 1. διὰ τῶν χειρῶν τῶν ἀποστόλων ἐποίησεν ὁ Θεὸς πολλὰς δυνάμεις· πολλοὺς γάρ, οἳ νόσους εἶχον, ἐθεράπευσαν ἐλαίῳ καὶ ἀπέλυσαν ἀπὸ τῶν θλίψεων αὐτῶν. 2. μετὰ τὴν ἀνάστασιν τῶν νεκρῶν ἔσται κρίσις ἐπὶ τῆς γῆς καὶ ὑμεῖς, οἱ δώδεκα ἀπόστολοι, θρόνους ἕξετε καὶ κριταὶ ἔσεσθε τῶν ἐθνῶν. 3. πιστὴ δ' ἦν ἡ καρδία τοῦ πλήθους[65], καὶ οὐκ ἐφοβοῦντο τὸν βασιλέα καὶ τοὺς φύλακας καὶ ὑπηρέτας αὐτοῦ. 4. εἶχεν ὁ Ἰωάννης ζωνὴν περὶ τὴν ὀσφὺν αὐτοῦ καὶ ἱμάτιον, ὃ ἐποιήθη ἐκ τριχῶν καμήλου. 5. ὦ βασιλεῦ, ἐλεύσεται ὁ ἀρχιερεὺς καὶ παρακαλέσει σε πάλιν πέμψαι τὸν Ἰησοῦν πρὸς τὸν ἡγεμόνα. 6. ἀπῆλθεν ὁ σωτὴρ πρὸς τὸ ὄρος καὶ ἐκεῖ ἐδίδαξε τοὺς ὄχλους, ἀχρὶ οὗ νὺξ ἐγένετο. 7. ἔλαβε τοῦτο τὸ παιδίον μέγαν ἰχθὺν ἐκ τοῦ ὕδατος, ὃν ἠγόρασεν ὁ κύριος τοῦ ἀμπελῶνος. 8. οὗτοι ἀπέθανον ἐν ἐλπίδι· ἔγνωσαν γάρ, ὅτι ὁ ἄρχων τοῦ κόσμου τούτου οὐ μέλλει ἔχειν δύναμιν καὶ ἐξουσίαν εἰς τὸν αἰῶνα.

Mark. 2,21a; 9,2; Luk. 1,5; 1,33; 8,25 (εἶπ. – ὑμ.); Philemon 10.

Übersetze: 1. In diesem Jahr wurde ich durch Gottes Gnade von den Soldaten, die mich in dem Gefängnis bewachten, von meinen Fesseln befreit (= gelöst). 2. Diese Stadt wurde berühmt (= groß) unter den Heiden; denn viele brachten (ἄγειν) ihr Söhne, um den Tempel und das schöne Haus des Königs zu sehen. 3. Jesus sprach zu seinen (= den) Jüngern über sein ‹eigenes› Ende und sagte, daß es [eine] Auferstehung geben (sein) werde. 4. [Durch] den (Dat.) Glauben wissen wir, daß, nachdem (Inf.) Jesus gestorben war, die Schüler ihn wieder leibhaftig (= im Körper) sahen. 5. Mit ihren Zähnen retteten die Hunde das Geld vor den Räubern, die versuchten, es zu nehmen.

---

[65] τὸ πλῆθος in Apg. oft für „Christenheit, die Christen".

21 Partizipien: Bildung. Adjektivischer Gebrauch

Partizipien gibt es, wie den Infinitiv, in jedem Genus verbi und Tempus außer dem Imperfekt und Plusquamperfekt.

AKTIV

Aktivische Partizipien gehen alle im Mask. und Neutr. nach der 3. Deklination, im Fem. aber nach der α-Deklination.

Präsens – Präsensstamm + -ων, -ουσα, -ον; Maskulinum und Neutrum (außer Nom. und Akk.) werden wie ἄρχων dekliniert, das Femininum wie θάλασσα; „lösend".

Sing.	Nom. Vok.	λύων	λύουσα	λῦον
	Gen.	λύοντος	λυούσης	λύοντος
	Dat.	λύοντι	λυούσῃ	λύοντι
	Akk.	λύοντα	λύουσαν	λῦον
Pl.	Nom. Vok.	λύοντες	λύουσαι	λύοντα
	Gen.	λυόντων	λυουσῶν	λυόντων
	Dat.	λύουσι(ν)	λυούσαις	λύουσι(ν)
	Akk.	λύοντας	λυούσας	λύοντα

Verba contracta folgen den bekannten Regeln:
φιλῶν (-έων) φιλοῦσα (-έουσα) φιλοῦν (-έον)
φιλοῦντος (-έοντος)

Futur – Futurstamm + Präsensendungen; „lösen werdend":

Nom. Sing.	λύσων	λύσουσα	λῦσον
Gen. Sing.	λύσοντος	λυσούσης	λύσοντος
Dat. Pl.	λύσουσι(ν)	λυσούσαις	λύσουσι(ν)

Schwacher Aorist – Augment fällt aus, Aoriststamm + -ᾱς, -ᾱσα, -ᾱν; „gelöst habend":

Nom. Sing.	λύσας	λύσᾱσα	λῦσαν
Gen. Sing.	λύσαντος	λυσάσης	λύσαντος
Dat. Pl.	λύσᾱσι(ν)	λυσάσαις	λύσᾱσι(ν)

Merke: Vor σ fällt ντ aus, α wird in der Aussprache gedehnt (Ersatzdehnung). Das ist der Fall im Nom. Sing. Mask., Dat. Plur. Mask. und Neutr. und im ganzen Femininum.

Starker Aorist – Augment fällt aus, Aoriststamm + Präsensendungen, Betonung auf der letzten Stammsilbe; „genommen habend":

Nom. Sing.	λαβών	λαβοῦσα	λαβόν
Gen. Sing.	λαβόντος	λαβούσης	λαβόντος
Dat. Pl.	λαβοῦσι(ν)	λαβούσαις	λαβοῦσι(ν)

MEDIUM
Mediale Partizipien werden alle wie Adjektive der o-/α-Dekl. dekliniert.

Präsens – Präsensstamm + -όμενος, -η, -ον; „für sich lösend":

λυόμενος   λυομένη   λυόμενον
φιλούμενος φιλουμένη φιλούμενον

Futur – Futurstamm + Präsensendungen; „für sich lösen werdend":

λυσόμενος   λυσομένη   λυσόμενον

Schwacher Aorist – Augment fällt aus, Aoriststamm + -αμενος, -η, -ον; „für sich gelöst habend":

λυσάμενος   λυσαμένη   λυσάμενον

Starker Aorist – Augment fällt aus, Aoriststamm + Präsensendungen; „für sich genommen habend":

λαβόμενος   λαβομένη   λαβόμενον

PASSIV
Präsens – identisch mit dem Medium; „gelöst werdend":

λυόμενος   λυομένη   λυόμενον

Futur – Futurpassivstamm + Präsensendungen; „gelöst werden werdend":

λυθησόμενος   λυθησομένη   λυθησόμενον

Schwacher und starker Aorist – Augment fällt aus, Aoristpassivstamm und die Ausgänge -είς, -εῖσα, -έν, Betonung auf der letzten Stammsilbe; „gelöst worden seiend":

Nom. Sing.	λυθείς (γραφείς)	λυθεῖσα	λυθέν
Gen. Sing.	λυθέντος	λυθείσης	λυθέντος
Dat. Pl.	λυθεῖσι(ν)	λυθείσαις	λυθεῖσι(ν)

Übersicht:

	Aktiv	Medium	Passiv
Präs.	λύων, -ουσα, -ον	λυόμενος, -η, -ον	λυόμενος, -η, -ον
Fut.	λύσων, -ουσα, -ον	λυσόμενος, -η, -ον	λυθησόμενος, -η, -ον
Schw. Aor.	λύσᾱς, -ᾱσα, -αν	λυσάμενος, -η, -ον	λυθείς, -εῖσα, -έν
St. Aor.	λαβών, -οῦσα, -όν	λαβόμενος, -η, -ον	γραφείς, -εῖσα, -έν

Merke: -βαίνω und γινώσκω bilden ihr **Partizip im Wurzelaorist** Aktiv folgendermaßen:

Nom. Sing.	-βάς	-βᾶσα	-βάν
Gen. Sing.	-βάντος	-βάσης	-βάντος
Dat. Pl.	-βᾶσι(ν)	-βάσαις	-βᾶσι(ν)

Nom. Sing.	γνούς	γνοῦσα	γνόν
Gen. Sing.	γνόντος	γνούσης	γνόντος
Dat. Pl.	γνοῦσι(ν)	γνούσαις	γνοῦσι(ν)

Das Verb „sein" bildet sein Partizip Präsens:

ὤν	οὖσα	ὄν
ὄντος	οὔσης	ὄντος
οὖσι(ν)	οὔσαις	οὖσι(ν)

Das Partizip Futur heißt ἐσόμενος (zur 1. Pers. ἔσομαι).

Adjektivischer Gebrauch des Partizips

Steht das Partizip in attributiver Stellung oder wird es wie ein Adjektiv substantiviert, so wird es wörtlich oder mit einem Relativsatz wiedergegeben. Wie beim Infinitiv ist die Negation meistens μή, und obwohl man grundsätzlich auch beim Partizip nicht von Tempora, sondern von Aspekten reden darf (das Futur ausgenommen), zeigt sich doch, daß Vorzeitigkeit oft mit dem Aorist, Nachzeitigkeit dagegen nie mit dem Aorist ausgedrückt wird.

οἱ γραμματεῖς οἱ ἀπὸ Ἱεροσολύμων καταβάντες
(die von J. hergekommenen Sch.) die Schriftgelehrten, die von J. hergekommen sind.

μακάριοι οἱ ζητοῦντες τὸν θεόν.
(Selig sind die Gott Suchenden) Selig sind die, die Gott suchen.

οἱ μὴ ἐλθόντες εἰς τὴν πόλιν εἶδον αὐτόν.
Diejenigen, die nicht in die Stadt gekommen waren, sahen ihn.

ὁ ἐρχόμενος
derjenige, der kommt; derjenige, der kommen wird.

ἀγαπητός, -ή, -όν	geliebt	ὁ καιρός	rechte Zeit, Zeitpunkt
ἡ ἄφεσις, -εως	Vergebung		
δαιμονίζομαι	besessen sein	κατοικέω	bewohnen, wohnen
δοξάζω	rühmen		
ἡ ἐπαγγελία	Versprechen, Verheißung	μετανοέω	umdenken, bereuen
εὐλογέω	segnen, preisen	τὸ ποτήριον	Becher
θεωρέω	anschauen, erblicken, sehen	τὸ πῦρ, πυρός	Feuer
		τὸ σπέρμα	Saat, Same

Übersetze: 1. οἱ εὐλογοῦντες τὸν Θεὸν δέξονται τὸν ἴδιον μισθὸν αὐτῶν. 2. οἱ Ἰουδαῖοι αὐτοὶ οἱ λαβόντες τὰς ἐπαγγελίας οὐκ ἠθέλησαν γνῶναι τὸν Χριστόν. 3. ὁ θεωρῶν τὸν υἱὸν καὶ πιστεύων εἰς αὐτὸν ἕξει ζωὴν αἰώνιον. 4. τοῦτο τὸ σπέρμα τὸ εἰς καλὴν γῆν σπαρὲν εὐλογεῖται ὑπὸ τοῦ Θεοῦ. 5. δεῖ τοὺς μετανοήσαντας δοξάζειν τὸν Θεὸν διὰ τὴν ἄφεσιν τῶν ἁμαρτιῶν. 6. οὗτος ὁ ἀδίκως γενόμενος ἀρχιερεὺς πονηρός ἐστι. 7. ὑμεῖς οἱ πιόντες τὸ ἐμὸν ποτήριον μέλλετε πάσχειν τὴν αὐτὴν θλῖψιν. 8. ἐξῆλθον οἱ κατοικοῦντες ἐν Ιερουσαλημ πρὸς τὸν Ἰωάννην εἰς τὸ βαπτισθῆναι ὑπ' αὐτοῦ. 9. ἔπεσεν εἰς τὸ ὕδωρ τοῦ ποταμοῦ τοῦτο τὸ ἀγαπητὸν τέκνον τὸ δαιμονιζόμενον. 10. οὗτός ἐστιν ὁ Χριστὸς ὁ σώσων τὸν κόσμον ἐκ τοῦ πυρός. 11. ὁ γὰρ ἄρτος τοῦ Θεοῦ ἐστιν ὁ καταβαίνων ἐκ τοῦ οὐρανοῦ. 12. δεῖ οὖν τὸν ἀκολουθοῦντά μοι βαστάζειν τὸν ἑαυτοῦ σταυρόν.

Matth. 1,16; 3,11; Joh. 10,1–3; 16,13b; 19,17 (ἐξῆλθεν – Γολγοθα); 1. Kor. 14, 4

Übersetze (Benutze das Partizip, wo immer möglich): 1. Glücklich sind die, die einen Weg für den Herrn bereiten; denn sie werden Freude haben (= sich freuen). 2. Die (Frau), die die Lampe trägt, heilt die, die leiden. 3. Meine Mutter, die fünf Söhne und vier Töchter geboren hat, [pflegte zu] sagen (Ipf.), daß sie diese ihre Kinder liebe. 4. Der Vater, der (mich) gesandt hat, befahl mir, ‹den› Männern und ‹den› Frauen Vergebung (der) Sünden zu verkünden. 5. Die, die von den Wächtern fortgeführt worden waren, starben am Kreuz. 6. Der, der Ohren hat zu hören, wird diese Worte empfangen.

22 Partizipien: Adverbialer Gebrauch I (Participium coniunctum). παρά

Adverbialer Gebrauch des Partizips I
Sehr oft übernimmt das Partizip die Funktion einer Umstandsangabe. Es hat dann keinen Artikel. Bezieht es sich formal auf ein in demselben Satz vorkommendes Nomen und stimmt mit diesem in Kasus, Numerus und Genus überein, so heißt es **participium coniunctum**. Steht es – zusammen mit mindestens einem weiteren Nomen – in einem Genitiv, der vom übrigen Satz unabhängig steht, so heißt diese Konstruktion **genitivus absolutus** (vgl. Lektion 23). Das Deutsche, das Partizipien meidet, gibt diese Partizipialkonstruktionen meistens durch Unterordnung, bisweilen auch durch Beiordnung oder eine präpositionale Wendung wieder. Das logische Verhältnis zum übrigen Satz, d.h. die Sinnrichtung der Umstandsangabe, geht nur aus dem Kontext hervor. Es lassen sich **sechs Sinnrichtungen** unterscheiden:

1. temporal (am häufigsten):
 διερχόμενος τὴν γῆν ἐδίδασκε τοὺς ὄχλους.
 Während er durch das Land ging, lehrte er die Massen. (Unterordnung)
 Er ging durch das Land. Dabei lehrte er die Massen. (Beiordnung)
 Auf seiner Reise durch das Land lehrte er die Massen. (Präpositionale Wendung)

 λαβὼν τὸ ἀργύριον οὐκ ἤθελε τηρεῖν αὐτό.
 Als/nachdem er das Geld genommen hatte, wollte er es nicht behalten.

 κράξας εἶπε.
 Er schrie auf und sagte. (Beiordnung)

ἀποκριθεὶς[66] εἶπε.
Er antwortete und sprach. (schlechtes Griechisch, doch häufiger Semitismus, vgl. Lektion 45)

2. kausal:
φοβούμενος τοὺς Ἰουδαίους ἔφυγεν ἐκ τῆς πόλεως.
Weil er die Juden fürchtete, floh er aus der Stadt.
Aus Furcht vor den Juden floh er aus der Stadt.

3. konzessiv:
(καίπερ) ὢν υἱὸς ἔμαθεν, ἀφ' ὧν ἔπαθεν, τὴν ὑπακοήν.
wörtl.: auch (καί mit verstärkendem Suffix – περ) ein Sohn seiend, etc.
Obwohl er ein Sohn war, lernte er aus dem, was er litt, den Gehorsam.

4. konditional:
πῶς ἡμεῖς ἐκφευξόμεθα τηλικαύτης ἀμελήσαντες σωτηρίας;
Wie werden wir entrinnen, wenn wir so große Rettung außer Acht lassen?

5. modal:
περιῆγεν τὰς κώμας διδάσκων.
Lehrend ging er umher ‹durch› die Dörfer. (Wörtlich hier die beste Übersetzung)
Er ging umher ‹durch› die Dörfer, indem er lehrte.

6. final:
ἔπεμψεν φίλους λέγων αὐτῷ, Κύριε etc.
Er sandte Freunde, um ihm zu sagen: „Herr, etc.".

ἀνοίγω	öffnen	ὑπάγω	gehen, weggehen
ἀποκρίνομαι (P)	antworten		
ἔξω (Adverb)	draußen	ὑπακούω	gehorchen
(m. Gen.)	außerhalb	παρά (m. Akk.)	an … entlang,
οὕτω(ς)	so		zu (Personen),
ὁμολογέω	anerkennen, bekennen		gegen, im Vergleich zu
ὀνειδίζω	Vorwürfe machen, tadeln, schmähen	(m. Gen) (m. Dat.)	von (Personen) neben, bei[67]

[66] Dies war im KG ein Deponens Medium, in der K häufiger Passiv, aber beide Formen finden sich im NT.
[67] Mit dem Dativ einer Person bedeutet es oft „im Hause des", wie lateinisch „apud" oder französisch „chez".

Übersetze: 1. καὶ ἀποκριθεὶς εἶπεν, ὅτι οἱ ὀνειδίζοντες τὸν Θεὸν οὐ φέρουσι τὸν καρπὸν τῆς δικαιοσύνης. 2. καταβὰς οὖν ἀπὸ τοῦ ὄρους εἰσῆλθε πάλιν εἰς τὴν πόλιν εὑρεῖν ἐκεῖ τὴν θυγατέρα αὐτοῦ τὴν δαιμόνια ἔχουσαν. 3. λέγοντες οὖν, ὅτι ἁμαρτίαν οὐκ ἔχομεν, οὐ λέγομεν τὴν ἀλήθειαν περὶ ἑαυτῶν. 4. ἀνοίξας δὲ τὴν θύραν ὁ λῃστὴς ἀπήγαγε πολλὰ πρόβατα. 5. καίπερ πολλὰ παθοῦσα ἐν τῷ τεκεῖν τὸν υἱὸν τὸν ἀγαπητὸν ἐχάρη ἡ μήτηρ ἰδοῦσα τὸ πρωτότοκον παιδίον. 6. ὁμολογήσαντες τὰς ἁμαρτίας ἡμῶν λημψόμεθα ἄφεσιν παρὰ τοῦ Πατρός. 7. παρὰ τῷ τελώνῃ ἔπιες πολὺν οἶνον καὶ ὑπήκουσας αὐτῷ κελεύοντί σε ἀδίκως λαβεῖν τὸ ἀργύριον τῶν πτωχῶν χηρῶν. 8. οὕτως οὖν παρεκάλεσε τὸ πλῆθος δέχεσθαι τὸν λόγον· ἀλλ' οὐκ ἐβούλοντο ἀκούειν μὴ πιστεύοντες τῷ εὐαγγελίῳ. 9. πορευόμενοι δὲ διὰ τῶν ἀγρῶν ἐθεωρήσαμεν πολὺν καρπὸν καὶ τέσσαρας ἡμέρας νηστεύσαντες ἠθέλομεν φαγεῖν. 10. καὶ πολλὰ ποιήσαντες παρὰ τὸν νόμον ἤχθησαν εἰς τὴν πόλιν ὑπὸ τῶν φυλάκων· ἐπὶ δὲ τοῦ κριτοῦ εἶπον, ὅτι κατὰ νόμον πορεύονται ἐν τῇ ὁδῷ τοῦ Κυρίου.

Matth. 2,11–12; Mark. 1,9–13; Luk. 5,39; Apg. 13,4–7; Hebr. 12,17b

Übersetze (Benutze ein Partizip, wo immer möglich): 1. Während wir weggingen, erblickten wir eine große Menge, die sich über den Glauben des Blinden wunderte. 2. Und er antwortete und sagte, daß der Sohn vom Vater ‹heraus›gekommen sei, der ihn in die Welt gesandt habe. 3. Nachdem sie (aber) ihre Sünden zugegeben hatten, wandelten sie am Fluß entlang, bis sie in die Stadt kamen. 4. Obwohl ich so arm bin, versuche ich denen zu helfen, die keinen Lohn erhalten; ich habe nämlich ‹zu› dieser Witwe einen Fisch gesandt. 5. Als Jesus aus dem Wasser herauskam, sah er den Heiligen Geist auf sich herabkommen (Part.). 6. Nachdem er draußen an öden Plätzen gebetet hatte, ging er wieder in die Stadt, um dort das Evangelium zu verkünden.

23 Partizipien: Adverbialer Gebrauch II (Genitivus absolutus). Prädikativer Gebrauch

Adverbialer Gebrauch des Partizips II
Steht das Partizip – zusammen mit mindestens einem weiteren Nomen – in einem Genitiv, der vom übrigen Satz unabhängig steht, so heißt diese Konstruktion **genitivus absolutus**. Analog zum Subjektsakkusativ beim deklinierten Infinitiv (S. 53), erscheint hier das logische Subjekt des Partizips im Genitiv. Die Sinnrichtungen sind dieselben wie beim participium coniunctum und werden entsprechend übersetzt (vgl. Lektion 22).

ἐξελθόντος τοῦ τέκνου εἰσῆλθεν ὁ πατήρ.
Als (obwohl/weil) das Kind herausgekommen war, trat der Vater ein.

Merke: (1) Diese Konstruktion entspricht dem lateinischen ablativus absolutus, ist aber wesentlich anpassungsfähiger und häufiger wegen der größeren Zahl von Partizipien im Griechischen.
(2) In der K wird der genitivus absolutus frei gebraucht, auch wenn das Substantiv oder Pronomen anderswo im Satz steht; das macht aber keine Schwierigkeit für die Übersetzung:

Καὶ ἐκπορευομένου αὐτοῦ ἐκ τοῦ ἱεροῦ, λέγει αὐτῷ εἷς τῶν μαθητῶν αὐτοῦ (= part. coni.: καὶ ἐκπορευομένῳ αὐτῷ ἐκ τοῦ ἱεροῦ λέγει εἷς τῶν μαθητῶν αὐτοῦ).
Und als er aus dem Tempel kam, sagte einer seiner Schüler zu ihm.

Prädikativer Gebrauch des Partizips
Neben dem adjektivischen und dem adverbialen Gebrauch des Partizips gibt es als dritten Bereich den prädikativen, d.h. das Partizip ist notwendiger Teil des Prädikats. Dieser Gebrauch erscheint in der Gestalt der **umschreibenden Konjugation (coniugatio periphrastica)**, des **AcP (accusativus cum participio)** und nach Verben des **modifizierten Seins oder Tuns**.
Die **coniugatio periphrastica** setzt sich meistens zusammen aus εἰμί und dem Partizip und wird teils ohne Unterschied zur einfachen Form, teils zur Betonung der Handlung oder ihres Aspekts verwendet.

ζῶν εἰμι (Präs.)　　　　ἦσαν νηστεύοντες (Impf.)
Ich lebe (wirklich).　　　Sie fasteten.

καὶ οἱ ἀστέρες ἔσονται ἐκ τοῦ οὐρανοῦ πίπτοντες. (Fut.)
Und die Sterne werden (dauernd) vom Himmel fallen.

Beim **accusativus cum participio** steht das Partizip als Ergänzung zum Akkusativobjekt in einer lockereren Bindung zum Prädikat als in der coniugatio periphrastica, doch immer noch in einer engeren Bindung als beim adverbialen Gebrauch. Es gibt nicht das logische Verhältnis zum Prädikat an, sondern gehört vielmehr direkt zum Objekt.

εἶδεν τὸ πνεῦμα καταβαῖνον.
Er sah den Geist herabkommen.
Er sah das Herabkommen des Geistes.
Er sah, wie/daß der Geist herabkam.

Der AcP steht nach Verben des Wahrnehmens und Erkennens.

Nur selten erscheint in der K prädikativer Gebrauch des Partizips nach Verben des **modifizierten Seins oder Tuns**. In diesem Fall bilden Prädikat und Partizip eine Einheit, wobei einmal nicht das Prädikat die Haupthandlung trägt, sondern das Partizip. Das Prädikat modifiziert das Partizip nur:

ὁ δὲ Πέτρος ἐπέμενεν κρούων.
(Und Petrus blieb klopfend) Und Petrus klopfte weiter.

ὁ ἀστήρ, -έρος	Stern	τὸ θέλημα	Wunsch, Wille
ἀτενίζω	starren	κρίνω	urteilen, aburteilen
ἐγγίζω	sich nähern	παράγω	vorbeigehen, ent-
ἐπιμένω	bleiben		langgehen
ἔτι	noch, ferner	πρεσβύτερος	älter; Ältester
οὐκέτι[68]	nicht mehr	τὸ σκότος, -ους	Dunkelheit,
μηκέτι[68]	nicht mehr		Finsternis
ἤδη	schon, jetzt	τὸ φῶς, φωτός	Licht

Übersetze: 1. καὶ ἀναλημφθέντος τοῦ Ἰησοῦ, ὡς οἱ μαθηταὶ ἀτενίζοντες ἦσαν εἰς τὸν οὐρανόν, νεφέλη ἔλαβεν αὐτὸν ἀπὸ τῶν ὀφθαλμῶν αὐτῶν. 2. τοῦ δὲ Παύλου ἐκλεξαμένου πρεσβυτέρους τῇ ἡμετέρᾳ ἐκκλησίᾳ, οἱ κατοικοῦντες τὴν πόλιν ἤμελλον ἀπο-

---

[68] Komposita von οὐ und μή haben keinen Unterschied in der Bedeutung, werden aber wie οὐ und μή gebraucht, das erste zur Verneinung einer Behauptung, das letzte zur Verneinung eines Wunsches und bei Infinitiv und Partizip.

κτείνειν αὐτόν. 3. τῶν δέ ποιμένων ἰδόντων τὸν ἀστέρα, οἱ νεανίαι ἤθελον λιπεῖν τὰ πρόβατα ἐπὶ τοῦ ὄρους. 4. ὁ δὲ πατήρ μου ἔτι ὢν παιδίον εἶδε τὸν Ἰησοῦν παράγοντα παρὰ τὴν θάλασσαν, πολλῶν ἀκολουθούντων. 5. μηκέτι ἀκούοντος τοῦ ὄχλου, εὐθὺς ἐκέλευσε τοὺς μαθητὰς ἐμβῆναι εἰς τὸ πλοῖον. 6. οὐκέτι μεθ' ὑμῶν ἔσομαι πολὺν χρόνον· τοῦ γὰρ ἡγεμόνος ἐν Ῥώμῃ ὄντος, ἤδη μέλλει κρίνειν με ὁ κεντυρίων ὁ πολλοὺς ὑφ' ἑαυτὸν ἔχων στρατιώτας. 7. ἔσεσθε οὖν διωκόμενοι ὑπὸ τῶν ἐθνῶν· οὗτοι γάρ, μὴ εὐαγγελισαμένων ὧδε τῶν ἀποστόλων, πείθονται, ὅτι ἀδίκως πράσσετε παρὰ τὸν νόμον. 8. ἐπὶ δὲ Ἡσαίου τοῦ προφήτου φυγόντος τοῦ ἱερέως ἐκείνου ἐκ τῆς πόλεως, οἱ μὲν ἐβουλήθησαν τηρεῖν ἐν φυλακῇ τὴν γυναῖκα αὐτοῦ, οἱ δὲ μὴ δέχεσθαι τὰ παιδία εἰς τὰς οἰκίας αὐτῶν. 9. μὴ μαρτυρούντων ὑμῶν τῇ πίστει, πολλοὶ περιπατοῦντες ἔσονται ἐν τῷ σκότει· οὐ γὰρ ἀκούσουσι περὶ Ἰησοῦ. τοῦ φωτὸς τοῦ κόσμου. 10. κατὰ δὲ τὸ θέλημα τοῦ πατρὸς αὐτοῦ, μὴ θελούσης τῆς μητρός, λῃστὴς ἐγένετο ὁ σὸς ἀδελφός· δικαίως οὖν ἀπέθανεν ἐπὶ σταυρῷ.
11. οὐ παύομαι εὐχαριστῶν ὑπὲρ ὑμῶν.

Matth. 8,16a; 19,22; 25,10; Mark. 1,22; Luk. 4,20b; 15,1; 21,17; 23,8; Apg. 10,33a; 20,31

Übersetze: 1. Als Jesus schon auf dem Wasser wandelte, begannen die Schüler aufzuschreien, weil sie sich über seine Macht wunderten. 2. Die Soldaten, die mich bewachten, wurden von meiner Mutter überredet, mich freizulassen, obwohl viele sich fürchteten. 3. Während die Frauen sich noch der Stadt nähern, werden wir ihnen Häuser bereitstellen; denn sie werden hier mit ihren Männern wohnen wollen. 4. Nachdem (aber) Johannes [zu] der Menge gepredigt hatte, wollten viele getauft werden (Aor.). 5. Jesus ging (παράγειν) am See entlang und sah Johannes und seinen Bruder ihre Netze aus dem Boot ins Wasser werfen (Part.), um Fische zu fangen. 6. Weil sie den Stern mit ihren ‹eigenen› Augen sehen wollten, verließen diese Könige ihr Vaterland; dann aber fanden sie das kleine Kind bei seiner Mutter mit den Hirten und bewunderten [es].

24 Futur und Aorist der verba liquida. πᾶς, τίς

Verba liquida (mit Stamm auf λ, μ, ν, ρ)
Bei den meisten dieser Verben war der Verbalstamm im **Präsens** ursprünglich um ein **-j** erweitert. In der Folge fiel dieses -j aus, kompensierte aber diesen Verlust entweder durch Verdoppelung des auslautenden -λ (ἀγγέλjω → ἀγγέλλω) oder durch Dehnung der vorangehenden Stammsilbe (ἄρjω → αἴρω). – Im Futur und Aorist fällt die Präsenserweiterung wieder weg. Das Aufeinandertreffen von liquidem Stammauslaut und sigmatischer Futur- resp. Aoristerweiterung (λύ-σ-ω resp. ἔλυ-σ-α) wird je verschieden vermieden: Im **Futur Aktiv und Medium** wird eine Sprechsilbe -ε- eingeschoben (ἀρ-έ-σ-ω), darauf wird das intervokalische Sigma ausgestoßen (ἀρ-έ-ω) und das verbleibende ε mit dem folgenden Vokal kontrahiert (ἀρῶ), sogenanntes **futurum contractum**. – Im **Aorist Aktiv und Medium** fällt das σ aus und bewirkt eine **Ersatzdehnung** der vorangehenden Stammsilbe (ἤγγελ-σ-α → ἤγγειλα). Bisweilen (bei Stämmen mit ι resp. α vor dem Auslaut) ist die Ersatzdehnung nur hör-, nicht aber sichtbar (ἔκριν-σ-α → ἔκρῑνα; ἄρ-σαι →ᾶραι). Die Ersatzdehnung von ε ist ει (ἤγγειλα). – Im **Aorist Passiv** kommen **schwache** (ἤρθην) **und starke** (ἠγγέλην) **Bildungen** vor. Einsilbige Stämme mit Stammvokal ε bilden einen Ablaut α (σπείρω → ἐσπάρην).

Übersicht:

ἀγγέλλω	ἀγγελῶ	ἤγγειλα	ἠγγέλην	verkünden, melden
αἴρω	ἀρῶ	ἦρα[69]	ἤρθην	aufheben
ἀποθνῄσκω	ἀποθανοῦμαι	ἀπέθανον		sterben
ἀποκτείνω	ἀποκτενῶ	ἀπέκτεινα	ἀπεκτάνθην	töten
ἀπόλλυμι[70]	ἀπολῶ	ἀπώλεσα		verderben, verlieren
ἀπόλλυμαι	ἀπολοῦμαι	ἀπωλόμην		umkommen
ἀποστέλλω	ἀποστελῶ	ἀπέστειλα	ἀπεστάλην	fortschicken, aussenden
βάλλω	βαλῶ	ἔβαλον	ἐβλήθην	werfen
ἐγείρω	ἐγερῶ	ἤγειρα	ἠγέρθην	wecken, auf erstehen lassen

---

[69] η gehört zum Augment; im Infinitiv und Partizip usw. findet sich ᾱ– ᾶραι, ἄρας
[70] Dies Verb gehört zu einer Gruppe von Verben mit besonderen Präsensformen (s. S. 117), aber da der eigentliche Stamm -ολ ist und das Verb im NT sehr häufig vorkommt, wird es hier mit aufgeführt.

κρίνω	κρινῶ	ἔκρινα	ἐκρίθην	urteilen, aburteilen
μένω	μενῶ	ἔμεινα		bleiben
ὀφείλω		ὤφειλον (Ipf.)		schulden, müssen
σπείρω	σπερῶ	ἔσπειρα	ἐσπάρην	ausstreuen, säen
φθείρω	φθερῶ	ἔφθειρα	ἐφθάρην	zerstören

Die Bildung der **Partizipien und Infinitive** folgt den normalen Regeln:

	Partizip:	Infinitiv:
Fut. Akt.	ἐγερ(έων)ῶν -(έουσα)οῦσα -(έον)οῦν ἐγεροῦντος ἐγερούσης ἐγεροῦντος	ἐγερεῖν
Aor. Akt.	ἐγείρας -ασα -αν	ἐγεῖραι
Aor. Pass.	ἐγερθείς -εῖσα -έν	ἐγερθῆναι

Merke: Im Futur von Verben wie μένω und κρίνω, wo keine Veränderung des Stammes gegenüber dem Präs. sichtbar ist, wird bei einigen Formen das Tempus nur durch den Akzent gekennzeichnet:
Präs.: μένων, μένουσα, μένον – Fut.: μενῶν, μενοῦσα, μενοῦν
Präs.: μένω, μένεις, μένει, μένομεν, μένετε, μένουσι(ν)
Fut.: μενῶ, μενεῖς, μενεῖ, μενοῦμεν, μενεῖτε, μενοῦσι(ν)

πᾶς „jeder, ganz; pl. alle"

πᾶς	πᾶσα	πᾶν	πάντες	πᾶσαι	πάντα
παντός	πάσης	παντός	πάντων	πασῶν	πάντων
παντί	πάσῃ	παντί	πᾶσιν	πάσαις	πᾶσιν
πάντα	πᾶσαν	πᾶν	πάντας	πάσας	πάντα

Dieses häufige Adjektiv wird wie das Partizip des schwachen Aorist Aktiv dekliniert und steht
1) in der Bedeutung „ganz" (wie ὅλος) prädikativ[71]: πᾶσα ἡ πόλις die ganze Stadt
2) in der Bedeutung „jeder" ohne Artikel: πᾶσα πόλις jede Stadt
3) im Plural in der Bedeutung „alle" mit und ohne Artikel: πᾶσαι (αἱ) πόλεις alle Städte

---

[71] Selten steht es attributiv und betont dann die Einheit: ὁ πᾶς νόμος das gesamte Gesetz.

Interrogativpronomen und Indefinitpronomen

Interrogativpronomen Indefinitpronomen
(Akut auf der 1. Silbe) (enklitisch)
„wer? was?" (Subst.) „irgendeiner, irgend etwas" (Subst.)
„welcher? welche? welches?" (Adj.) „irgendein, irgendeine, irgendein" (Adj.)

τίς;	τί;	τίνες;	τίνα;	τις	τι	τινές	τινά
τίνος;		τίνων;		τινός		τινῶν	
τίνι;		τίσιν;		τινί		τισίν	
τίνα;	τί;	τίνας;	τίνα;	τινά	τι	τινάς	τινά

Interrogativ- und Indefinitpronomen haben für das Maskulinum wie für das Femininum dieselben Formen. Sie unterscheiden sich voneinander nur in der Akzentsetzung und in der Stellung im Satz: Das Interrogativpronomen steht am Satzanfang und trägt immer einen Akut (nie einen Gravis) auf der ersten Silbe; das Indefinitpronomen lehnt sich immer an ein vorangehendes Wort an und ist enklitisch.[72] Beide erscheinen sowohl als Substantiv wie auch als Adjektiv:

    τίς τοῦτο ἐποίησεν;   τίς βασιλεύς ... ;
    Wer hat das getan?   Welcher König ... ?

    τί ἀκούομεν;   τί σημεῖον δεικνύεις;
    Was hören wir?   Was für ein Zeichen zeigst du?

    ἔλεγόν τινες   ἄνθρωπός τις
    einige sagten   ein (gewisser) Mann

τί kommt auch häufig in der Bedeutung „warum" vor:

    τί τοῦτο λέγεις;
    Warum sagst du das?

κατακρίνω	verurteilen	πᾶς, πᾶσα, πᾶν	jeder, ganz
ὅλος, -η, -ον	ganz	ἅπας, ἅπασα, ἅπαν	(Plur.: alle)
ὁ/ἡ παῖς, παιδός	Kind, Junge, Mädchen	πρωΐ (Adv.)	früh

---

[72] Vgl. S. 155.

| σήμερον (Adv.) | heute | τί; | was? warum? |
| τίς; | wer? | τις, τι (enkl.) | ein, ein gewisser (Plur.: einige); etwas |

Übersetze: 1. τοῦ δὲ ἀλέκτορος τὸν παῖδα ἐγείραντος, ἡ μήτηρ ἐκέλευσεν αὐτὸν μένειν ἐπὶ τῷ κραββάτῳ, ὅτι πρωῒ ἔτι ἦν. 2. τίς ὧδε ὀφείλει ἀργύριον τῷ τελώνῃ; κατακρινεῖ γὰρ πάντας τοὺς μὴ κατὰ νόμον πράσσοντας. 3. πάντες οὖν οἱ ἀποσταλέντες εἰς τὰς πόλεις εὐαγγελίσασθαι πάλιν ἐπορεύθησαν εἰς Καφαρναυμ μετὰ χαρᾶς μεγάλης, πολλῶν τὸν λόγον δεξαμένων. 4. τί σήμερον ἀπωλέσατε ἐκεῖνα τὰ καλὰ πρόβατα ἐπὶ τοῦ ὄρους; ἠγόρασε γὰρ αὐτὰ ὁ βασιλεὺς αὐτὸς καὶ ἀπέστειλεν εἰς τοῦτον τὸν ἀγρὸν μετὰ τοῦ ποιμένος αὐτῶν. 5. ἄρας οὖν τὸν σταυρὸν τοῦ Ἰησοῦ Κυρηναῖός τις Σίμων ὀνόματι ἤνεγκεν αὐτόν, ἕως οὗ ἦλθον εἰς τὸν τόπον,ἐν ᾧ ἔδει αὐτὸν ἀποθανεῖν. 6. ὀφείλω ἀγγεῖλαι ταῦτα τὰ ῥήματα καὶ εἰς τὴν Ῥώμην· ἐκεῖ γὰρ δεῖ με ἐπὶ Καίσαρος κριθῆναι. 7. ἀπέκτειναν λησταί τινες τὸν ἄνδρα μου μαχαίρῃ διερχόμενον τὴν Γαλιλαίαν πρὸς τὴν ἑαυτοῦ πατρίδα. 8. τί οὐκ ἔχομεν ἐξουσίαν ἐκβαλεῖν τοῦτο τὸ δαιμόνιον τὸ πειράζον ἀπολέσαι τὸν παῖδα; 9. ἐγερθεὶς δὲ ἐκ νεκρῶν μετὰ τεσσεράκοντα ἡμέρας ἤρθη ὁ Ἰησοῦς εἰς τὰς νεφέλας, ἀτενιζόντων τῶν μαθητῶν εἰς τὸν οὐρανόν. 10. φθαρείσης ταύτης τῆς πόλεως, ἐβουλήθησαν οἱ ἐχθροὶ ἀποκτεῖναι τοὺς πολίτας.

Matth. 4,23–25; 13,37–43b; 25,7; Mark. 5,31–32; Luk. 9,25; Joh. 1,49

Übersetze: 1. Wir müssen alle Früchte aus dem Weinberg denen schicken, die in der Stadt geblieben sind (= bleiben); denn einige hungern und werden sterben. 2. Nachdem sie den König getötet hatten, baten die schlechten Soldaten die Wächter, sie im Tempel versteckt zu halten (= zu verbergen). 3. Wir werden die Witwen, die ihre Ehemänner getötet haben, weil sie ungerechte Männer waren und alles gegen das Gesetz taten, nicht verurteilen. 4. Warum flohen einige Hunde von dem Haus, als sie den Jungen mit vier jungen Mädchen sich nähern sahen? 5. Wer liest das ganze Buch des Propheten und behält nach dem Lesen in seinem Herzen alle ‹die› Gebote und Verheißungen? 6. Nachdem er die Saaten auf die Erde gesät hatte, ging der Säer wieder nach Hause (= in sein Haus), wobei er Gott rühmte und pries.

25 Imperative. Zahlen 1–4. Mehrfache Negationen

Imperative

Im Griechischen werden sie für die **2. und 3. Person Präsens und Aorist** gebildet.

PRÄSENS („löse dauernd!")

	Aktiv	Medium	Passiv
2. Sing.	λῦε (φίλει)[73]		λύου (φιλοῦ)
3. Sing.	λυέτω (φιλείτω)		λυέσθω (φιλείσθω)
2. Plur.	λύετε (φιλεῖτε)		λύεσθε (φιλεῖσθε)
3. Plur.	λυέτωσαν (φιλείτωσαν)		λυέσθωσαν (φιλείσθωσαν)

Übersetzung

	Aktiv	Medium	Passiv
2. Sing.	löse	löse für dich	werde gelöst
3. Sing.	er soll lösen	er soll für sich lösen	er soll gelöst werden
2. Plur.	löst	löst für euch	werdet gelöst
3. Plur.	sie sollen lösen	sie sollen für sich lösen	sie sollen gelöst werden

SCHWACHER AORIST („löse einmal!")

	Aktiv	Medium	Passiv
2. Sing.	λῦσον[74]	λῦσαι[75]	λύθητι[76]
3. Sing.	λυσάτω	λυσάσθω	λυθήτω
2. Plur.	λύσατε	λύσασθε	λύθητε
3. Plur.	λυσάτωσαν	λυσάσθωσαν	λυθήτωσαν

---

[73] Alle Kontraktionen nach den Regeln in Lektion 3.
[74] Bei mehrsilbigen Stämmen auf der drittletzten Silbe betont: παίδευσον erziehe einmal.
[75] Identisch mit dem Inf. Aor. Akt.! Bei mehrsilbigen Stämmen betont der Imperativ auf der drittletzten Silbe und unterscheidet sich somit vom Inf. Aor. Akt.: κατάλυσαι zerstöre einmal für dich, καταλῦσαι einmal zerstören.
[76] Hauchdissimilation von λύθηθι (vgl. Lektion 14, Anm. 39).

STARKER AORIST

	Aktiv	Medium	Passiv
2. Sing.	λάβε	λαβοῦ[77]	ἀποστάληθι
3. Sing.	λαβέτω	λαβέσθω	ἀποσταλήτω
2. Plur.	λάβετε	λάβεσθε	ἀποστάλητε
3. Plur.	λαβέτωσαν	λαβέσθωσαν	ἀποσταλήτωσαν

εἶναι („sei!")

	Präsens	Aorist
2. Sing.	ἴσθι	γενοῦ
3. Sing.	ἔστω	γενέσθω
2. Plur.	ἔστε	γένεσθε
3. Plur.	ἔστωσαν	γενέσθωσαν

Jeder Befehl weist notwendigerweise in die Zukunft. Der Unterschied zwischen Präsens und Aorist besteht wie beim Infinitiv im Aspekt: Das Präsens ist durativ, der Aorist punktuell (vgl. Lektion 7). Im Deutschen werden beide oft gleich übersetzt. – Die Negation des Imperativs ist μή.

λάβετε, φάγετε· τοῦτό ἐστιν τὸ σῶμά μου.
Nehmt ‹hin und› eßt; dies ist mein Leib. Matth. 26,26
(Aorist wegen der besonderen Gelegenheit des Letzten Mahles)

τοῦτο ποιεῖτε εἰς τὴν ἐμὴν ἀνάμνησιν.
Dies tut (immer) zu meinem Gedenken. 1.Kor. 11,24
(Präsens in der Erwartung, daß der Brauch laufend wiederholt werden wird)

ἡ φιλαδελφία μενέτω.
Die Bruderliebe bleibe. Laßt die brüderliche Liebe andauern.
Hebr. 13,1

μὴ κλαῖε.
Weine nicht länger. Lk. 7,13

---

[77] Regelmäßig betont die 2. Sg. des Impv. Aor. Med. die letzte Silbe. Unregelmäßig betont sie die 2. Sg. des starken Aor. Akt. bei den häufigen Formen -ελθέ „komm" und εἰπέ „sage".

Zahlen 1–4

Die Kardinalzahlen 1 bis 4 gehen nach der 3. Deklination, haben aber auch einige Besonderheiten. Wie εἷς werden auch die zusammengesetzten Negationen οὐδείς und μηδείς dekliniert.

eins   nicht einer = keiner
m	f	n	m	f	n
εἷς	μία	ἕν	οὐδείς	οὐδεμία	οὐδέν
ἑνός	μιᾶς	ἑνός	οὐδενός	οὐδεμίας	οὐδενός
ἑνί	μιᾷ	ἑνί	οὐδενί	οὐδεμίᾳ	οὐδενί
ἕνα	μίαν	ἕν	οὐδένα	οὐδεμίαν	οὐδέν

zwei	drei		vier	
m/f/n	m/f	n	m/f	n
δύο	τρεῖς	τρία	τέσσαρες	τέσσαρα
δύο	τριῶν		τεσσάρων	
δυσί(ν)	τρισί(ν)		τέσσαρσι(ν)	
δύο	τρεῖς	τρία	τέσσαρας (-ες)	τέσσαρα

Mehrfache Negationen

Doppelte oder mehrfache Negation verstärkt meistens die Verneinung. Bisweilen wird sie jedoch wieder aufgehoben, und zwar dann, wenn die letzte Negation nicht zusammengesetzt ist (οὐ oder μή).

Zusammengesetzte Negationen:
οὐδείς, οὐδεμία, οὐδέν – (adj.) kein, keine, kein; (subst.)
  μηδείς, μηδεμία, μηδέν   keiner = niemand, nichts
οὐδέποτε – μηδέποτε   niemals
οὐκέτι – μηκέτι   nicht mehr
οὔπω – μήπω   noch nicht

> οὐδεὶς οὐ λέγει τοῦτο.
> Niemand sagt dies nicht, oder: Jeder sagt dies.

> οὐ λέγει τοῦτο οὐδείς.   οὐ λέγει τοῦτο οὐδεὶς οὐδέποτε.
> Niemand sagt dies.   Niemand sagt dies jemals.

> ἐκέλευσε μὴ αἰτεῖν μηδένα μηδέν.
> Er befahl, daß niemand ‹um› etwas bitten sollte.

δεξιός, -ά,- όν	rechts	τὸ μνημεῖον	Grabmal
εἰ	wenn, ob	πάντοτε	immer
ἰδού[78]	siehe!	παραγγέλλω	befehlen
ἰσχυρός, -ά,- όν	stark	σκανδαλίζω	ärgern, (zur Sünde)
κλαίω	weinen		verführen;
ὁ κλέπτης	Dieb		(Pass.: abfallen)
κωφός, -ή,- όν	stumm, taub	τρίτος, -η, -ον	dritter

Übersetze: 1. καὶ εἰ ἡ δεξιά σου χεὶρ σκανδαλίζει σε, ἔκκοψον αὐτὴν καὶ βάλε ἀπὸ σοῦ. 2. ἔγειρε[79] καὶ περιπάτει· παραγγέλλω δέ σοι μὴ ἁμαρτάνειν μηκέτι. 3. ὁ ἄνθρωπος ὁ ἔχων τὰ δαιμόνια ἀποκριθεὶς εἶπε· πέμψον ἡμᾶς εἰς τοὺς χοίρους[80]. 4. τῇ δὲ τρίτῃ ἡμέρᾳ ἐγερθεὶς ἐξῆλθεν ἐκ τοῦ μνημείου καὶ εἶπε τῇ Μαριαμ· γύναι, τί κλαίεις; 5. εἰ ἰσχυρός τις ἔχει πολὺ ἀργύριον, φυλασσέτω αὐτὸ ἐν τῇ ἰδίᾳ οἰκίᾳ αὐτοῦ. 6. ἀκουέτωσαν πάντες οἱ κωφοὶ καὶ δεχέσθωσαν εἰς τὰ ὦτα τοὺς ἐμοὺς λόγους. 7. ἀρθήτω τὸ σῶμα ἐπὶ τὸν σταυρὸν καὶ ἐκεῖ μενέτω πρὸς τὸ πάντας θεωρεῖν τοῦτον τὸν ἄδικον καὶ πονηρὸν λῃστὴν οὕτως ἀποθνήσκοντα. 8. διὰ τί ἔκραξας; οὐ γινώσκει γὰρ οὐδεὶς τὴν ὥραν, ἐν ᾗ μέλλει ἔρχεσθαι ὁ οἰκοδεσπότης· λέγω οὖν ὑμῖν πᾶσι· προσεύχεσθε. 9. ἰδοῦσα δὲ τὸν ἄγγελον καὶ ἀκούσασα, ἃ εἶπεν αὐτῇ, ἡ παρθένος ἀπεκρίθη λέγουσα· γενέσθω μοι κατὰ τὸ ῥῆμά σου. 10. ἰδού, λέγω σοι, αἰτοῦ πάντοτε παρὰ τοῦ Θεοῦ, ἃ θέλεις λαβεῖν· οὗτος γὰρ ἐλεήσει σε πιστεύοντα, ὅτι ἀγαθός ἐστιν.

Matth. 6,9–10; 6,19–21; 10,8a; 14,25–30; Luk. 4,23 (Ἰατ. – σε.); 16,29; Joh. 1,43–44; Eph. 6,5–7; 6,11a

Übersetze: 1. Öffne deinen Mund und verkünde jetzt allen diesen Heiden die Wunder und großen Taten des Herrn. 2. Es soll die [ganze] Erde und alle, die sie bewohnen, den Herrn loben. 3. Bleibt die ganze Nacht (Akk.) bei dem Grabmal und bewacht es; denn die Hunde dürfen (δεῖ) sich nicht nähern. 4. Tragt immer Öl in euren Lampen. 5. Schicke einen dieser zwei Fische dem König, denn er will einen in diesem See gefangenen Fisch essen. 6. Wer wird Gottes Söhne verurteilen? Sie sollen sogar von den Engeln gesegnet und gerühmt werden.

---

[78] Impv. Aor. Med. zu εἶδον, häufig als Interjektion gebraucht. Ebenso, wenn auch weniger häufig, der Impv. Aor. Akt. ἴδε.

[79] Im Imperativ Präsens (wo Aorist erwartet werden könnte), wird ἔγειρε gewöhnlich intransitiv gebraucht („steh auf"). Dasselbe gilt für ἄγε, das intransitiv in der Bedeutung „komm" oder „geh" gebraucht wird.

[80] ὁ χοῖρος: Schwein.

26 Konjunktiv: Formenbildung; adhortativus, prohibitivus, iussivus, finalis

Der **Konjunktiv** ist ein Modus (eine Aussageform) wie Indikativ und Imperativ. Er erscheint nur im Präsens und Aorist, wobei das Präsens den durativen, der Aorist den punktuellen Aspekt ausdrückt (vgl. Lektion 7). Das Augment fällt daher weg. Die Negation ist immer μή.

Aktiv		Medium und Passiv		Verb „sein"
„(damit) ich löse"		„(damit) ich für mich löse/ gelöst werde"		„(damit) ich sei"
λύω	φιλῶ	λύωμαι	φιλῶμαι	ὦ
λύῃς	φιλῇς	λύῃ	φιλῇ	ᾖς
λύῃ	φιλῇ	λύηται	φιλῆται	ᾖ
λύωμεν	φιλῶμεν	λυώμεθα	φιλώμεθα	ὦμεν
λύητε	φιλῆτε	λύησθε	φιλῆσθε	ἦτε
λύωσι(ν)	φιλῶσι(ν)	λύωνται	φιλῶνται	ὦσι(ν)

Beim schwachen und starken **Aorist Aktiv und Medium** folgen dem Aoriststamm die Endungen des Konjunktivs Präsens („[damit] ich einmal löse"):

ἔλυσα – λύσω   ἔλαβον – λάβω
ἐλυσάμην – λύσωμαι   ἐλαβόμην – λάβωμαι

Beim schwachen und starken **Aorist Passiv** folgen dem Aoristpassivstamm die Formen des Konjunktivs Präsens des Verbs „sein" („[damit] ich einmal gelöst werde"):

ἐλύθην – λυθῶ   ἀπεστάλην – ἀποσταλῶ

Von den sieben Konstruktionen, bei denen der Konjunktiv angewendet wird, seien zunächst die folgenden vier vorgestellt:

1. **Adhortativus**, für die **Aufforderung** innerhalb einer Gruppe in der 1. Person Plural, wie im Lateinischen:

> πάντοτε εὐλογῶμεν τὸν Θεόν.
> Laßt uns immer Gott preisen (d.h. ihn weiterhin preisen)!

σήμερον φάγωμεν καὶ πίωμεν.
Laßt uns heute essen und trinken (d.h. dies eine Mal)!

2. Prohibitivus, für das **Verbot** an die 2. Person Sing. und Plur.: Er ersetzt regelmäßig den verneinten Imperativ Aorist, steht also selbst auch immer im Aorist:

μὴ ψευδομαρτυρήσῃς   Lege kein falsches Zeugnis ab!

3. im abhängigen Begehrsatz nach ἵνα oder ὅπως (daß), um einen **indirekten Befehl** oder eine **Aufforderung** auszudrücken (Iussivus). Bei gleichem Subjekt in Haupt- und Nebensatz ersetzen wir im Deutschen den abhängigen Begehrsatz durch eine Infinitivkonstruktion mit „zu":

Παρήγγειλεν αὐτοῖς, ἵνα μηδὲν αἴρωσιν εἰς ὁδόν.
Er wies sie an, daß sie nichts auf den Weg nähmen = nichts zu nehmen

Nach Verben, die Sorge auszudrücken, steht ein deutsch überflüssiges μή:

ἐφοβοῦντο γὰρ τὸν λαὸν μὴ λιθασθῶσιν.
Sie fürchteten nämlich, daß das Volk sie steinigen würde.

4. im Finalsatz nach ἵνα oder ὅπως (daß), um eine **Absicht** auszudrücken. Bei negierter Absicht übernimmt oft die Negation allein die Funktion der Konjunktion: μή damit nicht. Auch hier ersetzen wir im Deutschen bei gleichem Subjekt in Haupt- und Nebensatz den Finalsatz durch eine Infinitivkonstruktion mit „um zu":

ἦλθον πρὸς τὴν πόλιν, ἵνα μένω παρὰ τῷ πατρί.
Ich kam zur Stadt, um in meines Vaters Haus zu bleiben.

μενοῦμεν ὧδε, μὴ (ἵνα μὴ) εὕρωσιν ἡμᾶς οἱ ἐχθροί.
Wir werden hier bleiben, damit die Feinde uns nicht finden (können).

ἅπτομαι (M) (m. Gen)	berühren	ἕκαστος, -η, -ον	jeder (einzelne)
ἡ ἀρχή	Beginn, Herrschaft	ἐλπίζω	hoffen
		ἐντέλλομαι (M)	befehlen
δοκέω	meinen, glauben, scheinen	ἑπτά	sieben
		εὐθέως	sogleich
εἰ μή	wenn nicht, außer	τὸ θηρίον	wildes Tier

καθίζω	sich setzen, sitzen	οὔτε–οὔτε	weder–noch
λεπρός,	aussätzig	μήτε–μήτε	
-ά, -όν		προσκυνέω	fußfällig vereh-
μέσος, -η, -ον	mittlerer, mitten	(gewöhnlich	ren, anbeten
τὸ μέσον	Mitte	m. Dat.)	

Bilde die 1. Pl. Futur Indikativ Aktiv von ἀπόλλυμι, ἀποκτείνω, αἴρω; Aorist Infinitiv Medium und Passiv von ἀποκρίνομαι; 3. Sing. Aorist Imperativ Aktiv, Medium und Passiv von αἰτέω; 3. Pl. Präsens Imperativ Aktiv und Medium von τηρέω; Gen. Sing. und Dat. Pl. von αἰών, γένος, δύναμις, δόξα; Akk. Sing. von ἰχθύς, χάρις.

Übersetze: 1. ἀσπάσασθε πάντας τοὺς ἀδελφούς· οὗτοι γὰρ ἐν ἀρχῇ[81] ὠφέλησάν με χρείαν ἔχοντα ἄρτου, ὅτε κατῴκουν ἐν τῇ πόλει αὐτῶν. 2. εἶπεν οὖν τοῖς μαθηταῖς, ἵνα ἐμβάντες εἰς τὸ πλοῖον ἀπέλθωσιν. 3. μηκέτι μηδὲν αἰτώμεθα, μὴ λέγῃ τὰ ἔθνη, ὅτι πάντοτε δεόμεθα. 4. λεπρὸς δέ τις προσελθὼν προσεκύνησεν αὐτῷ καὶ ἐδεήθη, ἵνα καθαρίσῃ αὐτόν. 5. καὶ ἥψατο τῆς γλώσσης τοῦ κωφοῦ λέγων αὐτῷ· Ἰδού, ἔσῃ λαλῶν. 6. ὦ γύναι, οὐδέποτε βλέψω οὐδεμίαν οὕτω καλήν· μακάριος ὁ ἀνήρ σου, καὶ προστάσσω αὐτῷ, ἵνα εὖ σε ποιῇ. 7. μὴ κατακρίνῃς μηδένα πρὸ τοῦ ἀκοῦσαι ὅλον τὸν λόγον αὐτοῦ. 8. ἥμαρτεν οὔτε ὁ πατὴρ οὔτε ἡ μήτηρ μου· μὴ οὖν ἐντείλῃ, ἵνα φθαρῶσιν ὑπὸ τῶν θηρίων. 9. μηκέτι κάθιζε ἐπὶ τῆς γῆς, ἀλλ' ἔγειρε εἰς τὸ μέσον· θέλω γὰρ ἅψασθαί σου, ἵνα περιπατῇς. 10. μὴ φοβεῖσθε, ἀλλ' ἀγγείλατε, ὅτι ἐδοκοῦμεν ἀκούειν[82] εἷς ἕκαστος τῇ ἰδίᾳ διαλέκτῳ λαλούντων αὐτῶν. 11. εἶπεν δ' ὁ Ἰησοῦς· Ἐγείρεσθε, ἄγωμεν. καὶ ἔτι αὐτοῦ λαλοῦντος, ἰδοὺ Ἰούδας, εἷς τῶν δώδεκα, ἦλθεν καὶ μετ' αὐτοῦ ὄχλος πολὺς μετὰ μαχαιρῶν ἀπὸ τῶν ἀρχιερέων καὶ πρεσβυτέρων τοῦ λαοῦ. καὶ εὐθέως προσελθὼν τῷ Ἰησοῦ εἶπεν, Χαῖρε,[83] Ῥαββει.

Matth. 5,16; 6,13; 27,32; Mark. 3,14–15; 6,8; Luk. 8,22 (καὶ εἶπεν – ἀνήχ.); 8,28 (δέομαι – βασ.); Joh. 10,10; Hebr. 13,13–15

---

[81] Bei häufigen präpositionalen Ausdrücken fehlt oft der Artikel.
[82] Im KG stand ἀκούω mit dem Gen. der Person statt mit dem Akk., und dies findet sich manchmal auch in der K.
[83] Oft ein gewöhnlicher Gruß: „Sei gegrüßt!"

Übersetze: 1. Laßt uns unser Kreuz aufnehmen und Jesus bis zum Ende folgen, indem wir auf seine Verheißungen vertrauen. 2. Die Wächter sagten dem Hirten, daß er seine sieben Schafe neben dem Fluß hüten solle. 3. Bleibt nicht hier, damit die Soldaten uns nicht am Feuer sitzen (Part.) sehen. 4. Hofft [weiter] auf (ἐν) den Herrn; sagt niemals, daß er sein Volk verlassen wird. 5. Sei gegrüßt, König der Juden! Die Soldaten riefen Jesus mit diesem Namen, obwohl sie nicht wußten, daß sie die Wahrheit sagten. 6. Geht in Frieden in euer Vaterland, denn ich werde mit euch gehen, um euch beschützen [zu können].

27 Adjektive und Adverbien der 3. Deklination

Es gibt im NT nur wenige **Adjektive der 3. Deklination**, aber es ist nötig, die Kasusendungen erkennen zu können.

1. Konsonantische Stämme auf -ν (wie ἡγεμών) ohne besonderes Femininum:

		Sing.			Plur.	
		M/F	N		M/F	N
töricht:	Nom.	ἄφρων	ἄφρον	Nom.	ἄφρονες	ἄφρονα
	Gen.	ἄφρονος	ἄφρονος	Gen.	ἀφρόνων	ἀφρόνων
	Dat.	ἄφρονι	ἄφρονι	Dat.	ἄφροσι(ν)	ἄφροσι(ν)
	Akk.	ἄφρονα	ἄφρον	Akk.	ἄφρονας	ἄφρονα
	Vok.	ἄφρον	ἄφρον	Vok.	ἄφρονες	ἄφρονα

2. Ursprünglich konsonantische Stämme auf -εσ führen zur Kontraktion, nachdem das σ ausgefallen ist (wie ἔθνος); es gibt kein besonderes Femininum:

wahr:	Nom.	ἀληθής	ἀληθές	Nom.	ἀληθεῖς	ἀληθῆ
	Gen.	ἀληθοῦς	ἀληθοῦς	Gen.	ἀληθῶν	ἀληθῶν
	Dat.	ἀληθεῖ	ἀληθεῖ	Dat.	ἀληθέσι(ν)	ἀληθέσι(ν)
	Akk.	ἀληθῆ	ἀληθές	Akk.	ἀληθεῖς	ἀληθῆ
	Vok.	ἀληθές	ἀληθές	Vok.	ἀληθεῖς	ἀληθῆ

3. Vokalische Stämme auf -υ/-ε, mit einem besonderen Femininum, das nach der 1. Deklination dekliniert wird:

	M	F	N
gerade: Nom.	εὐθύς	εὐθεῖα	εὐθύ
Gen.	εὐθέος	εὐθείας	εὐθέος
Dat.	εὐθεῖ	εὐθείᾳ	εὐθεῖ
Akk.	εὐθύν	εὐθεῖαν	εὐθύ
Vok.	εὐθύ	εὐθεῖα	εὐθύ
Nom.	εὐθεῖς	εὐθεῖαι	εὐθέα
Gen.	εὐθέων	εὐθειῶν	εὐθέων
Dat.	εὐθέσι(ν)	εὐθείαις	εὐθέσι(ν)
Akk.	εὐθεῖς	εὐθείας	εὐθέα
Vok.	εὐθεῖς	εὐθεῖαι	εὐθέα

4. Ein besonderes Adjektiv, das hier aufgeführt ist, weil es im NT sechsmal vorkommt: μέλας = schwarz; das Femininum geht nach der 1. Deklination, das Neutrum wird als Substantiv mit der Bedeutung „Tinte" gebraucht.
μέλας, μέλαινα, μέλαν – μέλανος, μελαίνης, μέλανος usw.

Adverbien der Adjektive der 3. Deklination werden gebildet, indem man die Endung des Gen. Pl. -ων in -ως ändert:

ἀφρόνως, ἀληθῶς, εὐθέως

ἀληθής, -ές	wahr, wahrhaftig	ὁ, ἡ μάρτυς, -υρος	Zeuge, Märtyrer
ἀσθενής, -ές	krank, schwach	μέλας, -αινα, -αν	schwarz
ἄφρων, -ον	töricht		
βραχύς, -εῖα, -ύ	kurz, klein	τὸ μέλαν	Tinte
ὁ γάμος	Heirat, Ehe	πλήρης, -ες	voll
ὁ γονεύς, -έως	Elternteil (Plur.: Eltern)	τὸ σκεῦος, -ους	Gerät, Gefäß (Pl.: Gepäck, Hab und Gut)
γρηγορέω	wachen		
καθεύδω	schlafen	ταχύς, -εῖα, -ύ	schnell
εὐθύς, -εῖα, -ύ	gerade, direkt	ταχύ (Adv.)	schnell[84]
		ὑγιής, -ές	gesund, vernünftig

[84] Neben dem normalen Adverb ταχέως wird auch das Neutrum Sing. als Adverb gebraucht. Es gibt auch das häufige Adverb εὐθύς neben εὐθέως.

Übersetze: 1. καὶ εὐθέως ἤκουσε φωνὴν ὁ πλούσιος λέγουσαν·
Ἄφρον, ταύτῃ τῇ νυκτὶ δεῖ σε ἀποθανεῖν. 2. γρηγορεῖτε οὖν καὶ
φυλάσσετε τὰ σκεύη τοῦ οἰκοδεσπότου, μὴ κλεπτής τις ταχέως
ἐλθὼν εὕρῃ ὑμᾶς καθεύδοντας. 3. ἀσθενὴς δέ τις προσπεσὼν
τοῖς γόνασι τοῦ διδασκάλου προσεκύνησεν αὐτῷ καὶ ἐδεήθη, ἵνα
ἐλεήσῃ αὐτόν. 4. ἐπιστολὴν δὲ βραχεῖαν γράψω ὑμῖν, μὴ δοκῶ
βούλεσθαι πολλὰ ὑμῖν προστάσσειν. 5. ἰδού, μέλαν ἐστὶ τὸ
ἱμάτιον τούτου τοῦ παιδός, ἀποκτείναντος τοῦ ἡγεμόνος τὸν
πατέρα αὐτοῦ. 6. τίνα εὑρήσομεν μάρτυρα πιστὸν καὶ ἀληθῆ;
φοβοῦνται γὰρ πάντες τὴν δύναμιν τοῦ Καίσαρος. 7. καὶ
ἤρξατο ὁ δαιμονιζόμενος κράζειν καὶ κλαίειν, οὐχ ὑγιὴς ὤν, ἀλλ᾽
ὑπ᾽ ἐξουσίαν γενόμενος ἑπτὰ ἀκαθάρτων δαιμονίων. 8. εὐθέως
οὖν μετανοείτωσαν οἱ ἄφρονες, ἵνα λάβωσιν ἄφεσιν ἁμαρτιῶν
πρὸ τῆς ὥρας τοῦ θανάτου. 9. προσκάλεσαι πάντας τοὺς
πτωχοὺς καὶ τοὺς τυφλοὺς καὶ τοὺς χωλοὺς εἰς τὸν γάμον· οὔπω
γὰρ πλήρης ἡ οἰκία σου. 10. δεῖ οὖν προσεύχεσθαι, ἵνα μὴ
ἔλθωμεν εἰς πειρασμόν· ἀσθενὴς γὰρ ἡ σάρξ.

Matth. 7,13; Mark. 1,3b; 4,2–6; Joh. 5,15–18; 8,26–27; Apg. 6,8

Übersetze: 1. Diese Schriften sind kurz, denn der Prophet war krank, als er sie schrieb und den Kirchen schickte. 2. Um meine Botschaft zu kennen, müßt ihr meine Befehle wahrhaftig in euren Herzen behalten. 3. Diejenigen, die wach bleiben, werden ihren vollen Lohn erhalten, nachdem der Bote aus dem Weinberg unseres Herrn gekommen ist. 4. Niemand soll törichte Worte sagen, damit nicht jeder [einzelne] seinen Bruder überredet zu sündigen. 5. Bitte nicht den Arzt, dich gesund zu machen, sondern bekenne dem Herrn deine Sünden, damit er deine Reue sehen (Part. Aor.) [und] Mitleid haben (ἐλεέω) [kann]. 6. Siehe, der Tag des Herrn wird schnell kommen, und dann wird der Ruhm der wahren Märtyrer groß sein, weil sie für ihren Glauben Zeugnis abgelegt haben, um das ewige Leben im Himmel zu finden.

28 Verba contracta mit Stamm auf α. δύναμαι. οὐ μή als starke Negation

Verba contracta mit Stamm auf -α-
Diese Verben kontrahieren nach den folgenden Regeln:
1. α + E-Laut → α
2. α + O-Laut → ω
3. ursprüngliches Jota wird subskribiert

Merke: Es ergeben sich nur die Verbindungen α, ᾳ, ω. Daher müssen Präsens Indikativ und Konjunktiv in der Form gleich sein.

τιμῶ: ich ehre
Wie bei φιλέω wird nur im Präsens und Imperfekt kontrahiert; in allen anderen Tempora wird der Stamm gedehnt (τιμήσω, ἐτίμησα), nach ε, ι oder ρ zu einem langen α (ἰάσομαι, ἰάθην).

Präs.	Ind. = Konj.		Impv.	
	Akt.	Med./Pass.	Akt.	Med./Pass.
	τιμῶ	τιμῶμαι	τίμα	τιμῶ
	τιμᾷς	τιμᾷ	τιμάτω	τιμάσθω
	τιμᾷ	τιμᾶται	τιμᾶτε	τιμᾶσθε
	τιμῶμεν	τιμώμεθα	τιμάτωσαν	τιμάσθωσαν
	τιμᾶτε	τιμᾶσθε		
	τιμῶσιν	τιμῶνται		
Inf.	τιμᾶν[85]	τιμᾶσθαι		
Part.	τιμῶν, -ῶσα, -ῶν (τιμῶντος; Dat. τιμῶσι)	τιμώμενος, -η, -ον		
Impf.	Ind.			
	Akt.	Med./Pass.		
	ἐτίμων	ἐτιμώμην		
	ἐτίμας	ἐτιμῶ		
	ἐτίμα	ἐτιμᾶτο		
	ἐτιμῶμεν	ἐτιμώμεθα		
	ἐτιμᾶτε	ἐτιμᾶσθε		
	ἐτίμων	ἐτιμῶντο		

Merke: ζαώ (leben) kontrahiert unregelmäßig α + E-Laut → η. Es bildet daher Formen wie ζῶ, ζῇς, ζῇ, ζῶμεν, ζῆτε, ζῶσιν; Infinitiv ζῆν.

δύναμαι: ich kann
Dieses häufige Verb ist hier aufgeführt, um eine Verwechslung mit den kontrahierten Stämmen auf α zu vermeiden, gehört aber zu der Gruppe der μι-Verben (Lektion 33), bei denen die Endungen meistens direkt, d.h. **ohne Bindevokal** an den Stamm treten (τιμά-ο-μαι, aber δύνα-μαι). Zur selben Gruppe gehören auch κάθη-μαι „sitzen" und κεῖμαι „liegen":

[85] Merke: Der Infinitiv hat kein Iota subscriptum.

Ind. Präs.	δύναμαι	κάθημαι	κεῖμαι
	δύνασαι, δύνῃ	κάθησαι	κεῖσαι
	δύναται	κάθηται	κεῖται
	δυνάμεθα	καθήμεθα	κείμεθα
	δύνασθε	κάθησθε	κεῖσθε
	δύνανται	κάθηνται	κεῖνται
Ind. Impf.	ἠδυνάμην	ἐκαθήμην	ἐκείμην
	ἠδύνασο	ἐκάθησο	ἔκεισο
	ἠδύνατο	ἐκάθητο	ἔκειτο
	ἠδυνάμεθα	ἐκαθήμεθα	ἐκείμεθα
	ἠδύνασθε	ἐκάθηντο	ἔκεισθε
	ἠδύναντο	ἐκάθησθε	ἔκειντο
Inf. Präs.	δύνασθαι	καθῆσθαι	κεῖσθαι
Part. Präs.	δυνάμενος,	καθήμενος,	κείμενος,
	-η, -ον	-η, -ον	-η, -ον

Das Augment von δύναμαι ist manchmal regelmäßig ἐδυνάμην. Von den übrigen Tempora erscheinen im NT nur die folgenden, die alle der regelmäßigen Konjugation folgen:

δύναμαι	δυνήσομαι	ἠδυνήθην[86]
κάθημαι	καθήσομαι	—
κεῖμαι	—	—

οὐ μή als starke Verneinung

οὐ μή steht beim **Aorist Konjunktiv** oder, weniger oft, beim **Futur Indikativ**, um eine starke, in die Zukunft gerichtete Verneinung auszudrücken.

ἀμὴν λέγω ὑμῖν, οὐ μὴ ἀπολέσῃ τὸν μισθὸν αὐτοῦ.
Wahrlich ich sage euch, er wird auf keinen Fall seinen Lohn verlieren.
Matth. 10,42

ἀγαλλιάομαι (M)[87]	sich sehr freuen, jubeln	βοάω	rufen, schreien
		γεννάω	zeugen, hervorbringen
ἀγαπάω[88]	lieben	ἡ διδαχή	Lehre

---

[86] ἠδυνάσθη findet sich nur bei Mark. 7,24.
[87] Fast immer Medium, manchmal aber auch Aktiv.
[88] Bezeichnet die Liebe zwischen Gott und den Menschen (sonst φιλέω).

διψάω	dürsten	κεῖμαι (M)[90]	liegen
δύναμαι (P)	können	κοιμάομαι (M)	schlafen
ἐάω[89]	erlauben, lassen	οὐδέ, μηδέ	und nicht,
ἐρωτάω	fragen, bitten		auch nicht,
ἐπερωτάω	fragen, bitten		nicht einmal
ζάω	leben	πεινάω	hungern
ἰάομαι (M)	heilen	τιμάω	ehren, schätzen
κάθημαι (M)	sitzen		

Übersetze: 1. τὸν δὲ ἐρχόμενον πρός με οὐ μὴ ἐκβάλω ἔξω. 2. ὕστερον δὲ ἠρώτησαν αὐτόν τινες περὶ τῶν παραβολῶν. 3. καὶ νηστεύσας μετὰ τῶν θηρίων τεσσεράκοντα ἡμέρας ἐπείνασεν. 4. ἦν δὲ ὁ Πέτρος κοιμώμενος ἐν τῇ φυλακῇ. 5. τίμα τὸν πατέρα καὶ τὴν μητέρα σου, ἵνα ζῇς μηδὲ κακῶς ἀπόλῃ. 6. καὶ ἐπηρώτησε τὸν ὄχλον ἀνακεῖσθαι ἐπὶ τῆς γῆς· οἱ δὲ ὑπήκουσαν αὐτῷ. 7. καθημένων δὲ τῶν μαθητῶν περὶ αὐτόν, εἶπεν, ὅτι ἀγαπᾷ ὁ Θεὸς πάντας τοὺς πεινῶντας καὶ διψῶντας καὶ ἐλεήσει αὐτούς. 8. εἰ θέλετε, δύνασθε ἰᾶσθαι πάντας τοὺς διὰ νόσον πάσχοντας καὶ ἀσθενεῖς ὄντας. 9. ἐγέννησεν ὁ Αβρααμ Ισαακ· γεννηθέντα δὲ ἤθελε καὶ ἀποκτεῖναι τὸν υἱόν, τοῦτο κελεύσαντος τοῦ Θεοῦ. 10. τίς ἐβόησεν ἐν τῇ ἐρήμῳ; τιμάσθω δὲ καὶ εὐλογείσθω οὗτος· καὶ γὰρ διὰ τὴν διδαχὴν αὐτοῦ ἀγαλλιῶνται πάντες οἱ κατοικοῦντες τὴν Ἰουδαίαν. 11. οὐκ εἴασεν ἡμᾶς ὁ βασιλεὺς πορευθῆναι παρὰ τὴν θάλασσαν, μὴ ἀγγείλωμεν τῷ ἡγεμόνι, ὅτι πολλὰ πλοῖα ἔχει ὧδε. 12. οὐκ ἠδυνάμεθα ἀγοράσαι ἔλαιον ἐκεῖ εἰς τὸ ἰᾶσθαι τοὺς ἀσθενεῖς. 13. οὐκ ἐπίστευσαν ἡμῖν οἱ ἀκούοντες τὸ εὐαγγέλιον.

Matth. 15,28; Mark. 5,39–40; 12,34; Luk. 5,29–31; 9,37–40; 16,13; 16,23–25; Joh. 2,13–16; 4,39–40; 4,46–47; Off. 2,11

Übersetze: 1. Die, die den Herrn lieben, werden ihn in den letzten Tagen auf den Wolken in Ruhm kommen (Part.) sehen. 2. Wer bat den Wächter, dir Brot und Wein zu bringen, als du [dauernd] hungrig und durstig warst? 3. Wir können nicht einmal Brot essen, weil viele uns über die Worte Jesu fragen. 4. Junger Mann, rufe [laut], daß Jesus die Kranken heilen und sie

---

[89] Unregelmäßiges Augment: Imperfekt εἴων, Aorist εἴασα.
[90] Häufige Komposita ἀνάκειμαι, κατάκειμαι „sich niederlegen", κατάκειμαι auch „bettlägerig sein".

gesund machen wird; denn er wird sie sicher nicht leiden lassen. 5. Die Gläubigen und Heiligen müssen ihre Herrscher ehren, die Gott in die Welt gesandt hat, damit die Menschen [auf] ihre Befehle hören und ihnen gehorchen. 6. Die, die bei dem König lagen, jubelten, als sie hörten, daß Johannes nicht mehr lebe.

29 Verba contracta mit Stamm auf o. Direkte und indirekte Fragen. Konjunktiv: deliberativus

Verba contracta mit Stamm auf -o-
Diese Verben kontrahieren nach den folgenden Regeln:
1. o + Kurzvokal (ε, o) oder ου   →   ου
2. o + Langvokal (η, ω)   →   ω
3. o + ι-Diphthong (ει, οι, η)   →   οι

Wie bei φιλέω wird nur im Präsens und Imperfekt kontrahiert; in allen anderen Tempora wird der Stamm gedehnt (πληρώσω, ἐπλήρωσα).

πληρόω füllen, anfüllen, vollenden

Präsens

Aktiv		Medium/Passiv	
Indikativ	Konjunktiv	Indikativ	Konjunktiv
πληρῶ	πληρῶ	πληροῦμαι	πληρῶμαι
πληροῖς	πληροῖς	πληροῖ	πληροῖ
πληροῖ	πληροῖ	πληροῦται	πληρῶται
πληροῦμεν	πληρῶμεν	πληρούμεθα	πληρώμεθα
πληροῦτε	πληρῶτε	πληροῦσθε	πληρῶσθε
πληροῦσι(ν)	πληρῶσι(ν)	πληροῦνται	πληρῶνται

Imperfekt		Imperative	
Aktiv	Medium/Passiv	Aktiv	Medium/Passiv
ἐπλήρουν	ἐπληρούμην	πλήρου	πληροῦ
ἐπλήρους	ἐπληροῦ	πληρούτω	πληρούσθω
ἐπλήρου	ἐπληροῦτο	πληροῦτε	πληροῦσθε
ἐπληροῦμεν	ἐπληρούμεθα	πληρούτωσαν	πληρούσθωσαν
ἐπληροῦτε	ἐπληροῦσθε		
ἐπλήρουν	ἐπληροῦντο		

Infinitive πληροῦν[91] – πληροῦσθαι
Partizipien πληρῶν, -οῦσα, -οῦν (πληροῦντος) – πληρούμενος, -η, -ον

Satzfragen
1. Direkte Entscheidungsfragen
Auf Entscheidungsfragen erwartet der Fragende eine positive oder aber eine negative Antwort. Statt eines Interrogativpronomens (τίς;) oder -adverbs (ποῦ;) sind sie eingeleitet durch besondere Fragepartikeln:
(a) Fragen, die **keine bestimmte Antwort** erwarten, werden wie im KG gelegentlich mit ἆρα eingeleitet, das nicht übersetzt werden kann; gewöhnlich steht aber in der K wie im Deutschen keine einleitende Partikel, sondern nur ein **Fragezeichen**. In der Sprache ist am Satzende eine fragende Anhebung der Stimme erforderlich:

> ἆρα εὑρήσει πίστιν ἐπὶ τῆς γῆς;
> Wird er auf [der] Erden Vertrauen finden? Luk. 18,8

(b) οὐ oder betont οὐχί leitet Fragen ein, auf die man eine **bejahende Antwort** erwartet, und wird mit schwachem „nicht" übersetzt:

> οὐχὶ καὶ οἱ τελῶναι τὸ αὐτὸ ποιοῦσιν;
> Tun nicht auch die Zöllner dasselbe? Matth. 5,46

(c) μή oder betont μήτι leitet Fragen ein, bei denen eine **ablehnende Antwort** erwartet wird, und wird mit „etwa" übersetzt:

> μήτι οὗτός ἐστιν ὁ υἱὸς Δαυειδ;
> Ist dieser etwa Davids Sohn? Matth. 12,23

2. Indirekte Entscheidungsfragen
Indirekte Entscheidungsfragen werden durch εἰ („ob") eingeleitet. Wie bei der indirekten Rede werden die Tempora der direkten Rede bzw. Frage beibehalten. Der Modus wird nicht verändert:

> ἐπηρώτησεν, εἰ ὁ ἄνθρωπος Γαλιλαῖός ἐστιν.
> Er fragte, ob der Mann ein Galiläer sei. Luk. 23,6

Merke: In der K findet man εἰ manchmal auch als Einleitung einer direkten Frage; es kann dann nicht übersetzt werden (vgl. oben ἆρα):

---

[91] Beachte, daß der Infinitiv πληροῦν und nicht πληροῖν heißt.

καὶ ἐπηρώτησαν αὐτὸν λέγοντες, „Εἰ ἔξεστιν τοῖς σάββασιν θεραπεῦσαι;"
Und sie befragten ihn und sagten: „Ist es erlaubt, am Sabbat zu heilen?" Matth. 12,10

Der coniunctivus deliberativus

Er wird für **überlegende Fragen** gebraucht; in der K wird hierfür aber außer dem Konjunktiv auch Indikativ Futur gebraucht:

ἁμαρτήσωμεν, ὅτι οὐκ ἐσμὲν ὑπὸ νόμον ἀλλὰ ὑπὸ χάριν;
Sollen wir sündigen, weil wir nicht unter ‹dem› Gesetz, sondern unter ‹der› Gnade stehen? Römer 6,15

ἆρα	(Frageeinleitung)	ὁράω[92]	sehen
δικαιόω	richten, rechtfertigen	οὐχί;	nicht?
δώδεκα	zwölf	πλανάω	irreführen,
ἐπιτιμάω	tadeln, warnen		(Pass. herumirren)
(m. Dat.)		πληρόω	füllen, anfüllen
ἤ	oder	(m. Gen)	(mit etw.), vollenden
κοινόω	profan machen,	σιωπάω	schweigen
	entweihen	σταυρόω	kreuzigen
μεριμνάω	sich sorgen	ὑπαντάω	begegnen
μήτι;	etwa?	ὑψόω	erhöhen
ὁμοιόω	gleichmachen,	φανερόω	bekanntmachen,
	vergleichen mit		zeigen

Übersetze: 1. μὴ μεριμνήσητε λέγοντες· Τί πίωμεν ἢ τί φάγωμεν; 2. καὶ περιβλεψάμενος ἠρώτησεν αὐτούς, τί ἐλάλουν πορευόμενοι· οἱ δὲ ἐσιώπων. 3. μήτι δεῖ ἡμᾶς κοινοῦν τὰς χεῖρας καὶ τὸ στόμα ἐσθίοντας τὰ ἀκάθαρτα; 4. δικαιοῖ ὁ υἱὸς τοῦ ἀνθρώπου τοὺς ἁμαρτωλοὺς τοὺς ἀδίκως ὑψοῦντας ἑαυτούς; 5. προσελθὼν δὲ ἐκ τῶν μνημείων ὑπήντησεν αὐτῷ ἰσχυρός τις, ᾧ οὐκ ἠδύνατο οὐδεὶς ἐπιβαλεῖν τὰς χεῖρας. 6. καὶ μετὰ τὸ σταυρωθῆναι ἐφανερώθη πολλοῖς, ἵνα ὁρῶντες γινώσκωσι, ὅτι ἠγέρθη ἐκ νεκρῶν. 7. οὐχὶ δώδεκα ὥρας ἔχει καὶ ἡ ἡμέρα καὶ ἡ νύξ; ὀφείλομεν οὖν γρηγορεῖν μηδὲ καθεύδειν κατακείμενοι.

---

[92] Dies hat ein doppeltes Augment ἑω- im sonst regelmäßigen Imperfekt und Perfekt. Futur und Aorist haben keine Beziehung zum Präsensstamm, werden aber im Lexikon unter ὁράω angegeben. Das Futur hat mediale Form mit aktivischer Bedeutung: ὄψομαι (Deponens), der Aorist Passiv ist ὤφθην. εἶδον wird als Aorist Aktiv verwendet.

8. ἐπερωτᾶτε, εἰ ὑπάγει ὁ διδάσκαλος; λέγω δὲ ὑμῖν, ὅτι μέλλει ἀναβαίνειν εἰς τὰ ὄρη καὶ ἐκεῖ πλανήσει πολλούς. 9. οὐχὶ ἀληθῶς ὁμοιοῖ οὗτος τὴν βασιλείαν τοῦ Θεοῦ ἀνθρώπῳ σπείραντι καλὸν σπέρμα ἐν τῷ ἀγρῷ αὐτοῦ; 10. μὴ φανερώσῃς σεαυτὸν τοῖς κατοικοῦσι τὴν κώμην, μὴ ἐπιτιμᾷ μοι ὁ ἄρχων, ἐντελλόμενος μηκέτι ἰᾶσθαι ἐν ὀνόματι 'Ιησοῦ. 11. πληροῖ τὴν πόλιν τῆς διδαχῆς αὐτοῦ.

Matth. 2,1–5a; 3,15 (οὔτ. – δικ.); Luk. 4,22; 22,49; 22,52–53; Joh. 2,11; 2,18–22; 1.Kor 9,1a; 2.Kor 11,22; Jakob. 5,13–15a

Übersetze: 1. Die, die die Engel sehen, werden geehrt; denn Gott sorgt sich um (περί) sie. 2. Rechtfertigt Jesus nicht die Menschen? Werdet also nicht irregeführt von denen, die hungrige und durstige Sünder tadeln. 3. „Zeige jetzt deine Macht und heile meine Tochter, ich bitte dich". Aber der konnte es nicht. 4. Der Herr warnte uns, ihm ‹nicht› zu begegnen, indem er fragte, ob wir dem Gouverneur melden wollten, daß er weggehe. 5. Fragst du etwa, ob meine schönen Worte wahr sind? 6. Wir sorgen uns nicht; wir wissen nämlich, daß Christus, der uns mit seinen Schafen vergleicht, uns an jenem Tag vor unseren Feinden retten wird.

---

30 Demonstrativ-, Relativ- und Interrogativpronomina und -adverbien. Konjunktiv: prospectivus

Interrogativa	Demonstrativa	Relativa
τίς, τί[93]	οὗτος, ὅδε[94] (ὁ)	ὅς, ἥ, ὅ der, welcher
wer? was?	dieser	ὅστις, ἥτις, ὅ τι[95]
	ἐκεῖνος (ὁ)	der, welcher
	jener	
ποῦ[93]	ὧδε, ἐνθάδε	οὗ, ὅπου
wo? wohin?	hier, hierher	wo, wohin
	δεῦρο, δεῦτε	
	hierher	
	ἐκεῖ, ἐκεῖσε	
	dort, dorthin	

[93] Die enklitischen (s. S. 75, 155) Formen haben eine unbestimmte Bedeutung: irgendwer, irgendwo, irgendwann, irgendwie.
[94] ὅδε ist der bestimmte Artikel mit dem Suffix -δε.
[95] Dies ist eine Verbindung von ὅς und τις, die getrennt dekliniert werden; es findet sich im NT nur im Nom. Sing. und Pl. und Gen. Sing. ὅτου (Kurzform von οὕτινος), zusammen mit ἕως, μέχρι, ἄχρι in der Bedeutung „bis" (s. S. 39).

πόθεν	ἐνθεῦθεν, ἔνθεν	ὅθεν
woher?	von da, dorther	von wo, woher
	ἐκεῖθεν	
	von dort	
πότε[93]	τότε	ὅτε
wann?	dann, damals	als
πῶς[93]	οὕτως	ὡς, ὅπως
wie?	so	(καθώς, ὥσπερ)
		wie
ποῖος,[96] ποταπός	τοιοῦτος[97]	οἷος, ὁποῖος
was für ein?	so (beschaffen)	wie (beschaffen)
πόσος, πηλίκος	τοσοῦτος[97]	ὅσος
wie groß?	so groß	wie (groß)
(Pl.: wie viele?)	(Pl.: so viele)	(Pl.: wie viele)

Die Interrogativpronomina werden zur Einleitung sowohl direkter als auch indirekter Fragen benutzt. Gelegentlich werden zur Einleitung indirekter Fragen, wie im KG, auch die längeren Formen des Relativpronomens ὅπως und ὁποῖος benutzt.

Im NT gibt es bei Ausrufen des Erstaunens („Wie schön ist ...") ein Durcheinander zwischen interrogativen und relativen Pronomina; dies bringt aber keine Schwierigkeit mit sich, da im Deutschen für beide Arten von Pronomina dasselbe Wort verwendet wird. Vergleiche:

πῶς δύσκολόν ἐστιν εἰς τὴν βασιλείαν τοῦ Θεοῦ εἰσελθεῖν.
Wie schwer ist es, das Königreich Gottes zu betreten! Mark. 10, 24

ὡς ὡραῖοι οἱ πόδες τῶν εὐαγγελιζομένων.
Wie schön sind die Füße derer, die gute Botschaft bringen!
Römer 10,15

Wo das Relativum, mit ausgedrücktem oder zu ergänzendem Demonstrativum, einen Vergleich beinhaltet, ist die deutsche Übersetzung „so – wie":

παραλαμβάνουσιν αὐτόν, ὡς ἦν, ἐν τῷ πλοίῳ.
Sie nahmen ihn ‹so›, wie er war, im Boot ‹mit›. Mark. 4,36

---

[96] In der K kann ποῖος die schwächere Bedeutung „welcher" haben, mit nur geringem Unterschied zu τίς.
[97] Den Präfixen τοι- und τοσ- folgt -ουτος ohne τ am Anfang: τοιοῦτος, τοιαύτη, τοιοῦτο (oder τοιοῦτον).

οἷος ὁ ἐπουράνιος, τοιοῦτοι καὶ οἱ ἐπουράνιοι.
Wie der Himmlische ist, so sind auch die Himmlischen.
1.Kor. 15,48

ὅσοι ἥψαντο, διεσώθησαν.
So viele, wie ihn berührten, wurden gerettet. Matth. 14,36
(In solchen Sätzen kann oft mit „alle, die" übersetzt werden.)

Der coniunctivus prospectivus
Der prospektive Konjunktiv erscheint nur im Nebensatz. Er drückt entweder eine unbestimmte Erwartung (**Eventualis** oder spezieller Prospektivus) oder eine Verallgemeinerung (**Iterativus** oder genereller Prospektivus) aus. Da das Tempus nur den Aspekt zeigt, ist die Zeitstufe aus dem Prädikat des übergeordneten Satzes zu ersehen. Die Negation ist μή.
Oft wird der Prospektivus durch die Modalpartikel ἄν oder ἐάν verdeutlicht. Sie bedeuten im Iterativus etwa „auch immer", im Eventualis etwa „sobald", werden aber oft nicht übersetzt.
Der Prospektivus kann – muß aber nicht – erscheinen im:

1. Temporalsatz:
 οὐ γὰρ νίπτονται τὰς χεῖρας, ὅταν (← ὅτε + ἄν) ἄρτον ἐσθίωσιν.
 Denn sie waschen ihre Hände nicht, wenn sie Brot essen.
 Matth. 15,2

 οὐ μὴ παρέλθῃ ἡ γενεὰ αὕτη, ἕως ἂν πάντα ταῦτα γένηται.
 Dieses Geschlecht wird bestimmt nicht vergehen, bis all dies geschieht. Matth. 24,34

Während beim zweiten Beispiel der Konjunktiv eindeutig eventual ist, hängt es beim ersten vom Kontext ab, ob wir ihn eventual („wenn sie dann", „wenn sie essen werden") oder iterativ („wann auch immer") deuten.

2. Relativsatz:
 ὅτι ἂν λέγῃ ὑμῖν, ποιήσατε.
 Tut, was (auch immer) er euch sagt. Joh. 2,5

 ὅπου ἐὰν κηρυχθῇ τὸ εὐαγγέλιον, ...
 Wo (auch immer) das Evangelium verkündet wird, ... Mark. 14,9

3. Konditionalsatz (vgl. Lektion 41):
Hier erscheint ἐάν in seiner ursprünglichen Bedeutung als Konjunktion, entstanden aus εἰ und ἄν.
ἐὰν ὑμῖν εἴπω, οὐ μὴ πιστεύσητε.
Wenn ich es euch erzähle, werdet ihr es bestimmt nicht glauben. Luk. 22,68

4. Konzessivsatz (eigentlich eine Abart des Konditionalsatzes):
Zu εἰ oder ἐάν wird ein καί hinzugefügt.
ἐὰν καὶ προλημφθῇ ἄνθρωπος ἔν τινι παραπτώματι, ...
Auch wenn ein Mensch bei einem Fehler ertappt wird, ... Gal. 6,1

κἂν (← καί + ἐάν) δέῃ με σὺν σοὶ ἀποθανεῖν, ...
Wenn ich auch mit dir sterben sollte, ... Matth. 26,35

5. Im Finalsatz folgt auf ὅπως manchmal ἄν. Dies ist ein Überbleibsel aus dem KG und hat keine Auswirkungen auf die Übersetzung.

ἀδικέω	Unrecht tun, verletzen	ἐπιθυμέω (m. Gen.)	begehren, verlangen
ἀρνέομαι (M)	leugnen	ἡ θυσία	Opfer
ἐγγύς (m. Gen.)	nahe bei	κατηγορέω (m. Gen.)	anklagen
ἡ εἰκών, -όνος	Bild	ὑποτάσσω	unterwerfen
ἔμπροσθεν (m. Gen.)	vor	ἡ χώρα	Land

Übersetze: 1. ἀναβαίνω ἐκεῖσε, ὅθεν ἦλθον. 2. πῶς δύνασθε ἀγαθὰ λαλεῖν πονηροὶ ὄντες; 3. ἰδέ, πόσα κατηγορεῖ σου. 4. τοιαύτην δὲ νῦν πάσχομεν θλῖψιν, οἵα οὐδέποτε ὕστερον μέλλει γίνεσθαι. 5. ὅστις ἂν ἀρνῆται τὸν υἱὸν τοῦ ἀνθρώπου, τοῦτον οὐ μὴ ὠφελήσουσι πολλαὶ θυσίαι. 6. ὅταν δὲ εὕρητε τὴν εἰκόνα ἐκείνην ἐν ταύτῃ τῇ χώρᾳ, γινώσκετε, ὅτι ἐγγὺς ἤδη τὸ τέλος. 7. καὶ ὅπου ἂν μένωσιν οἱ φίλοι μου, ἐκεῖ μενῶ κἀγώ.[98] 8. ἐὰν δὲ θέλῃς ἰάσασθαι τοῦτον τὸν τυφλόν, εὐθὺς ἀναβλέψει. 9. τοσαύτην δ' οὐκ ἔχομεν πίστιν, ὅσην οἱ πατέρες ἡμῶν. 10. καὶ ἕως ἂν ᾖ μεθ' ἡμῶν, δεῖ ὑποτάσσεσθαι αὐτῷ ὡς ἐξουσίαν ἔχοντι. 11. νῦν οὖν παραγγέλλω ὑμῖν, ἵνα, ὅστις ἂν ἀδικῇ, ἄγηται ἔμπρο-

---

[98] Eine Verbindung von καί und ἐγώ, erkennbar an der Beibehaltung des Spiritus; ebenso κἀκεῖ, κἀκεῖθεν. Zur Krasis vgl. Anm. 29.

σθεν τοῦ ἄρχοντος· οὗτος γὰρ ἐπιθυμεῖ κρῖναι,ὥσπερ ἐνετείλατο αὐτῷ ὁ ἡγεμών. 12. ὅστις δ' ἂν λέγῃ κακὰ κατὰ τοῦ Ἁγίου Πνεύματος, τοῦτον οὐκ ἐλεήσει ὁ Κύριος ἐν ἡμέρᾳ κρίσεως.

Matth. 15,29; Mark. 2,16; 3,31–35; 6,38; 9,37; 11,33b; 12,41; 13,3–7; Joh. 4,48; 16,21; Gal. 1,23–24; Hebr. 7,4a

31 Perfekt Aktiv, Medium und Passiv

Perfekt

Aktiv	Medium/Passiv (identisch)
λέλυκα	λέλυμαι
λέλυκας	λέλυσαι
λέλυκε(ν)	λέλυται
λελύκαμεν	λελύμεθα
λελύκατε	λέλυσθε
λελύκασι(ν) (-καν)	λέλυνται

Infinitiv	λελυκέναι	λελύσθαι
Partizip	λελυκώς, -υῖα, -ός	λελυμένος, -η, -ον
Gen. Sg.	λελυκότος, -υίας, -ότος	Imperativ Passiv
Dat. Pl.	λελυκόσι(ν), -υίαις, -όσι(ν)	2. Sg. λέλυσο 2. Pl. λέλυσθε

(Beachte die Akzentsetzung bei allen diesen Infinitiven und Partizipien.)
Das Perfekt kann man am Präfix und an den Endungen erkennen.

1. Präfix

1.1. Reduplikation, d.h. steht ein Konsonant am Anfang, wird er mit eingeschobenem ε vor dem Stamm wiederholt:

(a) wenn das Verb mit einem unaspirierten Konsonanten beginnt:
   γεγέννηκα, τετήρηκα, πεπίστευκα, γέγραφα

(b) wenn das Verb mit einem aspirierten Konsonanten (χ, φ, θ) beginnt, ist die Reduplikation die unaspirierte Form (κ, π, τ):
κεχάρισμαι, πεφανέρωκα, τεθέαμαι, τέθνηκα (Perfekt von ἀποθνήσκω)

1.2. Augment an Stelle der Reduplikation:
(a) wenn ein Verb mit einem der Doppelkonsonanten ζ, ξ, ψ oder σ + weiterem Konsonanten beginnt:
ἀπέσταλκα (ἀποστέλλω), ἐξήραμμαι (ξηραίνω), ἔσπαρκα (σπείρω)

(b) wenn ein Verb mit einem Vokal beginnt:
ᾔτηκα (αἰτέω), ἦρκα (αἴρω), ἴᾱμαι (ἰάομαι, d.h. ἰῶμαι)

(c) wenn ein Verb mit ῥ beginnt (selten), wird ρ verdoppelt und davor das Augment gestellt:
ἔρρωσθε (ῥώννυμι), ἐρριζωμένος (ῥιζόω)

Merke: Da das Augment ein Ersatz für die Reduplikation ist, ist es fester Bestandteil des Perfektstamms und wird daher in allen Formen, auch beim Infinitiv und Partizip beibehalten.

2. Endungen
2.1. Perfekt Aktiv: Die Endungen des schwachen und starken Perfekts unterscheiden sich nur darin, daß das schwache Perfekt κ an den Stamm anhängt und den Regeln folgt, während das starke Perfekt kein κ hat und gelernt werden muß.

(a) Verba vocalia (λύω) und verba contracta (ποιέω) hängen κ an den Stamm an:
λέλυκα, πεποίηκα, γεγέννηκα, πεπλήρωκα

(b) Von den Verba muta werden die meisten Gutturalen und Labialen ohne, die Dentalen mit κ gebildet:
Gutturale γ, κ, χ werden zu χ: πεφύλαχα (φυλάσσω)
Labiale β, π, φ werden zu φ: γέγραφα (γράφω), εἴληφα (λαμβάνω)
Dentale δ, τ, θ fallen aus: ἤλπικα (ἐλπίζω)

(c) Verba liquida λ, μ, ν, ρ sind oft unregelmäßig, hängen aber im allgemeinen κ an den Stamm:
ἀπέσταλκα (ἀποστέλλω), κέκρικα (κρίνω)

2.2. Perfekt Medium und Passiv: Die Endungen sind dieselben wie bei δύναμαι (s. S. 88). Da es keinen Bindevokal gibt, können sich die konsonantischen Stammauslaute an den Anfangskonsonanten der Endungen anpassen. Bei der 2. Pl. und beim Infinitiv fällt (bei den Gutturalen und Labialen) σ vor θ aus. Die 3. Pl. wird immer, die übrigen Personen werden manchmal umschrieben (coniugatio periphrastica, S. 70).

	Guttural διώκω	Labial γράφω	Dental πείθω
Inf.	δεδιῶχθαι	γέγραφθαι	πέπεισθαι

		Guttural	Labial	Dental
Sg.	1.	δεδίωγμαι	γέγραμμαι	πέπεισμαι
	2.	δεδίωξαι	γέγραψαι	πέπεισαι
	3.	δεδίωκται	γέγραπται	πέπεισται
Pl.	1.	δεδιώγμεθα	γεγράμμεθα	πεπείσμεθα
	2.	δεδιώχθε	γέγραφθε	πέπεισθε
	3.	δεδιωγμένοι, -αι, -α, εἰσί(ν)	γεγραμμένοι, -αι, -α, εἰσί(ν)	πεπεισμένοι, -αι, -α, εἰσί(ν)

		Liquida			
		ἀποστέλλω	σπείρω	μιαίνω	ξηραίνω
Inf.		ἀπεστάλθαι	ἐσπάρθαι	μεμιάνθαι	ἐξηράνθαι
Sg.	1.	ἀπέσταλμαι	ἔσπαρμαι	μεμίαμμαι	ἐξήραμμαι
	2.	ἀπέσταλσαι	ἔσπαρσαι	(μεμίανσαι)	ἐξήρασαι
	3.	ἀπέσταλται	ἔσπαρται	μεμίανται	ἐξήραται
Pl.	1.	ἀπεστάλμεθα	ἐσπάρμεθα	μεμιάμμεθα	ἐξηράμμεθα
	2.	ἀπέσταλθε	ἔσπαρθε	μεμίανθε	ἐξήρασθε
	3.	ἀπεσταλμένοι εἰσί(ν)	ἐσπαρμένοι εἰσί(ν)	μεμιαμμένοι εἰσί(ν)	ἐξηραμμένοι εἰσί(ν)

Einige häufige unregelmäßige oder starke Perfektstämme:

Pr. Akt.	Pf. Akt.	Pf. M/P
ἀκούω	ἀκήκοα	
ἀπόλλυμι	ἀπόλωλα	
	(**bin** verloren)	
γίνομαι	γέγονα[99]	γεγένημαι
γινώσκω	ἔγνωκα	ἔγνωσμαι
γράφω	γέγραφα	γέγραμμαι
ἐγείρω[100]	[ἐγρήγορα]	ἐγήγερμαι
(λέγω)	εἴρηκα	εἴρημαι
ἔρχομαι	ἐλήλυθα	
εὑρίσκω	εὕρηκα	
-θνῄσκω	τέθνηκα	(im Perf. nur die einfache Form, in den anderen Tempora die zusammengesetzte Form mit der Vorsilbe ἀπο-)
λαμβάνω	εἴληφα	εἴλημμαι
πείθω	πέποιθα	πέπεισμαι
	(vertraue)	(bin überzeugt)
πάσχω	πέπονθα	

Bedeutung

Im Gegensatz zum KG ist das Perfekt im NT ziemlich selten. Entsprechend der Konzeption dieses Buches werden hier daher viele Formen (z.B. der Konjunktiv) und Verben (Stammformen S.157–164) nicht angegeben. Das normale Erzähltempus ist der Aorist, der einfach angibt, daß ein Ereignis stattfand, während das Perfekt angibt, daß ein Ereignis, welches in der Vergangenheit stattfand, noch Auswirkungen auf die Gegenwart (**Resultat**) hat. Vergleiche ἀποθνῄσκει er liegt im Sterben bzw. stirbt, ἀπέθνῃσκε er lag im Sterben, ἀπέθανε er starb, τέθνηκε er ist gestorben, d.h. er ist tot.

1. Im Indikativ Perfekt Aktiv kann die Bedeutung oft nicht treffend durch deutsche Perfektformen mit „haben" ausgedrückt werden; man muß dann umschreiben oder passivisch übersetzen (s. 2.):

> πεπληρώκατε τὴν Ιερουσαλημ τῆς διδαχῆς ὑμῶν.
> (Ihr habt Jerusalem mit eurer Lehre gefüllt →) Jerusalem ist voll von eurer Lehre. Apg. 5,28

---

[99] Aktiv und Passiv haben dieselbe Bedeutung „(geworden) sein = sein", „stattgefunden haben", aber das Aktiv ist wesentlich häufiger.
[100] KG ἐγρήγορα mit intransitiver Bedeutung ist in der K durch ein regelmäßiges Präsens γρηγορέω „wachen, wach sein" ersetzt worden.

2. Beim Indikativ Perfekt Passiv ist die Übersetzung durch eine Präsensform vom Verb „sein" mit einem Partizip der Vergangenheit einfach und treffend:

ὡς γέγραπται = wie es geschrieben ist (und noch so bleibt), d.h. „wie es geschrieben steht".

3. Auch das Partizip Perfekt Passiv hat die besondere Nuance des Resultats, die eine Übersetzung oft schwierig macht. Man kann sowohl σταυρωθείς als auch ἐσταυρωμένος mit „gekreuzigt" übersetzen, aber das erste meint nur die Kreuzigung als historisches Ereignis, das zweite (1.Kor. 1,23) meint die Ergebnisse der Kreuzigung, die noch wirksam sind. Manchmal ist der Unterschied jedoch gering.

4. Der Imperativ Perfekt Passiv kommt im NT nur zweimal vor: πεφίμωσο Mark. 4,39, „Sei still", ist vielleicht eine eindrucksvollere Beschwörung als der Aorist φιμώθητι Mark. 1,25, weil es beinhaltet „Halt den Mund und bleib so". ἔρρωσθε Apg. 15,29 (ἔρρωσο ist in manchen Handschriften bei Apg. 23,30 eingefügt) ist der übliche Gruß „Lebt wohl" (wörtlich: seid in einem Zustand des Gestärkt-Seins; von einem alten Verb ῥώννυμι = stärken).

γαμέω	heiraten	ῥιζόω	verwurzeln
θεάομαι (M)	betrachten, anschauen	τελειόω	beenden, vervollkommnen
θεμελιόω	gründen, befestigen	φιμόω	knebeln, zum Schweigen bringen
ἔρρωσθε	lebt wohl!		
μιαίνω	beflecken	χαρίζομαι (M)	einen Gefallen tun, gewähren
νικάω	siegen		
ξηραίνω	trocknen		
τὸ πάθημα	Leid		

Übersetze: 1. νενίκηκεν ὁ βασιλεὺς καὶ ἐλεύσεται πάλιν εἰς τὴν πατρίδα ἑαυτοῦ. 2. τετελείωκεν ὁ Θεὸς τὸν υἱὸν διὰ παθημάτων. 3. οὐχὶ κέκριται ὁ ἄρχων τοῦ κόσμου τούτου; 4. εὕρηκεν ὁ ποιμὴν τὰ πρόβατα τὰ ἀπολωλότα. 5. ἐρριζωμένοι καὶ τεθεμελιωμένοι ἐν ἀγάπῃ εἰσὶν οἱ ἅγιοι. 6. μέλας γέγονεν ὁ ἥλιος, καὶ οὐκέτι δυνάμεθα ἰδεῖν τοὺς ἀστέρας. 7. ἐξήρανται ἡ χεὶρ τοῦ παραλυτικοῦ τούτου. 8. μακάριοι οἱ δεδιωγμένοι διὰ τὸν Χριστόν. 9. ὡς Ἰακωβ ὁ πατριάρχης, κἀγὼ γεγάμηκα δύο γυναῖκας καὶ διὰ τοῦτο πολλὰ πέπονθα. 10. ὅστις πέποιθεν ἐν τῷ 'Ιησοῦ, οὗτος πέπεισται, ὅτι δύναται σῶσαι τοὺς ἀπολωλότας. 11. ἐγήγερται ὁ Λάζαρος ἐκ τοῦ μνημείου καὶ ζῇ. 12. εἰλήφασιν τὰς ἐντολάς, ἀλλ' οὐ σεσωσμένοι εἰσίν. 13. κεχάρισταί σοι τοῦτο ὁ Κύριος.

Matth. 2,19–23; Mark. 1,15; 7,29–30; Joh. 16,27–28a; Apg. 18,1–3; Römer 15,14; Gal. 6,14b; 1.Joh 1,1–4

Übersetze: 1. Der von den Toten auferstandene Christus ist zwei Frauen erschienen (= hat sich selbst gezeigt). 2. Wie geschrieben steht, wird nicht ein (kein) Haar deines Kopfes zugrunde gehen. 3. Wo werden wir die finden, die Zeugen sind (= Zeugnis abgelegt haben) und jetzt tot sind? 4. Was (Plur.) ich selbst angeschaut und gehört habe, (dies) werde ich unter (ἐν) den Heiden verkünden. 5. Sieh, die verdorrte (= vertrocknete) Hand ist geheilt. 6. Die Saaten, die auf schlechten Boden gesät sind, tragen keine Frucht.

---

32 Plusquamperfekt Aktiv, Medium und Passiv. οἶδα. Indirekte Rede (AcI). Stammformen

Plusquamperfekt

Aktiv	Medium/Passiv
ἐλελύκειν	ἐλελύμην
ἐλελύκεις	ἐλέλυσο
ἐλελύκει	ἐλέλυτο
ἐλελύκειμεν	ἐλελύμεθα
ἐλελύκειτε	ἐλέλυσθε
ἐλελύκεισαν	ἐλέλυντο

Das Plusquamperfekt folgt in der Bildung des Stamms dem Perfekt. Weil es das Perfekt, das zeitlich als präsentisch verstanden werden kann, gewissermaßen in die Vergangenheit setzt, hat es dieselben Endungen und ein Augment wie das Imperfekt. Bisweilen jedoch fehlt das Augment; wenn der Perfektstamm mit Vokal beginnt, sogar immer, aber die Personalendungen geben meist einen sicheren Hinweis (τεθεμελίωτο, ἐσταυρόμην).

Das griechische Plpf. hat einen wesentlich engeren Anwendungsbereich als das deutsche Plpf. mit „hatte, war" (das oft dem griechischen Aorist entspricht, wenn er eine Handlung angibt, die vorzeitig zum Hauptverb ist), denn das griech. Plpf. wird nur gebraucht, um zu zeigen, daß die Ergebnisse einer Handlung der Vergangenheit in der Vergangenheit anhielten, wie das Perfekt zeigt, daß sie in der Gegenwart anhalten: τέθνηκε er ist tot, ἐτεθνήκει er war gestorben, d.h. er war tot.

τεθεμελίωτο γὰρ ἐπὶ τὴν πέτραν.
Denn es war auf dem Felsen gegründet worden (und war noch da).
Matth. 7,25

οἶδα („wissen")
ist ein Perfekt von einem alten Präsensstamm Fιδ (vgl. lat. videre) und wird mit präsentischer Bedeutung gebraucht, das Plusquamperfekt imperfektisch.

Indikativ		Konjunktiv
Präs./Perf.	Ipf./Plpf.	Präs./Perf.
οἶδα	ᾔδειν	εἰδῶ[101]
οἶδας	ᾔδεις	εἰδῇς
οἶδε(ν)	ᾔδει	εἰδῇ
οἴδαμεν	ᾔδειμεν	εἰδῶμεν
οἴδατε (ἴστε Hebr. 12,17)	ᾔδειτε	εἰδῆτε
οἴδασι(ν) (ἴσασι Apg. 26,4)	ᾔδεισαν	εἰδῶσι(ν)

Imperativ, nur 2. Pl ἴστε   Infinitiv εἰδέναι
Partizip εἰδώς, -υῖα, -ός   Futur εἰδήσω

εἴωθα („gewohnt sein")
εἴωθα ist ein anderes Perfekt mit präsentischer Bedeutung, von einem ausgestorbenen Präsens, wird aber regelmäßig konjugiert.

Indirekte Rede
1. Die bei weitem häufigste Konstruktion ist ein **durch ὅτι eingeleiteter Gliedsatz**, wie wir schon gesehen haben (S. 44).
Merke auch „**ὅτι rezitativ**", wenn ὅτι als Doppelpunkt zur Einleitung der direkten Rede gebraucht wird. Dies kann man in Texten leicht daran erken-

---

[101] Nicht zu verwechseln mit εἶδον ich sah, Konj. ἴδω.

nen, daß Subjektwechsel vorliegt, und daran, daß das direkte Zitat[102] mit Großschreibung begonnen wird; in diesem Fall ist ὅτι nicht zu übersetzen:

Καὶ λέγει αὐτοῖς ὁ Ἰησοῦς ὅτι, Πάντες σκανδαλισθήσεσθε.
Und Jesus sagte zu ihnen: „Ihr werdet alle abfallen".
Mark. 14,27

2. Wesentlich seltener ist ein Überrest des KG, der **Akkusativ mit Infinitiv**, AcI, in dem der Akkusativ dem Subjekt und der Infinitiv dem Prädikat der direkten Rede entspricht. Der Infinitiv bleibt im Tempus der direkten Rede, die Negation ist μή. Der AcI als Subjekt von unpersönlichen Wendungen ist in Lektion 17 dargestellt worden. Er kommt auch als Objekt vor:

Σαδδουκαῖοι ... οἵτινες λέγουσιν ἀνάστασιν μὴ εἶναι.
Sadduzäer ... die sagen, daß es keine Auferstehung gibt.
Mark. 12,18

Stammformen
Nachdem wir nun alle Tempora des Verbs behandelt haben, werden die Stammformen aufgeführt, von denen alle übrigen Formen abzuleiten sind. Das gewöhnliche Muster ist:

Präsens Aktiv	Futur Aktiv	Aorist Aktiv
λύω	λύσω	ἔλυσα
Perfekt Aktiv	Perfekt Passiv	Aorist Passiv
λέλυκα	λέλυμαι	ἐλύθην

Hiervon kann man alle anderen Tempora ableiten:
(1) Vom Präsensstamm werden das Präsens und das Imperfekt im Aktiv, Medium und Passiv gebildet.
(2) Futur und Aorist Medium folgen in der Stammbildung gewöhnlich dem Aktiv.
(3) Plusquamperfekt Aktiv und Passiv folgen in der Bildung dem Perfekt.
(4) Futur Passiv wird vom Aorist Passiv abgeleitet (S. 46).

---

[102] Dies ist ein Verfahren der modernen Herausgeber, während es in frühen Handschriften keine großen Buchstaben gab. Manchmal ist fraglich, ob ὅτι eine direkte oder eine indirekte Rede einleitet.

Der Lernende sollte jetzt die alphabetische Liste (S. 157) durchsehen und sich allmählich alle unregelmäßigen Verben einprägen, die schon vorgekommen sind. Von jetzt an wird jedes neue unregelmäßige Verb mit einem Sternchen versehen.

ἄρτι (Adv.)	jetzt, sofort, gerade, eben, erst	μόνος, -η, -ον	allein
		μόνον (Adv.)	allein, nur
βλασφημέω	verleumden, lästern	οἶδα*	wissen
		περιβάλλω	herumwerfen
εἴωθα	gewohnt sein		(Med.: anlegen)
ἐνδύω	anziehen, bekleiden	σφραγίζω	versiegeln
		φαίνω*	zeigen (Pass.:
ἡ κλίνη	Bett		erscheinen)
λευκός, -ή, -όν	weiß		

Übersetze: 1. πότε ἦλθες; ἐγένετό ποτε προφήτης τις μέγας. ποῦ ἐστιν ἡ οἰκία σου; πόθεν ἔμαθες τοῦτο; ἔγραψά που τοῦτο. πόσους ἄρτους ἔχετε; τί τοῦτο ἐποίησας; πῶς ἔχετε φόβον; ποταπὴ ἡ διδαχὴ αὕτη; 2. πρὸ τοῦ φανῆναι τὸν Ἰησοῦν συνεληλύθει πολὺς ὄχλος. 3. ὁ δὲ εἰδὼς αὐτῶν τὴν ὑπόκρισιν[104] εἶπεν αὐτοῖς, Τί με πειράζετε; 4. οὐκ ᾔδει οὐδείς, ὅτι οὗτός ἐστιν ὁ Χριστός. 5. τεθεάμεθα σημεῖα διὰ τοῦ ὀνόματος Ἰησοῦ γεγενημένα καὶ νῦν πιστεύοντες ἐσόμεθα ἐν αὐτῷ. 6. ὁ δὲ Ἰωάννης ἦν ἐνδεδυμένος τρίχας καμήλου. 7. ἔλεγεν γὰρ ὁ Ἰωάννης τῷ Ἡρῴδῃ ὅτι, Οὐκ ἔξεστίν σοι ἔχειν τὴν γυναῖκα τοῦ ἀδελφοῦ σου. 8. δεῖ οὖν τοὺς ἐσφραγισμένους βαπτίσματι πορεύεσθαι ἐν τῇ ὁδῷ τοῦ Κυρίου μὴ ἀρνουμένους τὰς ἐντολὰς αὐτοῦ. 9. αἱ δὲ γυναῖκες ἑωράκασι νεανίαν καθήμενον ἐκ δεξιῶν[105] περιβεβλημένον στολὴν[106] λευκήν. 10. μήτι οἱ μάγοι εἰρήκασι τῷ Ἡρῴδῃ, ὅτι εὑρήκασι τὸ παιδίον, ὃ ἐζήτουν; 11. οὐχὶ βλασφημεῖτε, λέγοντες τοῦτον ἐκβαλεῖν δαιμόνια μόνον διὰ τοῦ διαβόλου; 12. καὶ ὡς εἰώθει, ἀναβὰς πρὸς τὸ ὄρος μόνος ἦν ἐκεῖ προσευχόμενος.

---

[104] ἡ ὑπόκρισις: Heuchelei.
[105] ἐκ δεξιῶν: auf der rechten Seite, zur Rechten.
[106] ἡ στολή: Kleidung, Kleid.

13. ἵνα πάντες εἰδῆτε τὴν ἀλήθειαν, ἐρῶ[107]ὑμῖν τοῦτον μετὰ τὴν ἀνάστασιν αὐτοῦ ἀναβῆναι εἰς τὸν οὐρανόν.

Matth. 7,24–27; 25,11–13; 27,15; Mark. 1,24b; 5,33; 6,14–20; 8,27–30; Luk. 8,45–46; Joh. 7,14–16; 9,16–22a; 21,12; Apg. 9,19b–20; Römer 4,1

Übersetze: 1. Wie vom Propheten gesagt ist: Nichts Gutes kann von (ἐκ) diesem Ort kommen. 2. Viele Soldaten sind da (= gekommen), um die Feinde schnell zu besiegen, bevor sie fliehen können. 3. Wer ‹auch immer› weiß, daß Christus so lehrte, der muß sein Geld den Steuereinnehmern schicken. 4. Die Frau lag[108] auf dem Bett, und die sieben Teufel waren aus ihr herausgefahren (= herausgegangen). 5. Wißt ihr nicht, mit (ἐν) welcher Macht er das Evangelium verkündete? 6. Wie in diesem Buch geschrieben steht, werde ich mit meinem Volk Mitleid haben und nicht mehr ihrer Sünden gedenken (= mich erinnern).

33 Aktiv von δίδωμι, τίθημι, ἵημι

Verben auf -μι
Dies ist eine kleine Gruppe sehr häufiger Verben mit besonderen Formbildungen. Im Präsens, Imperfekt und oft auch im starken Aorist treten die Endungen meistens direkt, ohne Bindevokal an den Stamm (δίδω-μι). Die aktiven Formen dieser Tempora dehnen im Singular zum Teil den Stammvokal (δίδωμι – δίδομεν). Auffallend sind im Präs. Akt. die Endungen -μι für die 1. Sg., -σι(ν) für die 3. Sg. und -ασι(ν) für die 3. Pl., im Impf. Akt. -σαν für die 3. Pl. sowie der Inf. Akt. -ναι. Die vier sogenannten „großen -μι-Verben" haben im Präsens und Imperfekt eine Präsensreduplikation mit dem Vokal -ι, sind also leicht vom Perfekt zu unterscheiden, dessen Reduplikationsvokal immer -ε ist (δίδομαι – δέδομαι). Drei der vier „großen -μι-Verben" bilden den Aor. Akt. nicht auf -σα, sondern auf -κα, sind aber wegen fehlender Reduplikation leicht vom Perf. Akt. zu unterscheiden (ἔδωκα – δέδωκα).

---

[107] Das Futur ist kontrahiert (ἐρέσω → ἐρέω → ἐρῶ) und gehört zu λέγω.
[108] Plusquamperfekt Passiv von βάλλω („war geworfen worden", d.h. „lag") oder Imperfekt von κατάκειμαι.

Die Verben δίδωμι, τίθημι und ἵημι

δίδωμι Stamm δο-: geben
τίθημι   Stamm θε-: stellen, legen, setzen
ἵημι   Stamm ἑ-: senden, gehen lassen (kommt nur in Komposita vor)

Stammformen

δίδωμι	δώσω	ἔδωκα ἐδόμην	δέδωκα	δέδομαι	ἐδόθην
τίθημι	θήσω	ἔθηκα ἐθέμην	τέθεικα	τέθειμαι od. κεῖμαι	ἐτέθην
ἵημι	ἥσω	ἧκα	εἷκα	ἕωμαι	ἕθην

Formen

In der folgenden Tabelle sind nur Formen aufgeführt, die sich nicht ohne weiteres aus den Stammformen ableiten lassen.

Präsenstamm Aktiv

Indikativ Präsens			**Imperfekt**		
δίδωμι	τίθημι	ἵημι[109]	ἐδίδουν	ἐτίθην	kommt im
δίδως	τίθης	ἵης	ἐδίδους	ἐτίθεις	NT nicht
δίδωσι(ν)	τίθησι(ν)	ἵησι(ν)	ἐδίδου	ἐτίθει	vor
δίδομεν	τίθεμεν	ἵεμεν	ἐδίδομεν	ἐτίθεμεν
δίδοτε	τίθετε	ἵετε	ἐδίδοτε	ἐτίθετε
διδόᾱσι(ν)	τιθέᾱσι(ν)	ἱᾶσι(ν)	ἐδίδοσαν od. ἐδίδουν[110]	ἐτίθεσαν od. ἐτίθουν[110]

Konjunktiv Präsens			**Imperativ Präsens**		
διδῶ	τιθῶ	kommt im	δίδου	τίθει	ἵει
διδῷς	τιθῇς	NT nicht	διδότω	τιθέτω	ἱέτω
od. διδοῖς[110]		vor	δίδοτε	τίθετε	ἵετε
διδῷ	τιθῇ		διδότωσαν	τιθέτωσαν	ἱέτωσαν
od. διδοῖ[110]					
διδῶμεν	τιθῶμεν				
διδῶτε	τιθῆτε				
διδῶσι(ν)	τιθῶσι(ν)				

---

[109] Es gibt in der K auch eine regelmäßige Präsensform ἀφίω, ebenfalls ἀφίομεν. Das Imperfekt würde wie τίθημι gebildet, kommt aber im NT nicht vor, wogegen Formen von ἀφίω als nicht zusammengesetztes Verb (ἤφιον, ἤφιε) vorkommen.

[110] Beispiele für die konstante Tendenz der K, an gewöhnlichere Endungen anzugleichen, anstatt die alten und schwierigeren Formen zu gebrauchen.

Infinitiv Präsens

διδόναι τιθέναι ἱέναι

Partizip Präsens

διδούς,	τιθείς,	ἱείς,
διδόντος;	τιθέντος;	ἱέντος;
διδοῦσι	τιθεῖσι	ἱεῖσι
διδοῦσα,	τιθεῖσα,	ἱεῖσα,
διδούσης	τιθείσης	ἱείσης
διδόν,	τιθέν,	ἱέν,
διδόντος	τιθέντος	ἱέντος

Aoriststamm Aktiv

Indikativ Aorist

ἔδωκα		ἔθηκα		ἧκα	
ἔδωκας		ἔθηκας		ἧκας	
ἔδωκε(ν)	KG	ἔθηκε(ν)	KG	ἧκε(ν)	KG
ἐδώκαμεν	ἔδομεν	ἐθήκαμεν	ἔθεμεν	ἥκαμεν	εἷμεν
ἐδώκατε	ἔδοτε	ἐθήκατε	ἔθετε	ἥκατε	εἷτε
ἔδωκαν	ἔδοσαν	ἔθηκαν	ἔθεσαν	ἧκαν	εἷσαν

Konjunktiv Aorist   **Imperativ Aorist**

δῶ	θῶ	ὧ	δός	θές	ἕς
δῷς, δοῖς	θῇς	ᾗς	δότω	θέτω	ἕτω
δῷ, δοῖ, δώῃ	θῇ	ᾗ	δότε	θέτε	ἕτε
δῶμεν	θῶμεν	ὧμεν	δότωσαν	θέτωσαν	ἕτωσαν
δῶτε	θῆτε	ἧτε			
δῶσι(ν)	θῶσι(ν)	ὧσι(ν)			

Infinitiv Aorist

δοῦναι θεῖναι εἷναι

Partizip Aorist

δούς,	θείς,	εἵς,
δόντος	θέντος	ἕντος
δοῦσα,	θεῖσα,	εἷσα,
δούσης	θείσης	εἵσης
δόν,	θέν,	ἕν,
δόντος	θέντος	ἕντος

Die häufigsten Komposita:

ἀποδίδωμι   abgeben, zahlen; M: verkaufen
ἐπιδίδωμι   hingeben
παραδίδωμι   übergeben, gewähren, verraten

ἐπιτίθημι   daraufstellen, -legen
μετατίθημι   umstellen, ändern
παρατίθημι   vorsetzen, vorlegen; M: anvertrauen
προστίθημι   hinzufügen

ἀφίημι   fortlassen, verlassen, vergeben
συνίημι   verstehen

τὸ μέρος	Teil	ὁ πλοῦτος	Reichtum
νομίζω	glauben, meinen	πωλέω	verkaufen

Übersetze: 1. καὶ ἀφέντες τὰ δίκτυα ἐν τῷ πλοίῳ ἠκολούθησαν αὐτῷ. 2. ἰδοὺ ὁ παραδιδούς με ἤγγικεν. 3. τότε ἐπιθέντες τὰς χεῖρας αὐτοῖς προσηύξαντο οἱ ἀπόστολοι, ἵνα δοῖ ὁ Κύριος καὶ τούτοις μέρος τι τοῦ Ἁγίου Πνεύματος. 4. διδόασιν οἱ ἅγιοι τὸν πλοῦτον αὐτῶν τοῖς χρείαν ἔχουσι. 5. καὶ ἐγένετο ἐν ἐκείνῃ τῇ ἡμέρᾳ, προσέθηκεν ὁ Κύριος πολλοὺς τῷ πλήθει τῶν πιστευόντων. 6. εὐθὺς οὖν ἐκέλευσεν αὐτοὺς παραθεῖναι τῷ ὄχλῳ τοὺς πέντε ἄρτους καὶ δύο ἰχθύας, ὅτι ἅπαντες ἐπείνων καὶ διὰ τοῦτο συνεληλύθεισαν ἀπὸ τῆς πόλεως. 7. πόσον μισθὸν ἀπέδωκας ἐκείνοις τοῖς ἐσχάτοις ἐργάταις; 8. ἐνόμιζεν δὲ τοὺς ἀδελφοὺς συνιέναι, ὅτι ὁ Θεὸς διὰ χειρὸς αὐτοῦ δίδωσι σωτηρίαν αὐτοῖς· οἱ δὲ οὐ συνῆκαν. 9. οἴδατε, ὅτι ὁ Θεὸς ἐν τῷ ἀποστεῖλαι τὸν Ἰησοῦν εἰς τὸν κόσμον μετέθηκε τὸν νόμον; 10. μήτι δεδώκατε πάσας τὰς γραφὰς τοῖς στρατιώταις εἰς τὸ φθαρῆναι αὐτάς; 11. ποῖον οἶνον δώσεις ἡμῖν, ὅταν γαμήσῃ ὁ υἱός μου τὴν θυγατέρα σου; 12. παρεδίδουν οἱ προφῆται ῥήματα σοφὰ καὶ ὑγιῆ τοῖς βουλομένοις ἀκούειν. 13. καὶ ἐμβλέψας αὐτῷ ἠγάπησεν αὐτὸν καὶ εἶπεν αὐτῷ· Ὕπαγε· ὅσα ἔχεις, πώλησον καὶ δὸς τοῖς πτωχοῖς. 14. οὔπω συνίημι, ὦ διδάσκαλε.

Matth. 5,40; 6,27; 13,18–23; 22,18–22; 23,1–4; Mark. 1,16–18; 6,24–30; 12,35–37; Joh. 10,14–18; 12,44–50; 14,25–27; 19,30; Hebr. 2,8

Übersetze: 1. Nachdem er den Leichnam in das (Dat.) Grab gelegt hatte, ging er weg. 2. Es soll der, der Gott liebt, [weiterhin] den Hungrigen Brot geben. 3. Wirst du mir deine Kraft mitteilen? 4. Du mußt (δεῖ) den Dienern Lohn zahlen und nicht [das Geld zu] deinem eigenen Reichtum hinzufügen. 5. Gott allein kann Sünden vergeben. 6. Wir übergaben das Evangelium, das wir erhielten, unseren Kindern, damit sie die Worte des ewigen Lebens hören.

---

34 Medium und Passiv von δίδωμι, τίθημι, ἵημι. ὥστε

Medium und Passiv von δίδωμι, τίθημι, ἵημι:
In der folgenden Tabelle sind wieder nur Formen aufgeführt, die sich nicht ohne weiteres aus den Stammformen ableiten lassen.

Präsensstamm Medium/Passiv

Indikativ Präsens			**Imperfekt**		
δίδομαι	τίθεμαι		ἐδιδόμην	ἐτιθέμην	kommt im
δίδοσαι	τίθεσαι		ἐδίδοσο	ἐτίθεσο	NT nicht
δίδοται	τίθεται	ἵεται	ἐδίδοτο	ἐτίθετο	vor
διδόμεθα	τιθέμεθα		ἐδιδόμεθα	ἐτιθέμεθα	
δίδοσθε	τίθεσθε		ἐδίδοσθε	ἐτίθεσθε	
δίδονται	τίθενται	ἵενται	ἐδίδοντο	ἐτίθεντο	

Konjunktiv Präsens		**Imperativ Präsens**		
im NT regelmäßig durch		δίδοσο	τίθεσο	kommt im
den Aor. ersetzt		διδόσθω	τιθέσθω	NT nicht
		δίδοσθε	τίθεσθε	vor
		διδόσθωσαν	τιθέσθωσαν	

Infinitiv Präsens
δίδοσθαι   τίθεσθαι   ἵεσθαι

Partizip Präsens
διδόμενος, τιθέμενος, ἱέμενος,
-η, -ον   -η, -ον   -η, -ον

Aoriststamm Medium/Passiv

Indikativ Aorist

ἐδόμην	ἐθέμην	kommt in NT
ἔδου	ἔθου	nicht vor
ἔδοτο, ἔδετο	ἔθετο	
ἐδόμεθα	ἐθέμεθα	
ἔδοσθε	ἔθεσθε	
ἔδοντο	ἔθεντο	

Konjunktiv Aorist			**Imperativ Aorist**		
δῶμαι	θῶμαι	kommt im	δοῦ	θοῦ	kommt im
δῷ	θῇ	NT nicht	δόσθω	θέσθω	NTnicht
δῶται	θῆται	vor	δόσθε	θέσθε	vor
δώμεθα	θώμεθα		δόσθων	θέσθων	
δῶσθε	θῆσθε				
δῶνται	θῶνται				

Infinitiv Aorist

δόσθαι   θέσθαι   ἔσθαι

Partizip Aorist

δόμενος,   θέμενος,   ἔμενος,
 -η, -ον   -η, -ον   -η, -ον

ὥστε

ὥστε „so daß" steht mit dem Infinitiv (bei Betonung des logischen Subjektes mit dem AcI) und drückt die Folge aus. Leitet es einen Hauptsatz ein, heißt es „deshalb":

> ἐθεράπευσεν αὐτόν, ὥστε τὸν κωφὸν λαλεῖν.
> Er heilte ihn, so daß der Stumme (wieder) sprach. Matth. 12,22

> ἐθεράπευσεν αὐτούς· ὥστε τὸν ὄχλον θαυμάσαι.
> Er heilte sie; deshalb wunderte sich die Menge. Matth. 15,31

Seltener steht ὥστε mit dem Indikativ; dadurch wird die Tatsächlichkeit der eingetretenen Folge besonders betont:

> οὕτως γὰρ ἠγάπησεν ὁ θεὸς τὸν κόσμον, ὥστε τὸν υἱὸν τὸν μονογενῆ ἔδωκεν.

Denn so liebte Gott die Welt, daß er seinen eingeborenen Sohn gab. Joh. 3,16

Manchmal drückt ὥστε auch den Zweck aus:

συμβούλιον ἔλαβον ... ὥστε θανατῶσαι αὐτόν.
Sie berieten sich ... ihn zu töten. Matth. 27,1

ἄλλος, -η, -ο[111]	ein anderer	ἐκδίδομαι (M)	vermieten, ver-
ἀποτίθεμαι	ablegen		pachten
ἁρπάζω*	raffen, rauben	ἐκπλήσσω[112]	erschrecken
ἀσθενέω	schwach sein, krank sein	καινός, -ή, -όν	(tr. und itr.) neu
ἡ διαθήκη	Testament, Vertrag	τὸ ὅπλον τὸ τέρας,	Waffe Vorzeichen,
διαρπάζω*	plündern	τέρατος	Wunder
διατίθεμαι (M)	einsetzen, vereinbaren	ὥστε	so daß, deshalb

Übersetze: 1. ἤγγελκας. κέκριται. ἀκηκόατε. εἴρηται. κέκρυπται. ἐγηγερμένος. ἐληλύθει. ἐσταύρωται. 2. οὕτως ἰσχυρὸς ἦν οὗτος ὥστε μηδένα δύνασθαι διαρπάσαι τὰ σκεύη αὐτοῦ. 3. πόσου[113] ἀπέδοσθε τὸν ἀγρόν; 4. ἀποθώμεθα οὖν τὰ ἔργα τοῦ σκότους, ἐνδυσώμεθα δὲ τὰ ὅπλα τοῦ φωτός. 5. ταύτην τὴν καινὴν διαθήκην διέθετο τῷ λαῷ ὁ Κύριος. 6. παρέθεντο οὖν τοὺς φίλους αὐτῶν τῷ Κυρίῳ προσευξάμενοι, ἵνα πάντοτε φυλάσσῃ αὐτοὺς ὥστε μηδὲν φοβεῖσθαι. 7. καὶ ἀκούσαντες τὰ ῥήματα τοῦ Πέτρου πολλοὶ προσετέθησαν τῇ ἐκκλησίᾳ ὥστε ἐκπλήσσεσθαι τὸν ὄχλον καὶ εἰπεῖν ὅτι, Οὐδέποτε τοιαῦτα ἑωράκαμεν. 8. καὶ ἔδωκεν ἐξουσίαν τοῖς μαθηταῖς ὥστε ποιεῖν πολλὰ σημεῖα καὶ τέρατα. 9. λέγω γὰρ ὑμῖν, ὅτι δέδοται ἐξουσία μοι ὥστε ἀφεῖναι ἁμαρτίας τοῖς ἀνθρώποις. 10. ἄλλοις οὖν ἐκδώσεται ὁ κύριος τὸν ἀμπελῶνα. 11. καὶ νῦν εἰδώς σε[114], ὅτι δίκαιος

---

[111] Beachte das Neutrum auf -ο, normal bei Demonstrativa (s. S. 28).
[112] Gewöhnlich Imperfekt, der Aorist ἐξεπλάγησαν kommt nur Luk. 2,48 vor.
[113] Der Genitiv wird angewandt, um den Preis oder Wert auszudrücken.
[114] Es ist eine häufige Konstruktion, das Subjekt eines ὅτι-Satzes vorwegzunehmen; in der Übersetzung wird es dann ausgelassen.

εἶ, παρακαλῶ, ἵνα ἐλθὼν ἐπιθῇς τὰς χεῖρας τῷ δούλῳ μου τῷ ἀσθενοῦντι καὶ θεραπεύσῃς αὐτόν. 12. ἐὰν δὲ βλασφημήσῃ τις κατὰ τοῦ Ἁγίου Πνεύματος, οὐκ ἀφεθήσεται αὐτῷ ἡ ἁμαρτία μηδὲ μετανοοῦντι ἐξ ὅλης τῆς καρδίας.

Matth. 26,1–5; 27,57–58; Mark. 2,25–28; 3,20; 4,35–37; 15,47; Luk. 7,44–50; 2.Kor 8,1; Hebr. 10,16–18

Übersetze: 1. Dieses Geld, das von den Räubern geraubt wurde, wird zum Reichtum der Reichen hinzugefügt werden; nichts aber ist den Armen gegeben. 2. Mein Vater gab denen, die im Gefängnis hungrig und durstig waren, [gewöhnlich] Brot und Wasser. 3. Also verkaufte er sein Haus und legte das Geld zu Füßen der Apostel, um die Witwen zu unterstützen. 4. Alle eure Sünden sind euch vergeben, weil ihr diese Worte versteht und sie in euren Herzen aufnehmt. 5. Nachdem Jesus verraten worden war (Aor.), wurde er von den Wächtern vor (ἔμπροσθεν) den Hohepriester geführt. 6. Dies Mädchen ist so schön ‹geworden›, daß alle Männer, wenn sie sie anschauen, sie heiraten wollen.

35 ἵστημι. φημί. εἶμι. Wurzelaorist II. ἀντί

ἵστημι

Dieses vierte der vier „großen μι-Verben" gleicht den übrigen drei in vielen Punkten, macht jedoch darüber hinaus einen Unterschied zwischen dem transitiven („stellen") und dem intransitiven Gebrauch („treten"). Transitiv erscheint es im NT nur aktiv oder passiv, und ohne Perfekt, mit dem regelmäßigen schwachen Aorist Aktiv auf -σα; intransitiv erscheint es im NT nicht nur medial, sondern manchmal auch passiv, mit einem Wurzelaorist ἔστην „ich trat", dem Perfekt ἕστηκα „ich stehe" und dem Plusquamperfekt εἱστήκειν „ich stand" mit besonderem Augment. Neben dem Part. Perf. ἑστηκώς gibt es auch die starke Bildung ἑστώς „stehend". Auch ἵστημι hat im Präsens und Imperfekt die Präsensreduplikation mit dem Vokal -ι, der Stamm ist στα-.

Stammformen

	transitiv			intransitiv	
	Aktiv „stelle"	(Med.)	Passiv „werde gestellt"	Medium „trete"	Passiv „trete"
Präs.	ἵστημι	—	ἵσταμαι	ἵσταμαι	ἵσταμαι
Fut.	στήσω	—	σταθήσομαι	στήσομαι	σταθήσομαι
Aor.	ἔστησα	—	ἐστάθην	ἔστην	ἐστάθην
Perf.				ἔστηκα	
Pqpf.				εἱστήκειν	

Formen

In der folgenden Tabelle sind nur Formen aufgeführt, die sich nicht ohne weiteres aus den Stammformen ableiten lassen.

Präsensstamm Aktiv

Indikativ		Konjunktiv	Imperativ	Infinitiv
Präsens	Imperfekt	Präsens	Präsens	Präsens
ἵστημι	ἵστην	ἱστῶ	ἵστη	ἱστάναι
ἵστης	ἵστης	ἱστῇς	ἱστάτω	
ἵστησι(ν)	ἵστη	ἱστῇ	ἵστατε	Partizip Präsens
ἵσταμεν	ἵσταμεν	ἱστῶμεν	ἱστάτωσαν	ἱστάς, -άντος
ἵστατε	ἵστατε	ἱστῆτε		ἱστᾶσα, -άσης
ἱστᾶσι(ν)	ἵστασαν	ἱστῶσι(ν)		ἱστάν, -άντος

Präsensstamm Passiv

Indikativ		Konjunktiv	Imperativ	Infinitiv
Präsens	Imperfekt	Präsens	Präsens	Präsens
ἵσταμαι	ἱστάμην	ἱστῶμαι	ἵστασο	ἵστασθαι
ἵστασαι	ἵστασο	ἱστῇ	ἱστάσθω	
ἵσταται	ἵστατο	ἱστῆται	ἵστασθε	Partizip Präsens
ἱστάμεθα	ἱστάμεθα	ἱστώμεθα	ἱστάσθωσαν	ἱστάμενος
ἵστασθε	ἵστασθε	ἱστῆσθε		ἱσταμένη
ἵστανται	ἵσταντο	ἱστῶνται		ἱστάμενον

Der Wurzelaorist II

In Lektion 15 wurde der Indikativ des Wurzelaorists von ἔβην, ἐχάρην und ἔγνων dargestellt. ἔστην „ich trat" wird entsprechend konjugiert. Im folgenden nun noch weitere Formen des Wurzelaorists von ἵσταμαι, βαίνω und γινώσκω.

Konjuktiv Aorist

			Imperativ Aorist		
στῶ ← στήω	βῶ ← βήω	γνῶ ← γνώω	στῆθι, -στα	βῆθι, -βα	γνῶθι
στῇς	βῇς	γνῷς	στήτω	βάτω	γνώτω
στῇ	βῇ	γνῷ, γνοῖ	στῆτε	βάτε	γνῶτε
στῶμεν	βῶμεν	γνῶμεν	στήτωσαν	βάτωσαν	γνώτωσαν
στῆτε	βῆτε	γνῶτε			
στῶσι(ν)	βῶσι(ν)	γνῶσι(ν)			

Infinitiv Aorist

στῆναι   βῆναι   γνῶναι

Partizip Aorist

στάς,	βάς,	γνούς,
στάντος	βάντος	γνόντος
στᾶσα,	βᾶσα,	γνοῦσα,
στάσης	βάσης	γνούσης
στάν,	βάν,	γνόν,
στάντος	βάντος	γνόντος

Neben dem schwachen **Perfekt** ἕστηκα „ich stehe" gibt es auch starke Formen:

	Infinitiv	Partizip		
schwach	ἑστηκέναι	ἑστηκώς, -ότος	ἑστηκυῖα, -υίας	ἑστηκός, -ότος
stark	ἑστάναι	ἑστώς, -ῶτος	ἑστῶσα, -ώσης	ἑστός
				und -ώς, -ῶτος

Die häufigsten Komposita:

	transitiv	intransitiv
ἵστημι / ἱστάνω	stellen	treten
ἀνίστημι	aufstellen	aufstehen
ἀνθίσταμαι		sich entgegenstellen
ἀφίστημι	entfernen	sich entfernen
ἐξίστημι	verwirren	außer sich geraten
ἐφίσταμαι		herantreten
καθίστημι	hinstellen, einsetzen	
ἀποκαθίστημι	wiederherstellen	
μεθίστημι	umstellen, ändern	
παρίστημι / παριστάνω	darbringen, vorstellen	hinzutreten
προΐσταμαι		an die Spitze treten, sorgen für
συνίστημι	zusammenstellen, empfehlen	zusammentreten

φημί

Von φημί „sagen" haben sich in der K nur vier Formen erhalten: Die drei enklitischen Präsensformen φημί „ich sage", φησί(ν) „er sagt" und φασί(ν) „sie sagen" sowie das Imperfekt ἔφη „er sagte".

εἶμι

Von εἶμι „gehen" (nicht zu verwechseln mit dem enklitischen εἰμί „sein") haben sich in einigen Komposita nur folgende Formen erhalten: Im Präsens ἴασι(ν) „sie gehen", im Imperfekt ᾔει „er ging" und ᾔεσαν „sie gingen" sowie der Infinitiv Präsens ἰέναι und das Partizip Präsens ἰών, ἰόντος; ἰοῦσα, ἰούσης; ἰόν, ἰόντος.

ἐπίσταμαι

Das Deponens ἐπίσταμαι „wissen, verstehen", das nicht mit ἐφίσταμαι verwechselt werden darf, kommt im NT nur im Präsens vor. Seine Konjugation folgt der von δύναμαι.

ἀντί (m. Gen.)	anstatt, für	μικρός, -ά, -όν	klein
εἶμι	gehen	στήκω[116]	stehen
ἐπιγινώσκω	erkennen	ὑπάρχω	sein, existieren
ἐπίσταμαι	wissen, verstehen	τὰ ὑπάρχοντα	Vermögen
ἵστημι[115]	stellen	φημί	sagen

Bestimme:[117] δίδωσι, ἔθηκε, ἦφιε, προσετέθησαν, συνῆκαν, παραθῶμεν, ἀπέδοσθε, ἀφεθήσεται.

Übersetze: 1. καὶ εὐθὺς εἷς τις τῶν παρεστηκότων ἐπηρώτησεν αὐτὸν λέγων, Οὐχὶ καὶ σὺ ἀκολουθεῖς τούτῳ; 2. καὶ ἀναστὰς ἀνέβη εἰς τὸ ἱερόν, ἵνα ἐκεῖ παραστήσῃ θυσίαν τῷ Θεῷ. 3. πότε μέλλεις καθιστάνειν τὴν βασιλείαν τῷ Ἰσραηλ; 4. οὐ δυνάμεθα ἀντιστῆναι τῷ πονηρῷ, μὴ ὠφελοῦντος ἡμᾶς τοῦ Θεοῦ.

[115] Präsens und Imperfekt werden in der K bald durch eine regelmäßige Form ἱστάνω ersetzt.
[116] Wie es neben dem unregelmäßigen Perfekt von ἐγείρω (ἐγρήγορα) das Präsens γρηγορέω gibt, so gibt es neben ἕστηκα auch die Form στήκω.
[117] Zur Bestimmung eines Verbs gehören Person, Numerus, Modus, Tempus, Genus verbi, Bedeutung und, wenn es unregelmäßig ist, Stammformen; z.B. λύω 1. Sing. Ind. Präs. Akt. von λύω (lösen). Zur Bestimmung eines Substantivs oder Adjektivs gehören Kasus, Numerus, Nom. Sing., Gen. Sing., Genus und Bedeutung. Dies ist eine langwierige, aber den Kenntnisstand überprüfende und nützliche Übung.

5. οἱ δὲ γραμματεῖς πάντες ἐξίσταντο ἐπὶ τῇ σοφίᾳ αὐτοῦ. 6. σήμερον ἕστηκα ἔμπροσθεν τοῦ κριτοῦ ὥστε χαίρειν τοὺς ἐχθρούς μου. 7. ὁ δὲ Παῦλος κατέστησε πρεσβυτέρους ἐν ἑκάστῃ πόλει καὶ θεὶς τὰ γόνατα[118] παρέθετο αὐτοὺς τῷ Κυρίῳ. 8. καὶ μετὰ τὸ παθεῖν παρέστησεν ἑαυτὸν ζῶντα τοῖς μαθηταῖς. 9. ὁ δὲ ἠρνήσατο λέγων, Οὔτε οἶδα οὔτε ἐπίσταμαι, σὺ τί λέγεις. 10. καὶ ἔφη αὐτῷ, Ἀνάστηθι ἐπὶ τοὺς πόδας σου· ὁ δὲ ἐπιγνούς, ὅτι δύναται ἑστάναι καὶ περιπατεῖν, ἐχάρη καὶ εὐλόγησε τὸν Θεὸν τὸν ἐλεήσαντα αὐτόν. 11. οὐ δεῖ τοὺς μὲν ἄφρονας καθίστασθαι ἄρχοντας, τοὺς δὲ δικαίους, οἵτινες οἴδασι δικαίως πράσσειν. 12. λῃσταὶ δέ τινες εὐθὺς ἐπιστάντες διήρπασαν τὰ ὑπάρχοντα καὶ ἔλιπον αὐτὸν ἐν τῇ ἐρήμῳ, ἵνα φάγῃ τὰ θηρία αὐτόν. 13. καὶ γὰρ ἦλθεν ὁ υἱὸς τοῦ ἀνθρώπου δοῦναι τὴν ψυχὴν αὐτοῦ λύτρον[119] ἀντὶ πολλῶν. 14. καὶ γὰρ τοῦτο καλῶς ἐπίσταμαι, ὅτι ἀπεκατεστάθη ἡ χείρ μου ἡ ἐξηραμμένη.

Mark. 3,23–26; 9,1; 11,1–7; Luk. 8,55–56; 18,9–14; Joh. 1,35–37; 19,25–27; Apg. 8,34–38; 17,15; Römer 13,1–3; 1.Kor. 15,1

Übersetze: 1. Und er stand auf (Part.) und stellte das Schaf vor den (bloßer Dat.) Hirten. 2. Wir werden nicht vor ihn treten, wenn er im Ruhm seiner Engel kommt; denn wir haben (Perf.) ihn alle verraten. 3. Der Wächter stellte den Propheten in die (Dat.) Mitte der Soldaten und befahl den anderen, von ihm wegzutreten. 4. Viele Zeichen und Wunder wurden in jener Stadt getan, so daß die Menge außer sich geriet über die Macht der Apostel. 5. Der Engel, der vor Gott steht, erzählt ihm über die Menschen; er aber wird ihnen ihre Sünden vergeben. 6. Die Kinder standen (Plpf.) draußen, wobei sie sagten, daß sie hungrig und durstig seien.

36 δείκνυμι. πρίν, ὑπέρ

Es gibt eine kleine **Gruppe von Verben (Muster: δείκνυμι „zeigen"),** die im Präsens und Imperfekt z.T. dieselben Endungen wie die oben aufgeführten Verben auf -μι haben, aber:

(1) sonst werden sie, obwohl die Stammformen oft unregelmäßig sind, wie λύω konjugiert;

---

[118] Dieser Ausdruck („knien") ist nicht normal griechisch, erinnert aber an das Lateinische „genua ponere".
[119] λύτρον: als Lösegeld.

(2) sie haben keine Präsensreduplikation; stattdessen ist zwischen den Stamm und die Endungen die Präsenserweiterung -νυ- eingeschoben: δείκ-νυ-μι. (Bei ἀπόλ-λυ-μι ist dies -νυ- durch Assimilation zu -λυ- geworden; nach einem Vokal erscheint es als -ννυ-; ζώ-ννυ-μι).

(3) Alle anderen Tempora werden vom eigentlichen Stamm δείκ- gebildet: δείξω, ἔδειξα, δέδειχα, δέδειγμαι, ἐδείχθην.

Präsens und Imperfekt

Indikativ Aktiv: Die „regelmäßigen" Formen auf -ύω haben weitgehend die älteren Formen auf -μι verdrängt. Folgende Formen der μι-Konjugation aber kommen vor:

Präsens	1. Sing.	δείκνυμι
	3. Sing.	δείκνυσι(ν)
Imperativ	2. Pl.	δείκνυτε
Infinitiv		δεικνύναι
Partizip		δεικνύς, -ῦσα, -ύν; -ύντος

Indikativ Medium und Passiv: Formen auf -ύω kommen im NT nicht vor, aber die folgenden Formen der Konjugation auf -μι:

	Präsens	Imperfekt
1. Sg.	δείκνυμαι	
3. Sg.	δείκνυται	ἐδείκνυτο
1. Pl.	δεικνύμεθα	
3. Pl.	δείκνυνται	ἐδείκνυντο
Imperativ 2. Pl.	δείκνυσθε	
Infinitiv	δείκνυσθαι	
Partizip	δεικνύμενος, -η, -ον	

Die folgenden Verben dieser Gruppe finden sich im NT:
ἀμφιέννυμι[120] (nur ἀμφιέννυσι) anziehen, bekleiden
ἀπόλλυμι (-ύω) *   verderben, verlieren, zerstören
                                (Med.: umkommen)
δείκνυμι (-ύω)   zeigen
ζώννυμι (-ύω)   gürten
ὄμνυμι (-ύω) *   schwören, fluchen
σβέννυμι *   (aus)löschen

---

[120] Das Partizip Perfekt ist ἠμφιεσμένος.

πρίν oder πρὶν ἤ[121] ist eine temporale Konjunktion mit der Bedeutung „**bevor, eher, als**"; sie kann einen AcI oder einen Gliedsatz einleiten.

Wenn das Hauptverb bejahend ist, folgt πρίν ein AcI:

κατάβηθι πρὶν ἀποθανεῖν τὸ παιδίον μου.
Komm herab, bevor mein Kind stirbt. Joh. 4,49

Wenn das Hauptverb verneint ist, folgt πρίν ein Gliedsatz nach den Regeln für temporale Konjunktionen (vgl. Lektion 12).

ἄξιος, -α, -ον	wert, würdig	συλλαμβάνω	ergreifen, gefangen-
ἡ ἑορτή	Fest, Festtag		nehmen, ein Kind
ἐργάζομαι	arbeiten		empfangen
εὐχαριστέω	danken	ὑπέρ (m. Akk.)	über ... hinaus,
μισέω	hassen		jenseits;
ὅμοιος, -α, -ον	ähnlich, gleich	(m. Gen.)	im Interesse,
ἡ ὀργή	Zorn, Wut		zu Gunsten von

Bestimme: ἀναστάς, σβέννυνται, ἑστάναι, καθιστάνεις, δεῖξον, γνοῦσα, ἀπολωλός, δείκνυσι.

Übersetze: 1. *ἐζήτουν οἱ ἀρχιερεῖς καὶ οἱ γραμματεῖς, πῶς συλλαβόντες τὸν Ἰησοῦν ἀπολέσωσιν αὐτόν, ἀλλὰ μὴ ἐν τῇ ἑορτῇ.* 2. *αἱ λαμπάδες σβέννυνται, ὅτι οὐκ ἠγοράσαμεν ἔλαιον.* 3. *οἱ δὲ παρεστῶτες ἤρξαντο βλασφημεῖν καὶ ὀμνύναι λέγοντες ὅτι, Οὗτος βούλεται ἀπολέσαι τὸν λαὸν ἡμῶν.* 4. *ὁ δὲ ἄγγελος, ὃς καλεῖται Ἀβαδδὼν παρὰ τοῖς Ἰουδαίοις, ἐν τῇ Ἑλληνικῇ γλώσσῃ ὄνομα ἔχει Ἀπολλύων.* 5. *καὶ ὤμοσα ἐν τῇ ὀργῇ μου, ὅτι οὐ μὴ ἔλθωσιν εἰς ταύτην τὴν χώραν.* 6. *δεῖ οὖν ἕνα ἄνθρωπον μηδὲν πεπραχότα ἄξιον θανάτου ἀπολέσθαι ὑπὲρ πολλῶν, μὴ φοβούμενοι μισῶσιν ἡμᾶς οἱ Ῥωμαῖοι.* 7. *ὁ δὲ ἐργαζόμενος τὴν δικαιοσύνην οὗτος δείκνυσι τὰς ἐντολὰς τοῦ νόμου ἐπιγεγραμμένας ἐν τῇ καρδίᾳ αὐτοῦ.* 8. *καὶ εὐχαριστήσας ἐκέλευσε τοὺς ἄνδρας κατακεῖσθαι, ἵνα ἄρτον παραθῶσιν αὐτοῖς οἱ μαθηταί.* 9. *ὁμοία δ' ἐστὶν ἡ βασιλεία τῶν οὐρανῶν γυναικί, ἥτις ἀπώλεσεν ἀργύριόν τι καὶ εὑροῦσα τὸ ἀπολωλὸς ἐχάρη.* 10. *καὶ εἶπεν ὅτι, Οὐκ ἐάσει ἡμᾶς ὁ Κύριος πειρασθῆναι, ὑπὲρ ἃ δυνάμεθα· πρὶν γὰρ ἀπολέσαι τὸν διάβολον ἡμᾶς ἐλεύσεται εἰς τὸ σῶσαι.* 11. *οὕτως ἀμφιέννυσιν ὁ βασιλεὺς τοὺς παῖδας αὐτοῦ ὥστε ἐξίστασθαι τοὺς*

---

[121] ἤ wurde wegen des komparativen Sinnes des ursprünglichen Adverbs πρίν „früher als", d.h. „bevor", hinzugefügt.

ὄχλους ἰδόντας ταῦτα τὰ καλὰ ἱμάτια. 12. καὶ νῦν παρακαλῶ σε, δεῖξόν μοι τὰς χεῖρας καὶ τοὺς πόδας σου, ἵνα πιστεύω ἀναστῆναί σε ἐκ νεκρῶν μετὰ τὸ σταυρωθῆναι. 13. τοῦ δὲ Πέτρου ἐπιθέντος τὰς χεῖρας, καὶ τὰ μικρὰ τέκνα ἐπληρώθη Ἁγίου Πνεύματος. 14. μὴ ὀμόσῃς μηδέποτε.

Matth. 4,1–11; 25,7–8; Mark. 4,38–41; Joh. 10,9–10: 13,1–11; 14,29

Übersetze: 1. Bevor die Soldaten Jesus gefangennahmen, habt ihr geschworen, daß ihr ihn bestimmt nicht verleugnen würdet. 2. Wenn ihr diesem [Mann] folgt, wird er euch ein großes Haus zeigen, wo ihr euch für (εἰς) den Festtag vorbereiten müßt. 3. Der Apostel wird viele Zeichen und Wunder tun (ἐργάζεσθαι), indem er die wahre Macht Gottes zeigt. 4. Die verlorenen Schafe irren auf dem Berg umher, denn der schlechte Hirte ging weg, bevor er sie gefunden hatte. 5. Und du fluchtest in deinem Zorn und sagtest: „Alle, die die guten Werke hassen, werden umkommen." 6. Und er stand auf, gürtete sich und ging hinaus, um seinem Herrn zu begegnen.

37 Steigerung der Adjektive und Adverbien

Im NT sind Komparative nicht häufig und Superlative noch seltener. Außerdem sind die Bedeutungen nicht so klar definiert wie noch im KG oder im Deutschen; sie können also erst aus dem Zusammenhang sicher bestimmt werden. Folgende Bedeutungen kommen vor:

	Beispiel	eigentliche Bedeutung	mögliche weitere Bedeutungen
Positiv	νέος	jung	jünger, am jüngsten
Komparativ	νεώτερος	jünger	am jüngsten, sehr jung
Superlativ	νεώτατος	am jüngsten	sehr jung (sogenannter Elativ)

Steigerung des Adjektivs
Regelmäßig
Der **Komparativ** endet regelmäßig auf -τερος, -α, -ον und der **Superlativ** auf -τατος, -η, -ον. Je nach Deklination ergeben sich jedoch leicht verschiedene Anpassungen der Wortstämme an die Komparationsendungen:

Bei Adjektiven der o-/α-Deklination werden der Komparativ -τερος, -α, -ον und der Superlativ -τατος, -η, -ον an den Stammauslaut -o- des Maskulinums angehängt. Dieser Stammauslaut bleibt unverändert, wenn die vorausgehende Silbe lang ist (ἰσχυρότερος, ἰσχυρότατος), er wird gedehnt, wenn die vorausgehende Silbe kurz ist (σοφώτερος, σοφώτατος). Als Ausnahme bildet ὑψηλός neben dem Komparativ ὑψηλότερος den Superlativ ὕψιστος.
Bei Adjektiven der 3. Deklination werden die Komparationsendungen an den im Nominativ des Neutrums sichtbaren Stamm angehängt (ἄφρων – ἀφρονέστερος; ἀληθής – ἀληθέστερος; βαρύς – βαρύτερος).

Unregelmäßig

groß	μέγας	μείζων	μέγιστος
viel	πολύς	πλείων (πλέων)	πλεῖστος
gut	ἀγαθός	κρείσσων (κρείττων)[122]	κράτιστος[123]
schlecht,	κακός	ἐλάσσων (ἐλάττων)[122]	ἐλάχιστος
gering		ἥσσων (ἥττων)[122]	
		χείρων	

Die Komparative dieser Art werden wie ἄφρων, -ον dekliniert, lassen aber bisweilen im Nominativ und Akkusativ gewisse Kontraktionen zu:

Singular		Plural	
Mask. Fem.	Neutr.	Mask. Fem.	Neutr.
μείζων	μεῖζον	μείζονες, μείζους	μείζονα, μείζω
μείζονος	μείζονος	μειζόνων	μειζόνων
μείζονι	μείζονι	μείζοσι	μείζοσι
μείζονα, μείζω	μεῖζον	μείζονας, μείζους	μείζονα, μείζω

Es gibt **zwei mögliche Konstruktionen, um** nach einem Adjektiv im Komparativ „als", d.h. **den Vergleich auszudrücken**:
1. ἤ = als (vgl. lateinisch quam) vor einem Substantiv oder Pronomen, das im selben Kasus wie der vorhergehende Komparativ steht:
    μείζων δὲ ὁ προφητεύων ἢ ὁ λαλῶν γλώσσαις.
    Größer ist der, der prophezeit, als der, der mit Zungen spricht.
    1. Kor. 14,5

---

[122] Dieser Wechsel zwischen σσ und ττ ist keine Erscheinung der K, sondern des attischen Dialekts und wahrscheinlich zurückzuführen auf die Tendenz zum Attischen (Attizismus) im 2. Jahrhundert.
[123] Im NT kommt dies nur als Anrede vor, z.B. Luk. 1,3 κράτιστε Θεόφιλε.

2. Vor oder nach dem Komparativ steht ein Substantiv oder Pronomen im Genitiv (vgl. den lateinischen ablativus comparationis):

ἔρχεται ὁ ἰσχυρότερός μου ὀπίσω μου.
Der, der stärker ist als ich, kommt nach mir.   Mark. 1,7

Steigerung des Adverbs
Die meisten Adverbien enden auf -ως (ἀδίκως, vgl. Lektion 17, ἀφρόνως, vgl. Lektion 27), die übrigen sind oft zu Adverbien erstarrte Akkusative Neutrum (πάλιν, μόνον). Die meisten Adverbien sind von Adjektiven abgeleitet, doch gibt es auch welche, die kein entsprechendes Adjektiv haben.

Regelmäßig
Der **Komparativ** endet regelmäßig auf -τερον und der **Superlativ** auf -τατα; beide sind also Akkusativ-Neutrum-Formen der entsprechenden Adjektive und haben dieselben Anpassungen der Wortstämme an die Komparationsendungen:

ἰσχυρῶς	ἰσχυρότερον	ἰσχυρότατα
εὐσεβῶς	εὐσεβέστερον	εὐσεβέστατα

Gelegentlich wird -ως an den Komparativstamm angehängt:
περισσῶς   περισσοτέρως

Unregelmäßig

nahe	ἐγγύς	ἐγγύτερον	ἔγγιστα
gern	ἡδέως[124]		ἥδιστα
sehr	[μάλα]	μᾶλλον (mehr)	μάλιστα
viel	πολύ[125]	πλεῖον (πλέον)	
schnell	ταχύ (-έως)	τάχιον	τάχιστα
fern	πόρρω	πορρώτερον	
gut	εὖ	βέλτιον, κρεῖσσον	
	καλῶς	κάλλιον (Apg. 25,10)	

ἀκριβής, -ές	sorgfältig, gründlich		τὸ μέλος, -ους	Glied
			μωρός, -ά, -όν	töricht, dumm
βαρύς, -εῖα, -ύ	schwer, gewichtig		τὸ ξύλον	Holz, Baum
			ὀπίσω, ὄπισθεν	hinter, nach
εὔκοπος, -ον	leicht		(m. Gen.)	

[124] Von einem Adjektiv ἡδύς, -εῖα, -ύ „süß, angenehm", das im NT nicht vorkommt.
[125] Adverbiell gebrauchter Akk. Sing. Neutrum des Adjektivs.

περισσός, -ή, -όν	reichlich, überflüssig	τίμιος, -α, -ον	geschätzt, wertvoll
τέλειος, -α, -ον	vollendet, reif	ὑψηλός, -ή, -όν	hoch

Übersetze: 1. φρονιμώτεραι ὑπάρχουσιν αὗται αἱ παρθένοι ἐκείνων τῶν μωρῶν· ἔλαιον γὰρ ἔχουσιν ἐν ταῖς λαμπάσιν ὥστε δύνασθαι ταχέως ὑπαντῆσαι τῷ νυμφίῳ[126]. 2. ἁγιώτατος ἔστω ἐν πᾶσιν ὁ γάμος, ἵνα μηδεὶς ἀποστῇ τῆς ἰδίας γυναικὸς αὐτοῦ. 3. ἀκριβέστερον γέγραφεν οὗτος ὁ γραμματεὺς ἢ πάντες, οἵτινες ἐπείρασαν λόγον ποιήσασθαι περὶ τούτου τοῦ χρόνου. 4. ἐκεῖνοι οἱ ἄλλοι μάρτυρες ἠγάπησαν τὴν ἀλήθειαν μᾶλλον ἢ τὴν ζωήν. 5. ἐν δ' ἐκείνῳ τῷ ἱερῷ κεῖται σκεύη ἐκ ξύλου τιμιωτάτου. 6. καὶ ἐγένετο μετὰ τὸ ἐγγύτερον προσελθεῖν τοὺς παῖδας, ἠθέλησεν ὁ Ἰησοῦς ἐπιθεῖναι τὰς χεῖρας ταῖς κεφαλαῖς αὐτῶν, ἵνα εὐλογῇ αὐτούς. 7. ἀλλ' ὅστις ἂν θέλῃ τηρεῖν τὰς βαρυτέρας ἐντολὰς τοῦ νόμου, ὦ κράτιστε Θεόφιλε, οὗτος τηρήσει καὶ τὰς ἐλαχίστας. 8. ἔκραζον οὖν οἱ χείρονες πολῖται[127], καλλίον εἰδότες, ὅτι οὐχ ἥμαρτες, λέγοντες ὅτι, Δεῖ αὐτὸν τάχιστα σταυρωθῆναι. 9. ὁ δὲ Ὕψιστος ὁ ποιῶν καρπὸν τοῖς ἀνθρώποις δίδωσιν οὐχ ἧσσον τοῖς κακοῖς ἢ τοῖς ἀγαθοῖς. 10. περισσότερον οὖν γενήσεται οὐδὲν τῶν μελῶν ὑμῶν· ἐκ πάντων γὰρ καθέστηκε τὸ σῶμα. 11. τάχιον δὲ λαλήσω ὑμῖν, ἐὰν δύνωμαι· καὶ γὰρ πορρώτερον πορευόμενος, ᾗ ἤμελλον, ἐλπίζω ἔγγιστα ἐλθεῖν. 12. καὶ ἠρώτησε, Τί ἐστιν εὐκοπώτερον, ἀκολουθεῖν μοι αἴροντας τὸν σταυρὸν ὑμῶν ἢ πίνειν καὶ ἐσθίειν μετὰ τῶν ἐθνῶν ἥδιστα μένοντας; 13. καὶ μείζω τούτων ὄψονται οἱ ἄνθρωποι ἐν ταῖς ἐσχάταις ἡμέραις, ὅταν ἔλθῃ ὁ υἱὸς τοῦ ἀνθρώπου εὖ καὶ ἀκριβῶς κρῖναι τὸν κόσμον.

Matth. 5,17–20; 12,43–45; Mark. 2,6–12; 4,1; Luk. 7,28; Joh. 1,50–51; 5,9b–14; 13,12–17; Apg. 4,19–20; 1. Kor 1,25; 13,13; 15,9–10

Übersetze: 1. Die, die reifer sind, müssen den schwächeren Brüdern helfen. 2. Gott ist weiser als die Menschen, denn er weiß genau (= gut), warum sie weniger geschätzt sind als die Engel. 3. Dieser Vertrag ist jünger (= neuer) als jener, denn Gott will der Menschheit eine andere und bessere Hoffnung geben. 4. Diese Sünde wird schlechter genannt, weil alle wissen, daß die, die ihre Brüder hassen, der Vergebung nicht wert sind, die Gott

[126] ὁ νύμφιος: Bräutigam.
[127] ὁ πολίτης: Bürger.

durch seinen ‹eigenen› Sohn gibt. 5. Christus steht (= ist geworden) höher als die Engel, denn er hat größeren Ruhm und einen besseren Namen. 6. Was du ‹zu› reichlich (Komp.; Adv.) hast, [daran] sollst du den Armen Anteil geben, die weniger haben als du. 7. Die, die [das] meiste Geld bewahren, werden reich, aber die Gerechten werden im ‹König›reich des Himmels einen größeren Lohn erhalten.

38 Präpositionen

Im KG wurden die Bedeutungen von Präpositionen oft durch die Kasus festgelegt, bei denen sie standen, besonders dann, wenn eine Präposition mit zwei oder drei Kasus stehen konnte, aber **in der K geht diese Kasusunterscheidung weitgehend verloren**, und der Akkusativ greift auf die Funktionen der anderen Kasus über.

1. Präpositionen mit nur einem Kasus:

Akkusativ – Grundbedeutung „in Richtung auf" (wohin?).

ἀνά behält in Komposita oft die Grundbedeutung „auf", aber als Präposition kommt es im NT nur in dem Ausdruck ἀνὰ μέσον („in der Mitte, zwischen") und distributiv bei Zahlen vor:

τὸ ἀρνίον τὸ ἀνὰ μέσον τοῦ θρόνου ποιμανεῖ αὐτούς.
Das Lamm in der Mitte des Thrones wird sie führen. Off. 7,17

καὶ ἀπέστειλεν αὐτοὺς ἀνὰ δύο.
Er schickte sie, je zwei zusammen, aus. Luk. 10,1

εἰς = „in (hinein)", aber im NT ersetzt es häufig ἐν und hat dann lokativische Bedeutung = „in" (wo?).
καὶ εἰσπορεύονται εἰς Καφαρναουμ. Mark. 1,21
καὶ εἰς τὴν οἰκίαν πάλιν οἱ μαθηταὶ περὶ τούτου ἐπηρώτων αὐτόν. Mark. 10,10

Genitiv — Grundbedeutung „weg von, von ... her" (woher?).

ἀντί = „anstatt, um ... willen".
Merke: ἀνθ' ὧν = „weil".

ὁρᾶτε, μή τις κακὸν ἀντὶ κακοῦ τινι ἀποδῷ. 1. Thess. 5,15
καὶ ἰδοὺ ἔσῃ σιωπῶν καὶ μὴ δυνάμενος λαλῆσαι — ἀνθ' ὧν οὐκ ἐπίστευσας τοῖς λόγοις μου. Luk. 1,20

ἀπό = „von"; gewöhnlich von der Bewegung, es kann aber auch kausalen Sinn haben („vor, aus").

ἦλθεν Ἰησοῦς ἀπὸ τῆς Ναζαρεθ τῆς Γαλιλαίας. Mark. 1,9
καὶ ἀπὸ τῆς χαρᾶς αὐτοῦ ὑπάγει καὶ πωλεῖ, ὅσα ἔχει, καὶ ἀγοράζει τὸν ἀγρὸν ἐκεῖνον. Matth. 13,44

ἐκ, ἐξ = „aus ... (heraus)".

τὸ πνεῦμα τὸ ἀκάθαρτον φωνῆσαν φωνῇ μεγάλῃ ἐξῆλθεν ἐξ αὐτοῦ. Mark. 1,26

Merke: ἐκ δευτέρου = „zum zweiten Mal", ἐκ δεξιῶν = „auf der Rechten".

πρό = „vor"; gewöhnlich temporal, aber auch lokal.

πρὸ γὰρ τούτων τῶν ἡμερῶν ἀνέστη Θευδᾶς. Apg. 5,36
φύλακες πρὸ τῆς θύρας ἐτήρουν τὴν φυλακήν. Apg. 12,6

Dativ — Grundbedeutung: soziativ, lokativ und instrumental.

ἐν = „in, an, auf" wird lokal und temporal verwendet, manchmal instrumental („durch, mit"), was allgemein als Semitismus erklärt wird, aber auch im KG vorkommt.

ἦν δέ τις μαθητὴς ἐν Δαμασκῷ ὀνόματι Ἀνανίας. Apg. 9,10
δύο ἐξ αὐτῶν ἐν αὐτῇ τῇ ἡμέρᾳ ἦσαν πορευόμενοι εἰς κώμην. Luk. 24,13
ἐν τῷ ἄρχοντι τῶν δαιμονίων ἐκβάλλει τὰ δαιμόνια. Matth. 9,34

σύν = „mit (zusammen)".
καὶ σὺν αὐτῷ σταυροῦσιν δύο λῃστάς. Mark. 15,27

2. Präpositionen mit zwei Kasus:

διά (m. Akk.) = „wegen".
    καὶ ἔσεσθε μισούμενοι ὑπὸ πάντων τῶν ἐθνῶν διὰ τὸ ὄνομά μου. Matth. 24,9

(m. Gen.) = „durch" (instrumental, lokal und temporal).
    ὁ δὲ Ἰωάννης — πέμψας διὰ τῶν μαθητῶν αὐτοῦ εἶπεν αὐτῷ. Matth. 11,2
    ἔδει δὲ αὐτὸν διέρχεσθαι διὰ τῆς Σαμαρίας. Joh. 4,4
    διὰ δεκατεσσάρων ἐτῶν πάλιν ἀνέβην εἰς Ἱεροσόλυμα. Gal. 2,1

Merke: διὰ παντός = „immerfort"

κατά (m. Akk.) = „gemäß, während, in, bei" (lokal und temporal); auch distributiv bei Zahlen oder Zeitangaben.
    ἐγήγερται τῇ ἡμέρᾳ τῇ τρίτῃ κατὰ τὰς γραφάς. 1. Kor. 15,4
    καὶ ἀπῆλθεν καθ' ὅλην τὴν πόλιν κηρύσσων, ὅσα ἐποίησεν αὐτῷ ὁ Ἰησοῦς. Luk. 8,39
    κατὰ τὸν καιρὸν τοῦτον ἐλεύσομαι. Röm. 9,9
    καὶ ἐπορεύοντο οἱ γονεῖς αὐτοῦ κατ' ἔτος εἰς Ιερουσαλημ. Luk. 2,41

Merke: κατ' ἰδίαν = „allein", κατὰ μόνας = „allein", κατ' ὄναρ = „im Traum", καθ' ἡμέραν = „täglich", καθ' ὅσον = „soweit", κατὰ πεντήκοντα = „je fünfzig".

(m. Gen) = „gegen, überall in" (lokativ), „bei" (Sache, bei der jemand schwört), „ von ... herab" (nur einmal im NT, aber häufig in Komposita).
    ἀφίετε, εἴ τι ἔχετε κατά τινος. Mark. 11,25
    γνωστὸν δὲ ἐγένετο καθ' ὅλης τῆς Ἰόππης. Apg. 9,42
    ἄνθρωποι γὰρ κατὰ τοῦ μείζονος ὀμνύουσιν. Hebr. 6,16
    καὶ ὥρμησεν ἡ ἀγέλη κατὰ τοῦ κρημνοῦ.
    Und die Herde lief vom Steilufer herab. Mark. 5,13

μετά (m. Akk.) = „nach" (sowohl lokal als auch temporal, häufiger jedoch das letztere).
>   μετὰ ταῦτα ἦν ἑορτὴ τῶν Ἰουδαίων. Joh. 5,1
>   ἔρχεται μετ' ἐμέ, οὗ οὐκ εἰμὶ ἄξιος τὸ ὑπόδημα (Schuh) τῶν ποδῶν λῦσαι. Apg. 13,25

(m. Gen.) = „mit (zusammen)".
>   τέκνον, σὺ πάντοτε μετ' ἐμοῦ εἶ. Luk. 15,31

περί (m. Akk.) = „um ... herum" (lokal), „ungefähr".
>   καὶ ἐκάθητο περὶ αὐτὸν ὄχλος. Mark. 3,32
>   καὶ ἐξελθὼν περὶ τρίτην ὥραν εἶδεν ἄλλους ἑστῶτας. Matth. 20,3

(m. Gen) = „in bezug auf".
>   τοῖς ἀγγέλοις αὐτοῦ ἐντελεῖται περὶ σοῦ. Matth. 4,6

ὑπέρ (m. Akk.) = „über, jenseits".
>   οὐκ ἔστιν μαθητὴς ὑπὲρ τὸν διδάσκαλον οὐδὲ δοῦλος ὑπὲρ τὸν κύριον αὐτοῦ. Matth. 10,24

(m. Gen) = „zu Gunsten, im Interesse von"
>   καὶ ὑπὲρ αὐτῶν ἁγιάζω ἐμαυτόν. Joh. 17,19

ὑπό (m. Akk.) = „unter".
>   οὐ γάρ ἐστε ὑπὸ νόμον, ἀλλὰ ὑπὸ χάριν. Röm. 6,14

(m. Gen.) = „von, durch" (vom Handelnden).
>   ἐγὼ χρείαν ἔχω ὑπὸ σοῦ βαπτισθῆναι. Matth. 3,14

3. Präpositionen mit drei Kasus:

ἐπί (m. Akk.) = „auf" (wohin? wo?), „über" (Befugnis, Zeitspanne), „gegen".
>   ἀλλὰ ἐλθὼν ἐπίθες τὴν χεῖρά σου ἐπ' αὐτήν, καὶ ζήσεται. Matth. 9,18
>   καθήσεσθε καὶ αὐτοὶ ἐπὶ δώδεκα θρόνους. Matth. 19,28

συνκαλεσάμενος δὲ τοὺς δώδεκα ἔδωκεν αὐτοῖς δύναμιν καὶ ἐξουσίαν ἐπὶ πάντα τὰ δαιμόνια. Luk. 9,1

καὶ ἐπαναστήσονται τέκνα ἐπὶ γονεῖς. Matth. 10,21

τοῦτο δὲ ἐποίει ἐπὶ πολλὰς ἡμέρας. Apg. 16,18

καὶ πῶς γέγραπται ἐπὶ τὸν Υἱὸν τοῦ ἀνθρώπου. Mark. 9,12

Merke: ἐφ' ὅσον = „soweit"; ἐπὶ τὸ αὐτό = „zusammen".

(m. Gen.) = „auf, zur Zeit von, in Gegenwart von, vor".

καὶ ὄψονται τὸν Υἱὸν τοῦ ἀνθρώπου ἐρχόμενον ἐπὶ τῶν νεφελῶν τοῦ οὐρανοῦ μετὰ δυνάμεως καὶ δόξης πολλῆς. Matth. 24,30

εἶπεν, Θέλεις εἰς Ἱεροσόλυμα ἀναβὰς ἐκεῖ περὶ τούτων κριθῆναι ἐπ' ἐμοῦ; Apg. 25,9

καὶ πολλοὶ λεπροὶ ἦσαν ἐν τῷ Ισραηλ ἐπὶ Ἐλισαίου τοῦ προφήτου. Luk. 4,27

Merke: ἐπ' ἀληθείας = „in Wahrheit, wahrlich".

(m. Dat.) = „auf, an", „über" (Befugnis, Grund), „aufgrund von".

ὅταν ἴδητε ταῦτα γινόμενα, γινώσκετε, ὅτι ἐγγύς ἐστιν ἐπὶ θύραις. Mark. 13,29

ἀληθῶς λέγω ὑμῖν, ὅτι ἐπὶ πᾶσιν τοῖς ὑπάρχουσιν αὐτοῦ καταστήσει αὐτόν. Luk. 12,44

λέγω ὑμῖν, ὅτι χαίρει ἐπ' αὐτῷ μᾶλλον ἢ ἐπὶ τοῖς ἐνενήκοντα ἐννέα (99) τοῖς μὴ πεπλανημένοις. Matth. 18,13

γέγραπται, Οὐκ ἐπ' ἄρτῳ μόνῳ ζήσεται ὁ ἄνθρωπος. Matth. 4,4

πατὴρ ἐφ' υἱῷ καὶ υἱὸς ἐπὶ πατρί. Luk. 12,53

παρά (m. Akk.) = „zu, gegen, entlang an, im Vergleich zu".

παρὰ τὴν διδαχήν, ἣν ὑμεῖς ἐμάθετε. Röm. 16,17

περιπατῶν δὲ παρὰ τὴν θάλασσαν τῆς Γαλιλαίας εἶδεν δύο ἀδελφούς. Matth. 4,18

εὗρον καθήμενον τὸν ἄνθρωπον — παρὰ τοὺς πόδας τοῦ Ἰησοῦ. Luk. 8,35

πλείονα θυσίαν Αβελ παρὰ Καιν προσήνεγκεν. Hebr. 11,4

(m. Gen.) = „von" (Personen).

ᾐτήσατο παρ' αὐτοῦ ἐπιστολὰς εἰς Δαμασκόν. Apg. 9,2

(m. Dat.) = „neben, bei".

εἰστήκεισαν δὲ παρὰ τῷ σταυρῷ τοῦ Ἰησοῦ ἡ μήτηρ αὐτοῦ καὶ ἡ ἀδελφὴ τῆς μητρὸς αὐτοῦ. Joh. 19,25

καὶ εἰσελθόντες εἰς τὸν οἶκον Φιλίππου τοῦ εὐαγγελιστοῦ ὄντος ἐκ τῶν ἑπτὰ ἐμείναμεν παρ' αὐτῷ. Apg. 21,8

μὴ γίνεσθε φρόνιμοι παρ' ἑαυτοῖς. Röm. 12,16

πρός (m. Akk.) = „nach, zu, bei".

ὕστερον δὲ ἀπέστειλεν πρὸς αὐτοὺς τὸν υἱὸν αὐτοῦ. Matth. 21,37

καὶ ἀπεστάλην λαλῆσαι πρὸς σὲ καὶ εὐαγγελίσασθαί σοι ταῦτα. Luk. 1,19

Κύριε, πρὸς ἡμᾶς τὴν παραβολὴν ταύτην λέγεις ἢ καὶ πρὸς πάντας; Luk. 12,42

πρὸς σὲ ποιῶ τὸ πάσχα μετὰ τῶν μαθητῶν μου. Matth. 26,18

καὶ πᾶς ὁ ὄχλος πρὸς τὴν θάλασσαν ἐπὶ τῆς γῆς ἦσαν. Mark. 4,1

Merke: πρὸς καιρόν = „eine Zeitlang"

(m. Gen.) (nur einmal im NT) = „im Interesse von".

τοῦτο γὰρ πρὸς τῆς ὑμετέρας σωτηρίας ὑπάρχει.
Denn dies ist für eure Rettung. Apg. 27,34

(m. Dat.) = „neben" (selten).

ὁ δὲ Πέτρος εἱστήκει πρὸς τῇ θύρᾳ ἔξω. Joh. 18,16

Übersetze: 1. *μετὰ δὲ τὴν ἑορτὴν ἔστησαν περὶ τὴν πρώτην ὥραν ἐπὶ τοῦ ἡγεμόνος.* 2. *ἤμην δὲ καθεύδων πρὸς τὴν θάλασσαν καὶ κατ' ὄναρ ἐδόκουν ἰδεῖν περιπατοῦντά τινα ἐπὶ τοῦ ὕδατος.* 3. *οὐδὲν εἰρήκασιν οὗτοι κατὰ τοῦ ναοῦ*[128]*οὐδὲ παρὰ νόμον πείθουσιν ἡμᾶς μὴ δέχεσθαι τὰς ἐντολὰς τὰς παραδεδομένας παρὰ τῶν πατέρων.* 4. *καὶ εἶπεν ὅτι, Διὰ τὴν δικαιοσύνην ὑμῶν σωθήσεσθε καὶ παρὰ τοῦ Θεοῦ λήμψεσθε δύναμιν ὥστε ἀποκρίνεσθαι πρὸς τοὺς κριτάς.* 5. *καὶ διὰ παντὸς ἑστὼς ἔσται ἐπὶ τοῦ οἴκου μου, ἵνα*

---

[128] ὁ ναός: Tempel.

ἀκριβέστερον διδῷ λόγον περὶ τῶν ὑπαρχόντων μου τοῖς τελώναις. 6. καὶ ἅπαντες οἱ παρεστῶτες ἐξίσταντο ἐπὶ ταύτῃ τῇ καινῇ διδαχῇ. 7. ἐπεὶ δὲ εἶδόν σε ὑπὸ τὸ δένδρον, ἔγνων σε, ὅτι ἀνήρ εἶ κατὰ τὴν καρδίαν μου. 8. καὶ νῦν ἀντὶ τῶν παλαιῶν ἐπαγγελιῶν εἰλήφατε καινὴν χάριν. 9. αὕτη οὖν ἡ παρθένος, ἣ εὗρε χάριν παρὰ τῷ Κυρίῳ, ἔτεκεν υἱὸν κατὰ καιρόν. 10. ἐπὶ δὲ τούτου τοῦ προφήτου ἀπέθανον πολλοὶ ὑπὲρ τῆς πατρίδος ἀνθιστάμενοι τοῖς ἐχθροῖς. 11. πολλὰ πεπόνθατε, ἀλλ' οὐ πειράσει ὑμᾶς ὁ Κύριος, ὑπὲρ ὃ δύνασθε. 12. λέγω δὲ ὑμῖν, ὅτι δώσω ἀνὰ πέντε δηνάρια, ἐὰν ἔλθητε εἰς τὸν ἀμπελῶνα καὶ ἐργάζησθε σὺν τοῖς λοιποῖς τοῖς ἤδη ἀπεσταλμένοις.

Matth. 20,8–12; 27,19; Mark. 10,44–45; Römer 8,5–11; Hebr. 2,10

39 Komposita

In der K wird beim Gebrauch der Komposita der Sinn einer Präposition oft beibehalten und ist leicht zu erkennen, besonders bei Verben der Bewegung (z.B. ἀνά, ἀπό, διά), aber manche Komposita, bei denen die Präposition den Sinn verstärkt, haben entweder das ursprüngliche Verb verdrängt (ἀποκτείνω, ἀπόλλυμι) oder unterscheiden sich in der Bedeutung kaum davon (ἀναγγέλω, ἀπαγγέλω).[129] Manchmal läßt das präpositionale Präfix zwei Bedeutungen zu, so daß eine Mehrdeutigkeit entsteht, oder nimmt eine andere Bedeutung als die der Präposition selbst an.

Die wichtigsten Präfixe:
ἀμφι-   herum-
ἀνα-   1. hinauf- 2. zurück-, wieder-
ἀντι-   1. wider- 2. wieder- (ἀντικαλέω)
ἀπο-   1. weg-, ab- 2. zurück- 3. völlig
δια-   1. durch- (örtl. und zeitl.) 2. auseinander- 3. durch und durch
εἰσ-   hinein-
ἐκ-/ἐξ-   1. heraus-, aus- 2. völlig

[129] Endet eine Präposition auf einen Vokal, so fällt dieser vor einem Vokal aus (außer bei περί); ist dieser Vokal aspiriert, wird auch die Präposition aspiriert – ἀπάγω, ἀφαιρέω. Im KG wurde gewöhnlich assimiliert: Das ν von ἐν und σύν wurde vor einem Labial zu μ (ἐμβαίνω, συμβαίνω), vor einem Guttural zu γ (ἐγκαλέω); σύν wurde vor λ oft zu συλ (συλλαμβάνω); vor dem Augment entstand jedoch die ursprüngliche Form wieder (ἐνέβην, συνέλαβον usw.). In der K ist die Präposition häufiger unverändert, aber die Ausgaben können sich in der Schreibweise unterscheiden.

ἐν-	1. hinein-, darin 2. feindl. Einstellung (ἐγκαλέω)
ἐπι-	darauf-, hinzu-
κατα-	1. herab-, nieder- 2. völlig 3. zurück 4. gegen-, ver- (καταλαλέω)
μετα-	1. teil- 2. an eine andere Stelle, um-
παρα-	1. hinzu- 2. vorüber-, entlang- 3. wider (παράδοξος)
περι-	1. herum- 2. über- (hinweg) 3. im Übermaß 4. völlig
προ-	voraus-, vorwärts- (örtl. und zeitl.)
προσ-	1. an-, hinzu- 2. dabei-
συν-	1. mit-, zusammen- 2. völlig
ὑπερ-	über-, über – hinaus
ὑπο-	1. unter- 2. zurück- 3. heimlich (ὑποκριτής Heuchler)
ἀ-	un-, ent-
δυσ-	miss-
εὐ-	gut

αἱρέω	nehmen (starker Aorist εἷλον, Inf. ἑλεῖν)	ἐπικαλέω	einen Beinamen geben
		ἐπικαλέομαι (M)	aufrufen
ἀναιρέω	aufnehmen (nur in Apg. 7,21), zerstören, töten	καταλύω	1. zerstören, 2. einkehren
		μεταβαίνω	weggehen
ἀφαιρέω	wegnehmen	μεταμορφόω	verändern
καθαιρέω	herabnehmen, zerstören	παραβαίνω	übertreten
		παραιτέομαι (M)	sich ausbitten, sich verbitten
ἀναβλέπω	1. aufblicken, 2. wiedersehen, erblicken	παρακούω (m. Gen.)	überhören, nicht beachten
ἀναζάω	wiederaufleben	προσδέχομαι (M)	annehmen, aufnehmen, erwarten
ἀναχωρέω	weggehen, zurückkehren		
τρέπω *[130]	wenden	συμβαίνω	geschehen
ἐντρέπω	beschämen	ὑπομένω	ertragen, aushalten
ἐντρέπομαι (P)	ehren		
ἐπιτρέπω	erlauben	τὸ παράπτωμα	Fehltritt
ἐγκαλέω (m. D.)	anklagen		

---

[130] Wenn einfache Verben nicht veraltet waren, aber im NT nicht vorkommen, ist die einfache Form und nicht das Kompositum in der Liste der unregelmäßigen Verben und Stammformen angegeben auf S. 157.

Übersetze: περὶ τὸν θρόνον. κατὰ τοῦ ὄρους. μετὰ τοῦ ἀγγέλου. διὰ τῆς γῆς. ἔζη ἐπὶ τοῦ Ἡρῴδου. καταλύει παρὰ τῷ Πέτρῳ. σοφώτερός ἐστι παρὰ τοὺς ἀδελφοὺς αὐτοῦ. ἐπὶ ξύλου ἐσταυρώθη. ἐξεπλήσσοντο ἐπὶ τῇ διδαχῇ αὐτοῦ. 1. ὁ δὲ τυφλὸς ἀναβλέψας ἤγγειλε κατὰ τὴν πόλιν, ὅσα πεποίηκε(ν) αὐτῷ ὁ Ἰησοῦς. 2. ἀλλ' ὅστις ἂν μὴ ἐντρέπηται τοὺς φίλους, οὗτος μέλλει παρακούειν καὶ σοῦ. 3. καὶ ἐπέτρεψε τοῖς δαιμονίοις εἰσελθεῖν εἰς τοὺς χοίρους[131]. 4. οἱ δὲ ἀφέντες τὰ δίκτυα εἰς τὸ πλοῖον ἠκολούθησαν τῷ Ἰησοῦ. 5. δεῖ γὰρ τοὺς προσδεχομένους τὴν βασιλείαν τῶν οὐρανῶν ὑπομένειν πάντα τὰ συμβαίνοντα διὰ τὴν πίστιν. 6. οἱ δὲ ὑπηρέται παρέθηκαν τοῖς συνανακειμένοις τῷ ἡγεμόνι καλὸν οἶνον, τοῖς δὲ ἄλλοις οἶνον ἐλάσσω. 7. καὶ ἀνεχώρησαν εἰς τὴν ἰδίαν πατρίδα αὐτῶν μὴ ἀποκαλύψαντες τοῦτο τῷ βασιλεῖ. 8. καὶ καθελὼν τὸ σῶμα κατέθηκεν αὐτὸ ἐν καινῷ μνημείῳ. 9. οἱ δὲ κεκλημένοι[132] εἰς τὸν γάμον πάντες ἤρξαντο παραιτεῖσθαι. 10. μεταβὰς δὲ ἀπὸ τῆς κώμης ἀνῃρέθη ὑπὸ τῶν ἤδη βουλομένων καταλῦσαι τὴν ἐξουσίαν αὐτοῦ. 11. καὶ ἐν τῷ ἀναγινώσκειν τὸν εὐνοῦχον τὸ βιβλίον ἰδοὺ εὐθὺς ἐπῆλθεν αὐτῷ ὁ Φίλιππος. 12. ἀλλ' ἐπεὶ ἀνέζησεν ὁ νεκρός, ἅπαντες οἱ παρεστῶτες, εἰδότες, ὅτι ἀνέστησεν αὐτὸν ἀληθῶς ὁ Ἰησοῦς, συνεχάρησαν τῇ μητρὶ καὶ ἐπῆραν τὴν φωνὴν αὐτῶν εὐχαριστοῦντες τῷ Θεῷ.

Matth. 5,38–39b; 17,1–3; Luk. 9,10–12; 15,1–7; Apg. 1,23–26; 2,21; 23,27–29; Jakob. 4,11

40 Präpositionale Adverbien. Einige Kasusfunktionen

Präpositionen, die keine Komposita bilden:
ἕνεκα (ἕνεκεν, εἵνεκεν) (m. Gen.) = „wegen, um ... willen"
    μακάριοι οἱ δεδιωγμένοι ἕνεκεν δικαιοσύνης. Matth. 5,10

ἕως, μέχρι(ς), ἄχρι(ς) (m. Gen.) = „bis"
    καὶ σύ, Καφαρναουμ, μὴ ἕως οὐρανοῦ ὑψωθήσῃ;
    Matth. 11,23

---

[131] ὁ χοῖρος: Schwein.
[132] κλη- → καλέω

Präpositionale Adverbien
Einige Adverbien werden im NT auch als Präpositionen verwendet. Die häufigsten, die unten angegeben sind, stehen alle mit dem Genitiv:

ἀπέναντι, κατέναντι „gegenüber"
ὑπάγετε εἰς τὴν κώμην τὴν κατέναντι ὑμῶν. Mark. 11,2

ἐγγύς „nahe bei"
ἐγγὺς τοῦ τόπου, ὅπου ἔφαγον τὸν ἄρτον. Joh. 6,23

ἐκτός, ἔξω, ἔξωθεν[133] „außer, außerhalb"
καὶ ἐξέβαλον αὐτὸν ἔξω τοῦ ἀμπελῶνος. Mark. 12,8

ἔμπροσθεν „vor" (lokal und temporal)
καὶ συναχθήσονται ἔμπροσθεν αὐτοῦ πάντα τὰ ἔθνη. Matth. 25,32

ἐντός, ἔσω, ἔσωθεν „in"
ἡ βασιλεία τοῦ Θεοῦ ἐντὸς ὑμῶν ἐστιν. Luk. 17,21

ἐνώπιον „vor, in Gegenwart von"
ὁ δὲ ἀρνησάμενός με ἐνώπιον τῶν ἀνθρώπων ἀπαρνηθήσεται ἐνώπιον τῶν ἀγγέλων τοῦ Θεοῦ. Luk. 12,9

ἐπάνω „oberhalb, über" (fast immer Präposition, aber ἄνω „oben, wieder", ἄνωθεν „von oben, von Anfang an" sind immer adverbiell)
ἴσθι ἐξουσίαν ἔχων ἐπάνω δέκα πόλεων. Luk. 19,17

μεταξύ „zwischen"
ἦν ὁ Πέτρος κοιμώμενος μεταξὺ δύο στρατιωτῶν. Apg. 12,6

ὄπισθεν, ὀπίσω „hinter, nach"
ὁ ὀπίσω μου ἐρχόμενος ἔμπροσθέν μου γέγονεν. Joh. 1,15

πέραν „jenseits, über ... (hinweg)" (dies Adverb wird oft substantiviert in der Bedeutung „die andere Seite")
ὁ ὄχλος ὁ ἑστηκὼς πέραν τῆς θαλάσσης. Joh. 6,22

---

[133] Das Suffix -θεν hat genaugenommen die Bedeutung „von ... her". ἔσωθεν und ἔξωθεν behalten diese Bedeutung manchmal bei, können aber auch rein lokativ sein, je nach dem Kontext.

πλήν „außer" (als Adverb „aber, jedoch")
εἷς ἐστιν καὶ οὐκ ἔστιν ἄλλος πλὴν αὐτοῦ. Mark. 12,32

πλησίον „nahe bei" (dies Adverb wird oft substantiviert in der Bedeutung „die Person daneben", d.h. „jemandes Nachbar", „jemandes Nächster")
τίς τούτων τῶν τριῶν πλησίον δοκεῖ σοι γεγονέναι τοῦ ἐμπεσόντος εἰς τοὺς λῃστάς; Luk. 10,36

ὑποκάτω „unter" (nur Präposition, aber κάτω „unten" ist nur Adverb)
κάθου ἐκ δεξιῶν μου, ἕως ἂν θῶ τοὺς ἐχθρούς σου ὑποκάτω τῶν ποδῶν σου. Matth. 22,44

χάριν „um ... willen" (Akk. Sing. von χάρις), „wegen"
οὗ χάριν λέγω σοι, ἀφέωνται αἱ ἁμαρτίαι αὐτῆς αἱ πολλαί. Luk. 7,47

χωρίς „fern von, ohne"
πῶς δὲ ἀκούσωσιν χωρὶς κηρύσσοντος; Röm. 10,14

Einige Kasusfunktionen
Die folgende Übersicht wurde zusammengestellt, um einige Kasusfunktionen zu zeigen, die Schwierigkeiten bei der Übersetzung mit sich bringen könnten, weil sie nicht ohne weiteres aus der Grundfunktion des Kasus heraus zu verstehen sind.

Nominativ
Dieser steht manchmal mit dem Artikel an Stelle des Vokativs.
Ἡ παῖς, ἔγειρε. Luk. 8,54

Akkusativ
1. Hinsicht, Bezugspunkt – wesentlich seltener als im KG.
ἀνέπεσαν οὖν οἱ ἄνδρες τὸν ἀριθμὸν ὡς πεντακισχίλιοι (5.000). Joh. 6,10

Merke: Paulus benutzt manchmal ein „überflüssiges" τό mit einem präpositionalen Ausdruck:
καὶ ἐξ ὧν ὁ Χριστὸς τὸ κατὰ σάρκα ...
und von welchen Christus ‹abstammt› „in Hinsicht auf das, was dem Fleisch entspricht", d.h. „dem Fleisch nach". Röm. 9,5

Den adverbiellen Akk. Neutrum mancher Adjektive haben wir schon kennengelernt: πολύ, πολλά, ταχύ. Merke auch: δωρεάν (Akk. von δωρεά Geschenk) „umsonst, ohne Grund" und μακράν „weit weg", die zu Adverbien geworden sind.

2. Ausdehnung, sowohl temporal als auch lokal
καὶ ἰδοὺ ἐγὼ μεθ' ὑμῶν εἰμι πάσας τὰς ἡμέρας ἕως τῆς συντελείας τοῦ αἰῶνος. Matth. 28,20
τὸ δὲ πλοῖον ἤδη σταδίους (ca. 185 m) πολλοὺς ἀπὸ τῆς γῆς ἀπεῖχεν. Matth. 14,24

3. Zeitpunkt
ἐχθὲς ὥραν ἑβδόμην ἀφῆκεν αὐτὸν ὁ πυρετός.
Gestern zur siebenten Stunde verließ das Fieber ihn. Joh. 4,52

Genitiv
1. Possessivus – oft müssen Wörter wie „Sohn, Mutter, Frau" aus dem Kontext ergänzt werden.
προβὰς ὀλίγον εἶδεν Ἰάκωβον τὸν τοῦ Ζεβεδαίου. Mark. 1,19

2. Separativus, steht manchmal als bloßer Genitiv bei Verben, häufiger aber durch ἀπό oder ἐκ verstärkt.
ἣ οὐκ ἀφίστατο τοῦ ἱεροῦ. Luk. 2,37

3. Zeit (während)
καὶ διὰ παντὸς νυκτὸς καὶ ἡμέρας — ἦν κράζων. Mark. 5,5

4. Preis
ἀπεκρίθη δὲ πρὸς αὐτὴν Πέτρος, Εἰπέ μοι, εἰ τοσούτου τὸ χωρίον ἀπέδοσθε; (für soviel = so teuer) Apg. 5,8

5. Vergleich (als)
κρείττων γενόμενος τῶν ἀγγέλων Hebr. 1,4

6. Qualitatis (vom Alter)
ἦν γὰρ ἐτῶν δώδεκα. Mark. 5,42

7. Subjectivus (wenn der Genitiv als logisches Subjekt zu einem Verbalsubstantiv steht)
ἡ γὰρ ἀγάπη τοῦ Χριστοῦ συνέχει ἡμᾶς.
denn die Liebe Christi drängt uns. 2. Kor. 5,14

8. Obiectivus (wenn der Genitiv als logisches Objekt zu einem Verbalsubstantiv steht)
τὰς ψυχὰς ὑμῶν ἡγνικότες ἐν τῇ ὑπακοῇ τῆς ἀληθείας
eure Seelen gereinigt habend im Gehorsam ‹gegenüber› der Wahrheit 1. Petr. 1,22

Dativ

1. Possessiv (mit εἰμί und Verben ähnlicher Bedeutung)
εἰσὶν ἡμῖν ἄνδρες τέσσαρες. Apg. 21,23

2. Instrumental (häufiger mit ἐν, vgl. S. 39, 125)
χάριτί ἐστε σεσωσμένοι. Eph. 2,5

3. Kausal
ἵνα τῷ σταυρῷ τοῦ Χριστοῦ μὴ διώκωνται Gal. 6,12

4. Hinsicht
Ιωσηφ δὲ ὁ ἐπικληθεὶς Βαρναβᾶς — Κύπριος τῷ γένει
Apg. 4,36

5. Mensurae (= Umfang des Unterschieds bei einem Vergleich)
αὐτὸς δὲ πολλῷ μᾶλλον ἔκραζεν. Luk. 18,39

6. Zeitpunkt (oft mit ἐν)
σὺ σήμερον ταύτῃ τῇ νυκτὶ πρὶν ἢ δὶς ἀλέκτορα φωνῆσαι τρίς με ἀπαρνήσῃ. Mark. 14,30

7. Ausdehnung in der Zeit (innerhalb von)
ὡς ἔτεσιν τετρακοσίοις καὶ πεντήκοντα (450) Apg. 13,20

ἀπέχω (m. Gen.)	entfernt sein von	τὸ ὅριον	Grenze (Pl.: Gebiet)
ἀπέχομαι (M) (m.Gen.)	sich enthalten, meiden	παραγίνομαι	ankommen, zu Hilfe kommen
διαλέγομαι (M, P) (m. Dat.)	sich unterhalten mit jd.	ἡ τράπεζα τρέχω *	Tisch, Bank laufen

Übersetze: 1. τὸ θυγάτριον[134] μου ἦν δέκα ἐτῶν καὶ τοσούτῳ σοφωτέρα πασῶν τῶν φίλων ὥστε τούτου χάριν πολλοὺς θέλειν διαλέγεσθαι αὐτῇ. 2. καὶ ἔφη, ὅτι νυκτὸς ἔκλεψαν τὸ ἀργύριόν σου καὶ καταθέντες εἰς πλοιάριον[134] ἀπήνεγκαν πέραν τῆς θαλάσσης ἔξω τῶν ὁρίων ἡμῶν. 3. καὶ πέντε ἡμέρας νηστεύσαντες ἑστῶτες ἦμεν ἔμπροσθεν τοῦ ἱερέως καὶ ἀπηγγείλαμεν αὐτῷ, ὅτι χωρὶς ἁμαρτίας τετελέκαμεν πάντα, ἃ προσέταξεν ἡμῖν. 4. ἀλλ' ὑποκάτω τῆς τραπέζης ἐσθίει πολλὴν σάρκα δύο κυνάρια[134], ἃ ὑπάρχει τῷ οἰκοδεσπότῃ. 5. καὶ ὅτε τρέχοντες ὄπισθεν τῶν στρατιωτῶν παρεγένοντο ἐγγὺς τῆς πόλεως, ἡδέως ἀνέπεσαν ἐπὶ τῆς γῆς κατέναντι τοῦ ἱεροῦ. 6. ἀπέχει οὖν ἡ καρδία τῶν πονηρῶν μακρὰν τοῦ Κυρίου, πεφανερωμένον δὲ ἔσται τὸ ἔσω αὐτῶν τῇ ἡμέρᾳ τῆς κρίσεως. 7. ὦ γύναι, ἀφεθήσεται παραπτώματα τοιαῦτα· πολλῷ γὰρ χείρους οὗτοι οἱ πλησίον σου οἱ μὴ ὁμολογοῦντες ἁμαρτῆσαι ἐνώπιον τοῦ Θεοῦ. 8. ὁ μέν Ἰωάννης ἐβάπτιζεν ὕδατι, οἱ δὲ μαθηταὶ πάντες πλὴν Ἰούδα τοῦ παραδόντος τὸν Ἰησοῦν ἐβαπτίσθησαν ἐν πυρί. 9. πᾶσαν τὴν νύκτα ἐπάνω κραββάτου ἤμην κατακείμενος μεταξὺ δύο ὑπηρετῶν. 10. τῷ μὲν σώματι ἀσθενής ἐστι, τῇ δὲ ψυχῇ ἰσχυρότερος διὰ τὴν πίστιν Ἰησοῦ.

Matth. 2,14–15; 6,30; 10,29; 20,13–16; Mark. 4,33–34; Luk. 8,40–42a; 10,29–35; 16,26; 23,28; Joh. 1,35–39; 3,1–3; 4,41–42; Apg. 10,5–6

Übersetze: 1. Wir enthalten uns an diesem Tage des Weines wegen der Schwachen. 2. Drei Jahre lang wohnte ich gegenüber diesem Berg, um nahe bei meiner Mutter zu sein. 3. Jenseits des Flusses werdet ihr einige Sklaven finden, die außerhalb der Stadt stehen (Part.). 4. Ich schwöre vor Gott, daß ich diese Schafe für viel Geld gekauft habe. 5. Der reiche Mann hat bereits seinen ‹eigenen› Lohn; jedoch dieser arme Mann, genannt (= mit Namen) Lazarus, wird anstatt Mühsal viel Freude im Himmel haben.

---

[134] Markus hat eine Vorliebe für solche Verkleinerungen, wobei sich manchmal die Bedeutung nicht verändert, wie ὠτάριον von οὖς 14,47.

41 Bedingungssätze. τε

Das Griechische differenziert feiner als das Deutsche die Aussageform der Bedingungssätze. Als Regel lassen sich folgende fünf Fälle[135] unterscheiden:

Wenn-Satz (Protasis)	Negation	Dann-Satz (Apodosis)	Name
1. εἰ + Indikativ	οὐ	Indikativ/Imperativ	Indefinitus
2.a. ἐάν + Konj. Präs.	μή	Indikativ/Imperativ	Iterativus (genereller Prospektivus)
2.b. ἐάν + Konj. Aor.	μή	Ind. (oft Futur)/Impv.	Eventualis (spezieller Prospektivus)
3.a. εἰ + Ind. Impf.	μή	Ind. Impf. + ἄν	Irrealis d. Gegenwart od. d. Vergangenheit (durativ)
3.b. εἰ + Ind. Aor.	μή	Ind. Aor. + ἄν	Irrealis d. Vergangenheit (komplexiv)

1. εἰ ἐμὲ ἐδίωξαν, καὶ ὑμᾶς διώξουσιν.
   Wenn sie mich verfolgt haben, werden sie auch euch verfolgen.
   Joh. 15,20
   (Der Sprechende verzichtet auf irgendwelche Differenzierungen.)

2.a. ἐὰν σκανδαλίσῃ σε ἡ χείρ σου, ἀπόκοψον αὐτήν.
   Wenn (immer) deine Hand dich ärgert, hau sie ab.   Mark. 9,43
   (Der Sprechende verallgemeinert die Bedingung.)

2.b. ἐὰν γὰρ ἀφῆτε τοῖς ἀνθρώποις τὰ παραπτώματα αὐτῶν, ἀφήσει καὶ ὑμῖν ὁ Πατὴρ ὑμῶν ὁ οὐράνιος.
   Denn falls/sobald ihr den Menschen ihre Fehltritte vergebt, wird euer himmlischer Vater auch euch vergeben.   Matth. 6,14
   (Der Sprechende nimmt an, daß die Bedingung eintreten wird.)

---

[135] Ein sechster – seltenerer – Fall wird in Lektion 42 (Anwendung des Optativs, 2. Protasis einer Bedingung) dargestellt.

3.a εἰ γὰρ ἐπιστεύετε Μωυσεῖ, ἐπιστεύετε ἂν ἐμοί.
Denn wenn ihr Moses glaubtet, würdet ihr auch mir glauben.
  Joh. 5,46
(Der Sprechende nimmt an, daß die Angesprochenen im Moment ohnehin nicht glauben werden.)

3.b. Κύριε, εἰ ἦς ὧδε, οὐκ ἂν ἀπέθανεν ὁ ἀδελφός μου.
Herr, wenn du hier gewesen wärest, wäre mein Bruder nicht gestorben. Joh. 11,32
(Der Sprechende nimmt an, daß der Angesprochene damals nicht dort gewesen ist.)

Diese fünf Fälle werden jedoch nicht immer klar von einander geschieden. Es gibt auch Kombinationen:
  εἰ τὰ ἐπίγεια εἶπον ὑμῖν καὶ οὐ πιστεύετε, πῶς, ἐὰν εἴπω ὑμῖν τὰ ἐπουράνια, πιστεύσετε;
  Wenn ich euch über weltliche Dinge erzählte und ihr glaubt es nicht, wie werdet ihr glauben, wenn ich euch über himmlische Dinge erzähle? Joh. 3,12
  (Im Nebensatz: 3.b. + 1. + 2.b., im Hauptsatz 2.b.)

Manchmal ist ἄν ausgelassen, aber der Kontext zeigt dann, daß die Bedingung unerfüllt ist:
  οὐκ εἶχες ἐξουσίαν κατ' ἐμοῦ οὐδεμίαν, εἰ μὴ ἦν δεδομένον σοι ἄνωθεν.
  Du hättest keine Macht über mich, wenn es dir nicht von oben gegeben wäre. Joh. 19,11

Sehr oft heißt εἰ μή „außer":
  εἰ μὴ ὅταν ὁ Υἱὸς τοῦ ἀνθρώπου ἐκ νεκρῶν ἀναστῇ.
  Außer wenn der Sohn des Menschen von den Toten aufersteht.
  Mark. 9,9

τε

τε ist eine **enklitische verbindende Partikel**, Zeichen eines literarischen Stils. Wenn ihr direkt καί folgt, bedeutet das „sowohl – als auch", aber allein und dem Wort, das sie mit dem vorhergehenden verbinden soll, nachgestellt, bedeutet sie „und":

  συνήγαγον πάντας, οὓς εὗρον, πονηρούς τε καὶ ἀγαθούς.
  Sie versammelten alle, die sie fanden, sowohl schlechte als auch gute. Matth. 22,10

ἐθαύμαζον ἐπεγίνωσκόν τε αὐτούς, ὅτι σὺν τῷ Ἰησοῦ ἦσαν.
Sie wunderten sich und erkannten, daß sie bei Jesus gewesen waren. Apg. 4,13

ἀρέσκω *	gefallen	ἡ πορνεία	Unzucht, Hurerei
τὸ δεῖπνον	Mahlzeit		
κοπιάω	sich anstrengen	προσέχω	Beachtung schenken
λοιπός, -ή, -όν	übrig		
τὸ λοιπόν (Adv.)	künftig, fernerhin	ψεύδομαι (M)	täuschen, Lügen erzählen
λυπέω	betrüben		

Übersetze: 1. εἰ ἔτι ἀνθρώποις ἤρεσκον, Χριστοῦ δοῦλος οὐκ ἂν ἤμην. 2. ἐὰν ἁμαρτήσῃ ὁ ἀδελφός σου, ἐπιτίμησον αὐτῷ καί, ἐὰν μετανοήσῃ, ἄφες αὐτῷ. 3. εἰ προσέχετε τοῖς ψευδομένοις τε καὶ βλασφημοῦσι, ἴστε, ὅτι οὐκέτι πιστεύσουσιν ὑμῖν οἱ λοιποί. 4. ἐὰν ἀπολύσῃ τις τὴν γυναῖκα, εἰ μὴ ἐπὶ πορνείᾳ, κατακριθήσεται ἐνώπιον τοῦ Θεοῦ. 5. εἰ ἠγαπᾶτε τοὺς λυποῦντας μισοῦντάς τε ὑμᾶς, οὐκ ἂν ἀποδιδόντες ἦτε αὐτοῖς κακὸν ἀντὶ κακοῦ. 6. εἴ τις δοκεῖ σοφὸς εἶναι ἐν ὑμῖν ἐν τῷ αἰῶνι τούτῳ, μωρὸς γενέσθω, ἵνα γένηται σοφός. 7. οὔτε ἐμὲ οἴδατε οὔτε τὸν Πατέρα μου· εἰ γὰρ ἐμὲ ᾔδειτε, καὶ τὸν Πατέρα μου ἂν ᾔδειτε. 8. εἰ δέ τις Πνεῦμα Χριστοῦ οὐκ ἔχει, οὗτος οὐκ ἔστιν αὐτοῦ. 9. ἐὰν λυπῇ τις τὸν ἀδελφὸν αὐτοῦ, δεῖ αὐτὸν εὐθὺς μετανοεῖν, μὴ λυπῆται τὸ Ἅγιον Πνεῦμα. 10. εἰ γὰρ ἔγνωσαν, οὐκ ἂν τὸν Κύριον τῆς δόξης ἐσταύρωσαν. 11. εἰ μὴ παρεγενόμην ἐν ἐκείνῃ τῇ ἡμέρᾳ, οὐκ ἂν εἶδον τοὺς ὄχλους τρέχοντας πρὸς τὸν Ἰησοῦν. 12. εἰ μὴ ἐκοπιάσαμεν διὰ ὅλης τῆς νυκτός, οὔτ' ἂν ἐλάβομεν τοσούτους ἰχθύας οὔτ' ἂν νῦν εἴχομεν αὐτοὺς εἰς δεῖπνον.

Matth. 12,1–9; 23,29–31; 24,43; Luk. 16,30–31; 17,3–6; Joh. 14,1–7.

Übersetze: 1. Wann immer einige [Menschen] mit Zungen reden, sollen sie nicht sagen, daß sie weiser sind als die übrigen Brüder. 2. Falls ihr nicht Zeichen und Wunder seht, werdet ihr sicher nicht glauben. 3. Wenn der blinde Zeuge dies gesagt hätte, hätte er dem Richter Lügen erzählt. 4. Falls der Gouverneur uns erlaubt, dieses Geld zu behalten, werden wir es der armen Witwe geben. 5. Wenn du die Schriften gelesen hättest, hättest du diese Worte gefunden. 6. Wenn er ein Sünder wäre, würde er nicht Teufel austreiben [können].

42 Optativ. Die Negationen οὐ und μή (Zusammenfassung)

Optativ

Der Optativ ist ein Modus (eine Aussageform) wie Indikativ, Imperativ und Konjunktiv. Er erscheint nur im Präsens und Aorist, wobei das Präsens den durativen, der Aorist den punktuellen Aspekt ausdrückt (vgl. Lektion 7). Das Augment fällt daher weg. Die Negation ist immer μή. Da der Optativ im NT selten vorkommt, werden hier nur die Formen der regelmäßigen Verben angegeben.

Präsens
Aktif   Medium und Passiv
„ich möge lösen"   „ich möge für mich lösen/gelöst werden"
λύοιμι   λυοίμην
λύοις   λύοιο
λύοι   λύοιτο
λύοιμεν   λυοίμεθα
λύοιτε   λύοισθε
λύοιεν   λύοιντο

Aorist
Aktif   Medium   Passiv
„ich möge   „ich möge sogleich   „ich möge sogleich
sogleich lösen"   für mich lösen"   gelöst werden"
λύσαιμι   λυσαίμην   λυθείην
λύσαις   λύσαιο   λυθείης
λύσαι[136]   λύσαιτο   λυθείη
λύσαιμεν   λυσαίμεθα   λυθείημεν
λύσαιτε   λύσαισθε   λυθείητε
λύσειαν, λύσαιεν   λύσαιντο   λυθείησαν

Das Präsens Aktiv, Medium und Passiv ist am οι zu erkennen, der schwache Aorist Aktiv und Medium am αι, der schwache und starke Aorist Passiv am ει.

---

[136] Nur im Optativ ist -αι am Ende für die Akzentsetzung lang. Dies kann bei der Unterscheidung zwischen dem Optativ und dem schwachen Aorist Infinitiv Aktiv helfen, z.B. λύσαι und λῦσαι.

Der starke Aorist Aktiv und Medium hat – wie bei Infinitiv, Partizip und Imperativ – die Präsensendungen: φάγοιμι von ἐσθίω, γενοίμην von γίνομαι.

Merke die folgenden vier unregelmäßigen Formen: δῴη = 3. Sg. Optativ Aorist Aktiv von δίδωμι (nicht zu verwechseln mit dem Konj. Aor. Akt. δώῃ, s. S. 108); δυναίμην, δύναιντο = 1. Sg. resp. 3. Pl. Optativ Präsens von δύναμαι; εἴη = 3. Sg. Optativ Präsens von εἰμί („sein").

Anwendung des Optativs

1. Wunsch. Dieser Fall kommt, mit einer Ausnahme, im NT nur in der 3. Person vor.

> χάρις ὑμῖν καὶ εἰρήνη πληθυνθείη!
> Gnade für euch und Friede möge sich vergrößern! 1. Petr. 1,2

> δῴη ἔλεος ὁ Κύριος τῷ Ὀνησιφόρου οἴκῳ!
> Der Herr gebe Barmherzigkeit dem Hause des Onesiphorus!
> 2. Tim 1,16

Merke das häufige μὴ γένοιτο! (wörtlich: „es möge nicht geschehen!")

2. Protasis einer Bedingung, die als entfernte **Möglichkeit** gesehen wird, also potentialer Konditionalsatz (vgl. Lektion 41).

> κρεῖττον γὰρ ἀγαθοποιοῦντας, εἰ θέλοι τὸ θέλημα τοῦ Θεοῦ, πάσχειν ἢ κακοποιοῦντας.
> Denn es ist besser, wenn es Gottes Wille sein sollte, daß ihr wegen Wohltaten leidet als wegen Übeltaten. 1.Petr. 3,17

Merke: εἰ τύχοι „vielleicht, etwa" (Opt. Aor. zu τυγχάνω „sich treffen", zweimal bei Paulus):

> οὐ τὸ σῶμα τὸ γενησόμενον σπείρεις, ἀλλὰ γυμνὸν κόκκον εἰ τύχοι σίτου ἤ τινος τῶν λοιπῶν.
> Du säst nicht den Leib, der werden soll, sondern ein bloßes Korn, vielleicht von Weizen oder einem der übrigen. 1. Kor. 15,37

3. Potentialis mit ἄν im Hauptsatz, eine bloße Möglichkeit ausdrückend (nur Luk. und Apg.):

> πῶς ἂν δυναίμην;
> Wie wäre ich imstande? D.h. Wie könnte ich? Apg. 8,31

Dasselbe in der indirekten Frage:

διηπόρει ὁ Πέτρος, τί ἂν εἴη τὸ ὅραμα.
Petrus war erstaunt (wörtlich: darüber, was das Gesehene sein könnte) über die Bedeutung des Gesehenen. Apg. 10,17

4. Obliquus in der indirekten Rede. Es ist dabei jedoch unsicher, ob die direkte Rede bloß im Indikativ gestanden hätte oder allenfalls auch im Optativ:

διελογίζετο, ποταπὸς εἴη ὁ ἀσπασμὸς οὗτος.
(Sie überlegte sich, wie beschaffen dieser Gruß sei.)
Sie wollte wissen, was dieser Gruß bedeuten könnte. Luk. 1,29

Die direkte Rede kann hier gelautet haben: ποταπός ἐστιν; ohne jede modale Färbung oder: ποταπὸς εἴη ἄν; mit potentialer Färbung („Wie ist es wohl beschaffen?").

Die Negationen οὐ und μή (Zusammenfassung)

Grundsätzlich verneint οὐ die Gültigkeit einer Aussage (objektive Negation), während μή die Verwirklichung eines Gedankens abwehrt (subjektive Negation). Entsprechend steht in indikativischen Sätzen, bei einzelnen Wörtern oder Wortgruppen οὐ, in Sätzen mit Imperativ, Konjunktiv, Optativ sowie meistens bei Infinitiv und Partizip μή.
Die Grundbedeutung von οὐ ist „nicht". Ebenso als Einleitung von Satzfragen (Lektion 29). Voll betont heißt οὔ „nein".
Die Grundbedeutung von μή ist „nicht". Als Einleitung von Satzfragen (Lektion 29) ist sie „etwa doch nicht"; in der Kombination οὐ μή (Lektion 28) „keinesfalls"; als Konjunktion im Finalsatz „damit nicht" (= ἵνα μή) und nach einem Ausdruck der Sorge „daß" (beide Lektion 26).

ἄμεμπτος, -ον	untadelig	λογίζομαι (M)	anrechnen, überlegen
ἡ ἀπώλεια	Zerstörung, Vernichtung	πληθύνω	vermehren
διαλογίζομαι (M)	erwägen	πυνθάνομαι (M) *	sich erkundigen, fragen
καταρτίζω	in den Stand setzen, bereiten	τυγχάνω * (m. Gen.)	etw. erlangen

Übersetze: 1. εἶπεν δὲ Μαριαμ,¹³⁷ Ἰδοὺ ἡ δούλη Κυρίου· γένοιτό μοι κατὰ τὸ ῥῆμά σου! 2. Πέτρος δὲ εἶπεν πρὸς αὐτόν, Τὸ ἀργύριόν σου σὺν σοὶ εἴη εἰς ἀπώλειαν! 3. καὶ ἐπηρώτησαν τὸν πατέρα, τί ἂν θέλοι καλεῖσθαι τὸ παιδίον. 4. αὐτὸς δὲ ὁ Θεὸς τῆς εἰρήνης ἁγιάσαι ὑμᾶς, καὶ ὑμῶν τὸ πνεῦμα καὶ ἡ ψυχὴ καὶ τὸ σῶμα ἀμέμπτως ἐν τῇ παρουσίᾳ¹³⁸ τοῦ Κυρίου ἡμῶν Ἰησοῦ Χριστοῦ τηρηθείη! 5. ὥστε ἐπυθόμην, εἰ βούλοιτο πορεύεσθαι εἰς Ἱεροσόλυμα. 6. ὁ δὲ τυφλὸς ἀκούσας ὄχλου διαπορευομένου ἐπυνθάνετο, τί εἴη τοῦτο. 7. οὐδείς μοι παρεγένετο, ἀλλὰ πάντες με ἐγκατέλιπον· μὴ αὐτοῖς λογισθείη! 8. καὶ διελογίζοντο οἱ δώδεκα, τίς ἂν εἴη μείζων αὐτῶν. 9. ἁμαρτήσωμεν, ὅτι οὐκ ἐσμὲν ὑπὸ νόμον ἀλλὰ ὑπὸ χάριν; μὴ γένοιτο! 10. Ὁ δὲ Θεὸς τῆς εἰρήνης, ὁ ἀναγαγὼν ἐκ νεκρῶν τὸν ποιμένα τῶν προβάτων τὸν μέγαν ἐν αἵματι διαθήκης αἰωνίου, τὸν Κύριον ἡμῶν Ἰησοῦν, καταρτίσαι ὑμᾶς ἐν παντὶ ἀγαθῷ εἰς τὸ ποιῆσαι τὸ θέλημα αὐτοῦ!

Mark. 11,12–14; Luk. 15,25–26; Apg. 5,24; 1. Kor. 14,8–11; Gal. 3,21–25; 2. Thess. 2,16–17; 3,16

43 Einige syntaktische Besonderheiten: attractio relativi, τοῦ + Inf., ἵνα-Sätze

1. Angleichung des Relativpronomens an den Kasus des Beziehungsworts (sog. **attractio relativi**):

(a) das Beziehungswort wird beibehalten:

περὶ πάντων, ὦ Θεόφιλε, ὧν ἤρξατο ὁ Ἰησοῦς ποιεῖν τε καὶ διδάσκειν
über alles, o Theophilus, was Jesus sowohl zu tun als auch zu lehren begann (ὧν statt ἅ, durch Attraktion) Apg. 1,1

---

[137] Dies ist die indeklinable Schreibweise wie im Aramäischen, aber der Name kommt auch als griechisches Μαρία, -ας vor.
[138] ἡ παρουσία: Anwesenheit.

(b) das Beziehungswort wird beibehalten, aber in den Relativsatz hineingezogen:

κατέναντι οὗ ἐπίστευσεν Θεοῦ, ...
vor Gott, dem er vertraute (statt Θεοῦ, ᾧ) Röm. 4,17

(c) ein als Beziehungswort mögliches Demonstrativum fällt aus:

μὴ πλείονα σημεῖα ποιήσει, ὧν οὗτος ἐποίησεν;
Wird er etwa mehr Zeichen tun als die, die dieser Mann getan hat (statt τούτων [Gen. comparationis], ἅ)? Joh. 7,31

2. τοῦ mit dem Infinitiv, d.h. Genitiv des deklinierten Infinitivs (vgl. S. 52f), wobei das Subjekt des Infinitivs im Akkusativ hinzugefügt werden kann:

(a) anstatt eines einfachen Infinitivs nach einem Substantiv oder Adjektiv, das normalerweise mit dem Genitiv stehen würde:

Τῇ δὲ Ελεισαβετ ἐπλήσθη ὁ χρόνος τοῦ τεκεῖν αὐτήν.
Und für Elisabeth kam die Zeit, daß sie gebären sollte (wörtlich: die Zeit ihres Gebärens). Luk. 1,57

ἐὰν δὲ ἄξιον ᾖ τοῦ κἀμὲ πορεύεσθαι, σὺν ἐμοὶ πορεύσονται.
Und wenn es für mich richtig wäre, auch zu gehen, werden sie mit mir gehen (wörtlich: würdig des auch ich Gehens). 1. Kor. 16,4

(b) Im KG drückt diese Konstruktion einen finalen Sinn aus, anstatt des einfachen Infinitivs; so auch oft in der K:

ἐξῆλθεν ὁ σπείρων τοῦ σπείρειν.
Der Säer ging fort, um zu säen. Matth. 13,3

(c) Die Absicht kann in das Ergebnis übergehen:

ἰδὼν ὅτι ἔχει πίστιν τοῦ σωθῆναι ...
Als er sah, daß er Vertrauen hatte, gerettet zu werden Apg. 14,9

(d) Konstruktion des KG mit verneintem Infinitiv (nach Verben des Verhinderns und ähnlichen), die ein negatives Ergebnis ausdrückt:

καὶ ταῦτα λέγοντες μόλις κατέπαυσαν τοὺς ὄχλους τοῦ μὴ θύειν αὐτοῖς.
Und indem sie dies sagten, brachten sie die Massen nur mit Mühe davon ab, ihnen zu opfern. Apg. 14,18

(e) In der Apostelgeschichte des Lukas und bei Jakobus, die durch die Septuaginta beeinflußt sind, wird gerne der Genitiv verwendet, auch in Fällen, wo der bloße Infinitiv genügt und der Artikel überflüssig und dem Griechischen fremd ist:

> ἡμεῖς δὲ πρὸ τοῦ ἐγγίσαι αὐτὸν ἕτοιμοί ἐσμεν τοῦ ἀνελεῖν αὐτόν.
> Und wir sind bereit, ihn zu töten, bevor er nahekommt. (τοῦ ἐγγίσαι ist normaler Gebrauch, abhängig von πρό, aber bei ἕτοιμοι steht normalerweise der einfache Infinitiv als Ergänzung.) Apg. 23,15

3. ἵνα-Sätze mit Konjunktiv: Zwei Hauptkonstruktionen sollten jetzt bekannt sein: ἵνα als Einleitung eines Finalsatzes und ἵνα als Einleitung eines indirekten Befehls. Dies letztere war eine Entwicklung der K neben der KG-Infinitivkonstruktion, und auch in anderen Fällen wurden ἵνα-Sätze gleichbedeutend mit Infinitiven verwendet:

(a) zur Erläuterung eines Substantivs oder Adjektivs:
Vergleiche:

> περὶ δὲ τῆς φιλαδελφίας οὐ χρείαν ἔχετε γράφειν ὑμῖν.
> Was aber die Bruderliebe angeht, habt ihr keine Not, daß man euch ‹darüber› schreibt. 1. Thess. 4,9

> οὐ χρείαν ἔχεις, ἵνα τις σε ἐρωτᾷ.
> (Du hast keine Not, daß irgendwer dich fragt →) Dich braucht man nicht zu fragen. Joh. 16,30

> ... , οὗ οὐκ εἰμὶ ἱκανὸς τὰ ὑποδήματα βαστάσαι.
> ..., dessen Schuhe ich nicht fähig bin zu tragen. Matth. 3,11

> Κύριε, οὐκ εἰμὶ ἱκανός, ἵνα μου ὑπὸ τὴν στέγην εἰσέλθῃς.
> Herr, ich bin es nicht wert, daß du unter mein Dach trittst. Matth. 8,8

(b) gleichbedeutend mit einem Infinitivsatz nach einem Verb:
Vergleiche:

> συμφέρει ἕνα ἄνθρωπον ἀποθανεῖν ὑπὲρ τοῦ λαοῦ.
> Es nützt, daß ein Mensch für das Volk stirbt. Joh. 18,14

> συμφέρει ὑμῖν, ἵνα εἷς ἄνθρωπος ἀποθάνῃ ὑπὲρ τοῦ λαοῦ.
> Es nützt euch, daß ein Mensch für das Volk stirbt. Joh. 11,50

οὐ θέλω δὲ ὑμᾶς κοινωνοὺς τῶν δαιμονίων γίνεσθαι.
Ich will nicht, daß ihr in Gemeinschaft mit den Teufeln tretet.
1. Kor. 10,20

θέλω, ἵνα ἐξαυτῆς δῷς μοι ἐπὶ πίνακι τὴν κεφαλὴν Ἰωάννου τοῦ Βαπτιστοῦ.
Ich will, daß du mir sogleich auf einer Schüssel den Kopf von Johannes dem Täufer gibst.   Mark. 6,25

(c) als Einleitung eines Ergebnisses:

Ραββει, τίς ἥμαρτεν, οὗτος ἢ οἱ γονεῖς αὐτοῦ, ἵνα τυφλὸς γεννηθῇ;
Rabbi, wer hat gesündigt, dieser Mann oder seine Eltern, daß er blind geboren wurde? Joh. 9,2

Schließlich gibt es die Möglichkeit von ἵνα zur Einleitung eines direkten Befehls. In den meisten Fällen ist dies strittig und wird in den Kommentaren erörtert, aber es gibt einen klaren Fall:

ἕκαστος τὴν ἑαυτοῦ γυναῖκα οὕτως ἀγαπάτω ὡς ἑαυτόν, ἡ δὲ γυνὴ ἵνα φοβῆται τὸν ἄνδρα.
Jeder von euch muß seine Frau lieben wie sich selbst; und die Frau ‹muß darauf achten›, daß sie ihrem Mann Respekt erweist (= fürchtet). Eph. 5,33

ἀγνοέω	nicht wissen	κατέχω	zurückhalten, zügeln
ἀθετέω	abschaffen, verwerfen	κωλύω	(ver)hindern
ὁ ἄνεμος	Wind	ὁ μήν, μηνός	Monat
ἡ ἐλεημοσύνη	Almosen	ἡ οἰκουμένη[140]	Welt
τὸ ἔλεος, ἐλέους	Mitleid	(d.h. γῆ)	
θύω	opfern	συμφέρω	zusammentragen, nützen
ἱκανός, -ή, -όν[139]	genügend, tüchtig	ὁ τρόπος	Art, Weise

---

[139] Bei Mengenangaben gibt es eine beträchtliche Höhe an: ἱκανὸν χρόνον = „eine Zeitlang".
[140] Die bewohnte Erde, d.h. die zivilisierte Welt.

Übersetze: 1. οὐκ εἰμὶ ἐγὼ ἱκανός, ἵνα δοῖ ὁ Κύριός μοι ἔλεος. 2. οὕτως ἐλεύσεται ἐπὶ τῶν νεφελῶν, ὃν τρόπον ἐθεάσασθε αὐτὸν πορευόμενον εἰς τὸν οὐρανόν. 3. ἐκάθητο καθ' ἡμέραν πρὸς τὴν θύραν τοῦ ἱεροῦ τοῦ αἰτεῖν ἐλεημοσύνην παρὰ τῶν εἰσπορευομένων. 4. δὸς ἡμῖν, ἵνα καθίσωμεν ἐγγὺς σοῦ, ὅταν ἔλθῃ ἡ βασιλεία σου. 5. ὡς δὲ συνελθόντες ἐπὶ τὸ αὐτὸ ἠκούσαμεν ταῦτα, παρεκαλοῦμεν ἡμεῖς τε καὶ οἱ λοιποὶ τοῦ μὴ ἀπελθεῖν αὐτόν. 6. ἤμελλε γὰρ ὁ βασιλεὺς ζητεῖν τὸ παιδίον τοῦ ἀπολέσαι αὐτόν. 7. οἱ δὲ ὄχλοι ἐπείραζον κατέχειν αὐτὸν τοῦ μὴ ἀναχωρεῖν. 8. ἐὰν οὖν ἐπιθυμῆτε σωθῆναι, μηδὲν ἀθετεῖτε, ὧν παραδεδώκασιν ὑμῖν οἱ προφῆται. 9. συμφέρει, ἵνα ἐν ἐκείνῳ τῷ μηνὶ θύηται τὸ πασχα. 10. ὁ δὲ Ἰησοῦς εἶπεν, ὅτι οὐ θέλει, ἵνα οἱ μαθηταὶ κωλύωσι τὰ παιδία τοῦ μὴ ἔρχεσθαι πρὸς αὐτόν. 11. ἄχρι ἧς ἡμέρας ἀνελήμφθη ὁ Κύριος, ἠγνόουν οἱ ἀπόστολοι, ὅτι δεῖ αὐτοὺς εὐαγγελίζεσθαι καθ' ὅλην τὴν οἰκουμένην. 12. ἡμῖν τί ἀτενίζετε ὡς ἰδίᾳ δυνάμει πεποιηκόσιν τοῦ περιπατεῖν αὐτόν;

Matth. 24,45–47; Luk. 1,19–20; 4,42; 5,7–11; 10,18–20; Joh. 15,13; Römer 6,17–18

44 Zahlwörter

Kardinalzahlen

1–4 werden wie Adjektive der 3. Deklination dekliniert (s. S. 79).
5–100 sind indeklinabel.
Von 200 an aufwärts werden die Zahlen wie Adjektive der o-/α-Deklination dekliniert.
30–90 sind an der indeklinablen Endung -κοντα erkenntlich, 200–900 an der Endung -κόσιοι, -κόσιαι, -κόσια.
Die Tausender werden entweder dadurch gebildet, daß man die Numeraladverbien vor das Adjektiv χίλιοι stellt (δισχίλιοι = zweimal 1.000, d.h. 2.000) oder indem man die Kardinalzahl mit dem Sammelwort ἡ χιλιάς („die Tausendschaft, der Tausender") verwendet. Dasselbe Prinzip gilt für Vielfache von 10.000 (μύριοι, ἡ μυριάς).

Ordinalzahlen

Diese werden immer wie Adjektive der o-/α-Deklination dekliniert.

Zahladverbien

Von 4 an sind diese durch die Endung -άκις gekennzeichnet.

Die unten stehende Liste enthält nur Zahlwörter, die im NT vorkommen. Wenn man die Zahlen 1 bis 10, 20, 100, 1.000 und 10.000 und die oben angegebenen Regeln beherrscht, sollte es möglich sein, die Bedeutung jedes Zahlwortes abzuleiten.

Kardinalzahlen	Ordinalzahlen	Zahladverbien
(eins usw.)	(der erste usw.)	(einmal usw.)

	Kardinalzahlen	Ordinalzahlen	Zahladverbien
1	εἷς, μία, ἕν	πρῶτος, -η, -ον	ἅπαξ
2	δύο	δεύτερος	δίς
3	τρεῖς, τρία	τρίτος	τρίς
4	τέσσαρες, -α	τέταρτος	τετράκις
5	πέντε	πέμπτος	πεντάκις
6	ἕξ	ἕκτος	
7	ἑπτά	ἕβδομος	ἑπτάκις
8	ὀκτώ	ὄγδοος	
9	ἐννέα	ἔνατος	
10	δέκα	δέκατος	
11	ἕνδεκα	ἑνδέκατος	
12	δώδεκα	δωδέκατος	
14	δεκατέσσαρες	τεσσαρεσκαιδέκατος	
15	δεκαπέντε	πεντεκαιδέκατος	
16	δέκα ἕξ		
18	δέκα ὀκτώ		
20	εἴκοσι(ν)		
30	τριάκοντα		
40	τεσσεράκοντα		
50	πεντήκοντα	πεντηκοστός	
60	ἑξήκοντα		
70	ἑβδομήκοντα		ἑβδομηκοντάκις
80	ὀγδοήκοντα		
90	ἐνενήκοντα		
100	ἑκατόν		
200	διακόσιοι, -αι, -α		
300	τριακόσιοι		
400	τετρακόσιοι		

500 πεντακόσιοι
600 ἑξακόσιοι
1.000 χίλιοι
2.000 δισχίλιοι, -αι, -α
3.000 τρισχίλιοι
4.000 τετρακισχίλιοι
5.000 πεντακισχίλιοι, χιλιάδες πέντε
7.000 ἑπτακισχίλιοι, χιλιάδες ἑπτά
10.000 μύριοι[141], χιλιάδες δέκα
12.000 δώδεκα χιλιάδες
20.000 εἴκοσι χιλιάδες
50.000 μυριάδες πέντε

ὁ δέσμιος	Gefangener	ὁ πόλεμος	Krieg
τὸ δῶρον	Geschenk	πολλάκις	oft
ἐλεύθερος,	frei	ὁ χαλκός	Erz, (Kupfer-)geld
-α, -ον		τὸ χρυσίον	Gold
κληρονομέω	erben, erhalten	ὁ χρυσός	Gold
νέος, -α, -ον	jung, neu		

Übersetze: 1. κληρονομήσει οὖν ὁ νέος κληρονόμος τρεῖς ἀμπελῶνας ἔχοντας ἕνα ἕκαστον ἀνὰ ἑβδομήκοντα δένδρα. 2. ὁ δὲ ἕκτος ἐργάτης οὐκ ἤθελεν ἐργάζεσθαι ὥστε μόνον μισθὸν μικρὸν καθ' ἡμέραν δέχεσθαι. 3. ἐν δὲ ἐκείνῳ τῷ πολέμῳ τῶν μὲν ἐλευθέρων ἀνῃρέθησαν τετρακισχίλιοι, τῶν δὲ δούλων χιλιάδες ἑπτὰ καὶ ἑξακόσιοι καὶ ἐνενήκοντα καὶ ἐννέα. 4. τῇ δὲ ἑβδόμῃ παρθένῳ ὑπάρχει οὔτ' ἀργύριον οὔτε χρυσίον· πλήν, ἕνδεκα βούλονται γαμῆσαι αὐτήν, ὅτι καλή ἐστιν καὶ ἀγαθή. 5. ὁ δὲ νεώτερος τῶν δύο ποιμένων διελογίζετο ἐν ἑαυτῷ λέγων, Τί ποιήσω; πλανῶνται γὰρ ὀγδοήκοντα ἑπτὰ πρόβατα, οὐδὲ πολλάκις ζητήσας δύναμαι εὑρεῖν τὰ ἀπολωλότα. 6. τῇ δὲ τρίτῃ ἡμέρᾳ ἀνέστη ἐκ νεκρῶν καὶ ἐφανερώθη ἐπάνω πεντακοσίοις ἀδελφοῖς. 7. ἀλλ' ἐν τῇ πεντηκοστῇ (ἡμέρᾳ) συνηγμένοι ἦσαν εἰς Ἰερουσαλημ ὡσεὶ[142] ἑκατὸν εἴκοσι ἀδελφοί. 8. οὗτος θέλει, ἵνα ἀγοράσωμεν ἐξ ἄρτους τριῶν δηναρίων εἰς τὸ παραθεῖναι ταύταις ταῖς ὀκτὼ χήραις.

---

[141] Dies hatte schon im KG auch die Bedeutung „unzählig".
[142] ὡσεί: (wie wenn =) ungefähr.

9. καὶ ἔκραξαν φωνῇ μεγάλῃ οἱ μύριοι ἅγιοι εὐλογοῦντες τὸν Θεόν. 10. δεσμίους δὲ χιλίους ἤγαγον εἰς Δαμασκόν, ὧν τετρακοσίους ἔλιπον ἐκεῖ πεντακοσίους τε παρέδωκαν τῷ βασιλεῖ καὶ ἑκατὸν εὐθὺς ἀπέκτειναν. 11. τρὶς οὖν ἔφερον χρυσόν τε καὶ χαλκόν, ὁ δὲ ἄρχων οὐκ ἤθελε λαβεῖν, μή ποτε εἴπῃ τις, ὅτι δώροις πεισθεὶς μέλλει ἀδίκως κρίνειν. 12. ὁ δὲ δωδέκατος ὁ παραδοὺς τὸν Χριστὸν τέθνηκε· δεῖ οὖν ἡμᾶς τοὺς λοιποὺς ἕνδεκα ἐκλέξασθαι ἕνα μάρτυρα τῆς ἀναστάσεως.

Matth. 14,15–21; 18,21–22; 20,3–7; Luk. 10,17; Joh. 21,11; Apg. 2,41; 27,37; 1. Kor. 15,5; 16,8; Off. 13,18

45 Semitismen.[143] Enklitika

Es gibt im NT eine Anzahl „sekundärer" semitischer Ausdrücke, d.h. Fälle, wo die vorliegende griechische Konstruktion zwar möglich, aber nicht idiomatisch ist und wahrscheinlich durch eine semitische Konstruktion beeinflußt wurde. Dazu gehören die sehr häufigen ἀναστὰς ἤρξατο und ἀποκριθεὶς εἶπεν (manchmal sogar als Einleitung einer Rede: Matth. 28,5). In der Lutherbibel sind diese Stellen sehr wörtlich übersetzt, aber in neueren Übersetzungen werden sie manchmal verkürzt wiedergegeben.

„Primäre" Semitismen (die oft in Zitaten aus dem AT vorkommen) sind nicht nur schlechtes Griechisch, sondern bringen auch leicht Schwierigkeiten für die Übersetzung mit sich; daher werden die häufigeren hier angegeben:

1. Eine besondere Funktion des Infinitivs, der sog. absolute Infinitiv, wurde im Hebräischen zur Betonung des Verbes benutzt. Es wurde versucht, diese Erscheinung griechisch wiederzugeben durch:

---

[143] Der Begriff umfaßt sowohl Hebräisches als auch das Aramäische, das sehr ähnlich war. Die einzigen längeren Stellen im NT, die einen eindeutig rein hebräischen Einfluß zeigen, sind Luk. 1–2 und Teile der Offenbarung.

(a) den Dativ eines mit dem Verb verwandten Substantivs:

> Ἐπιθυμίᾳ ἐπεθύμησα τοῦτο τὸ πάσχα φαγεῖν μεθ' ὑμῶν πρὸ τοῦ με παθεῖν.
> Mit Verlangen verlangte ich, dieses Opferlamm mit euch zu essen, bevor ich leiden würde. (Schlechtes Deutsch, schlechtes Griechisch – Sinn: Ich habe heftig verlangt). Luk. 22,15

(b) ein Partizip neben dem Verb:

> εὐλογῶν εὐλογήσω σε καὶ πληθύνων πληθυνῶ σε.
> Ich will dich wirklich segnen und vermehren.
> Hebr. 6,13 (Gen. 22,17)

(c) den Akkusativ eines verwandten Substantivs neben dem Verb:

> καὶ ἐφοβήθησαν φόβον μέγαν.
> Und sie fürchteten sich sehr. Luk. 2,9; Mark. 4,41

2. Unpersönlicher Gebrauch von ἐγένετο:

(a) Parataxe, wenn das Hauptverb ohne verbindendes Glied folgt (Lektion 13, Anm. 38):

> Καὶ ἐγένετο ἐν ἐκείναις ταῖς ἡμέραις, ἦλθεν Ἰησοῦς ἀπὸ Ναζαρεθ.
> Und es geschah in jenen Tagen, ‹daß› Jesus von Nazareth kam.
> Mark. 1,9

(b) mit einem AcI (seltener Dat.):

> Ἐγένετο δὲ ἐν σαββάτῳ διαπορεύεσθαι αὐτὸν διὰ σπορίμων.
> Und es geschah an einem Sabbat, daß er durch die Kornfelder ging.
> Luk. 6,1

(c) mit dem Hauptverb durch das funktional unsinnige καί verbunden (deutsch: daß-Satz):

> Καὶ ἐγένετο ἐν μιᾷ τῶν ἡμερῶν καὶ αὐτὸς ἦν διδάσκων.
> Und es ereignete sich an einem jener Tage, daß er lehrte.
> Luk. 5,17

3. Gebrauch von προστίθεμαι für die Wiederholung oder Fortdauer einer Handlung (deutsch: „wieder"):

> καὶ προσέθετο ἕτερον πέμψαι δοῦλον.
> Und wieder schickte er [noch] einen Sklaven. Luk. 20,11[144]

4. Hinzufügen eines Pronomens nach einem Relativpronomen: Dies war eine Notwendigkeit des Semitischen, da dort das Relativpronomen indeklinabel ist und Kasus, Numerus und Genus daher durch das nachfolgende Demonstrativum bestimmt wurden; es wird aber nicht ins Deutsche übersetzt:

> ..., οὗ οὐκ εἰμὶ ἱκανὸς λῦσαι τὸν ἱμάντα τῶν ὑποδημάτων αὐτοῦ.
> ..., dessen Schuhriemen zu lösen ich nicht wert bin. Luk. 3,16

5. εἰς mit dem Akk. anstatt des prädikativen Nom. oder Akk. (deutsch nachzuahmen):

> καὶ ηὔξησεν καὶ ἐγένετο εἰς δένδρον.
> Und es wuchs und wurde zu einem Baum. Luk. 13,19

6. casus pendens, gewöhnlich Nominativ, d.h. ein Substantiv „steht in der Luft", außerhalb der Konstruktion des Satzes:

> ὁ γὰρ Μωϋσῆς οὗτος, ὃς ἐξήγαγεν ἡμᾶς ἐκ γῆς Αἰγύπτου, οὐκ οἴδαμεν, τί ἐγένετο αὐτῷ.
> Denn dieser Moses, der uns aus Ägypten herausführte – wir wissen nicht, was ihm widerfahren ist. Apg. 7,40 (Ex. 32,23)

7. der beschreibende Genitiv, wo das Griechische und Deutsche Adjektive benutzen:

> καὶ ἐπῄνεσεν ὁ κύριος τὸν οἰκονόμον τῆς ἀδικίας.
> Und der Hausherr lobte den ungerechten Haushalter. Luk. 16,8

8. υἱός oder τέκνον mit dem Genitiv im übertragenen Sinne („Freund, Schüler"); dies kann manchmal beibehalten werden, aber zu beachten ist:

> οἱ υἱοὶ τοῦ νυμφῶνος
> wörtlich: die Söhne des Bräutigams, d.h. des Bräutigams Freunde. Mark. 2,19

---

[144] Matthäus und Markus schreiben in ihren Parallelstellen: πάλιν ἀπέστειλεν.

9. οὐ (μή) ... πᾶς, wo πᾶς dem Indefinitum entspricht: „nicht ... irgendein":

οὐδέποτε ἔφαγον πᾶν κοινὸν καὶ ἀκάθαρτον.
Ich habe niemals irgendetwas Gewöhnliches oder Unreines gegessen. Apg. 10,14

10. präpositionale Ausdrücke mit πρόσωπον (Gesicht, Person):

(a) ἀπὸ προσώπου „von, aus dem Angesicht des"

Οἱ μὲν οὖν ἐπορεύοντο χαίροντες ἀπὸ προσώπου τοῦ συνεδρίου.
So gingen sie fröhlich aus dem Rat. Apg. 5,41

(b) πρὸ προσώπου „vor, vor Augen"

καὶ ἀπέστειλεν ἀγγέλους πρὸ προσώπου αὐτοῦ.
Und er sandte Boten (vor sich hin =) voraus. Luk. 9,52

11. Distributivverhältnisse werden ausgedrückt durch die Wiederholung entweder der Kardinalzahl oder des distributiven Substantivs:

δύο δύο
je zwei und zwei; zu zweien   Mark. 6,7

καὶ ἀνέπεσαν πρασιαὶ πρασιαί.
Und sie setzen sich in Reihen hin. Mark. 6,40

12. Kardinal- statt Ordinalzahlen:

τῇ μιᾷ τῶν σαββάτων
am ersten Tag der Woche   Mark. 16,12

13. Futur statt Imperativ oder Konjunktiv, vor allem in der Gesetzessprache des AT (Negation οὐ oder μή):

ἀγαπήσεις τὸν πλησίον σου.
Liebe deinen Nächsten. Matth. 5,43

Matth. 2,10; 10,14; Mark. 1,1–2b; 6,39; 10,6–8; 13,20; Luk. 3,17; 5,1–2; 15,17–20; 19,11; Apg. 13,23–24; 20,7; Jak. 5,16–18; Off. 7,2; 17,6–7

Enklitika

Ein Enklitikon ist ein so tonschwaches Wort, daß es sich an das vorangehende Wort anlehnt (ἐγκλίνω) und so mit ihm zu einer Aussspracheeinheit verschmilzt (γε, τε, μου, σε, τις, που, ποτέ, εἰμί, φησίν). Enklitika sind nicht zu verwechseln mit den sogenannten Atona; das sind Wörter, die überhaupt keinen Akzent haben (ὁ, ἡ, οἱ, αἱ, εἰς, ἐν, ἐκ, οὐ, ὡς).

Das Beherrschen der Betonungsregeln ist für das Übersetzen aus dem Griechischen nicht notwendig. Daher werden sie erst hier, gleichsam als Anhang, gegeben:

1. **Einsilbige** Enklitika verlieren stets ihren Akzent; er geht als Akut auf die letzte Silbe des Stützwortes über, wenn dieses
   – auf der drittletzten Silbe einen Akut (κύριός τις),
   – auf der zweitletzten einen Zirkumflex (δῶρόν μου) oder
   – auf der letzten Silbe einen Gravis (ἀδελφός τις)
trägt.

2. **Zweisilbige** Enklitika behalten ihren Akzent nur, wenn das Stützwort einen Akut auf der zweitletzten Silbe trägt (λόγοι τινές, λόγοι τινῶν). In allen anderen Fällen verlieren sie ihren Akzent. Er geht als Akut auf die letzte Silbe des Stützwortes über, sofern dieses nicht auf der letzten Silbe einen Zirkumflex hat (κύριοί τινες, δῶρά τινα, ἀδελφοί τινες, aber τοῦ θεοῦ ἐστιν er ist Gottes, gehört Gott).

Merke: Wenn das Verb „sein" nicht einfach als verbindendes Verb zwischen Subjekt und Prädikatsnomen gebraucht wird, sondern die Bedeutung „existieren" hat oder wenn es betont vor dem Subjekt und dem Prädikatsnomen steht, trägt es einen regelmäßigen Akzent:

εἷς ἐστιν καὶ οὐκ ἔστιν ἄλλος πλὴν αὐτοῦ.
Denn er ist einer, und es gibt keinen anderen neben ihm.
Mark. 12,32

οὐκ ἔστιν ἐκ τοῦ πατρὸς ἀλλ' ἐκ τοῦ κόσμου ἐστίν.
Er ist nicht aus dem Vater, sondern von der Welt. 1. Joh. 2,16

Am Satzanfang jedoch hat ein Enklitikon immer einen Akzent:

εἰσὶν ἡμῖν ἄνδρες τέσσαρες.
Wir haben vier Männer. Apg. 21,23

Ergänze und verändere gegebenenfalls die Akzente von Stützwort und Enklitikon (in Klammern). Das Stützwort trägt vorläufig noch den Akzent, den es vor einem nicht enklitischen Wort tragen würde.
1. ὁ θεὸς (φῶς ἐστιν) καὶ σκοτία ἐν αὐτῷ (οὐκ ἐστιν) οὐδεμία. 2. (πιστὸς ἐστιν). 3. (τεκνία μου), (ἐὰν τις) ἁμάρτῃ, παράκλητον ἔχομεν δίκαιον. 4. γινώσκομεν ὅτι ἐν (αὐτῷ ἐσμεν). 5. γράφω ὑμῖν, (ὃ ἐστιν) ἀληθές. 6. ἐν τῇ (σκοτία ἐστιν). 7. (ἰσχυροι ἐστε). 8. οὐ χρείαν ἔχετε (ἵνα τις) διδάσκῃ ὑμᾶς. 9. ἀγάπην δέδωκεν ἡμῖν ὁ πατήρ, ἵνα τέκνα θεοῦ κληθῶμεν, (καὶ ἐσμεν). 10. καθὼς (ἐκεῖνος ἐστιν), καὶ (ἡμεῖς ἐσμεν). 11. ἐγένετο (ἱερεὺς τις). 12. εἰσηκούσθη ἡ (δέησις σου), καὶ ἡ (γυνὴ σου) γεννήσει (υἱὸν σοι). 13. (οὕτως μοι) πεποίηκεν κύριος. 14. (γένοιτο μοι) κατὰ τὸ (ῥῆμα σου). 15. τίνι γὰρ (εἶπεν ποτε) τῶν ἀγγέλων; 16. (σημείοις τε) καὶ τέρασιν. 17. διεμαρτύρατο (δὲ που τις). 18. μήποτε ἔσται (ἐν τινι) ὑμῶν καρδία πονηρά.

Stammformen

Präsens	Futur	Aorist	Perf. Akt.	Perf. Pass.	Aorist Pass.
ἀγγέλλω	ἀγγελῶ	ἤγγειλα		ἤγγελμαι	ἠγγέλην
ἄγω	ἄξω	ἤγαγον		ἦγμαι	ἤχθην
αἱρέω	αἱρήσω / ἑλῶ	εἷλον		ᾕρημαι	ᾑρέθην
αἴρω	ἀρῶ	ἦρα	ἦρκα	ἦρμαι	ἤρθην
ἀκούω	ἀκούσω / ἀκούσομαι	ἤκουσα	ἀκήκοα	ἤκουσθην	
ἁμαρτάνω	ἁμαρτήσω	ἡμάρτησα / ἥμαρτον	ἡμάρτηκα		
ἀνοίγω	ἀνοίξω	ἀνέῳξα / ἠνέῳξα / ἤνοιξα	ἀνέῳγα	ἀνέῳγμαι	ἀνεῴχθην / ἠνεῴχθην / ἠνοίχθην
ἀποθνῄσκω	ἀποθανοῦμαι	ἀπέθανον	τέθνηκα		

Präsens	Futur	Aorist	Perf. Akt.	Perf. Pass.	Aorist Pass.
ἀποκτείνω	ἀποκτενῶ	ἀπέκτεινα			ἀπεκτάνθην
ἀπόλλυμι	ἀπολῶ	ἀπώλεσα	ἀπολώλεκα		
ἀπόλλυμαι itr.	ἀπολέσω ἀπολοῦμαι	ἀπωλόμην	ἀπόλωλα		
ἀποστέλλω	ἀποστελῶ	ἀπέστειλα	ἀπέσταλκα	ἀπέσταλμαι	ἀπεστάλην
ἀρέσκω	ἀρέσω	ἤρεσα			
ἁρπάζω	ἁρπάσω	ἥρπασα			ἡρπάσθην ἡρπάγην
-βαίνω	-βήσομαι	-ἔβην	-βέβηκα		
βάλλω	βαλῶ	ἔβαλον	βέβληκα	βέβλημαι	ἐβλήθην
βούλομαι		ἐβουλήθην			ἐβουλήθην
γαμέω		ἔγημα	γεγάμηκα		

158

Präsens	Futur	Aorist	Perf. Akt.	Perf. Pass.	Aorist Pass.
γίνομαι	γενήσομαι	ἐγενόμην	γέγονα	γεγένημαι	ἐγενήθην
γινώσκω	γνώσομαι	ἔγνων	ἔγνωκα	ἔγνωσμαι	ἐγνώσθην
γράφω	γράψω	ἔγραψα	γέγραφα	γέγραμμαι	ἐγράφην
δέομαι					ἐδεήθην
δίδωμι	δώσω	ἔδωκα	δέδωκα	δέδομαι	ἐδόθην
	ἐδήσω				
δοκέω	ἔδοξα				
δύναμαι[145]	δυνήσομαι				ἠδυνήθην
					ἠδυνάσθην
ἐάω[146]	ἐάσω	εἴασα			
ἐγείρω	ἐγερῶ	ἤγειρα		ἐγήγερμαι	ἠγέρθην

[145] Imperfekt ἠδυνάμην, ἐδυνάμην.
[146] Imperfekt εἴων.

Präsens	Futur	Aorist	Perf. Akt.	Perf. Pass.	Aorist Pass.
εἰμί[147]	ἔσομαι	(ἐγενόμην)			
ἐντέλλομαι	ἐντελοῦμαι	ἐνετειλάμην		ἐντέταλμαι	
ἔρχομαι	ἐλεύσομαι	ἦλθον	ἐλήλυθα		
ἐσθίω	φάγομαι	ἔφαγον	βέβρωκα		
εὑρίσκω	εὑρήσω	εὗρον	εὕρηκα		εὑρέθην
ἔχω[148]	ἕξω	ἔσχον	ἔσχηκα		
θέλω[149]	θελήσω	ἠθέλησα			
ἵημι	ἥσω	ἧκα	εἷκα	εἷμαι	εἵθην
ἵστημι	στήσω	ἔστησα	ἕστηκα[150]		ἐστάθην
ἵσταμαι itr.	σταθήσομαι	ἔστην			ἐστάθην

[147] Imperfekt ἤμην.
[148] Imperfekt εἶχον.
[149] Imperfekt ἤθελον.
[150] Plusquamperfekt εἱστήκειν.

160

Präsens	Futur	Aorist	Perf. Akt.	Perf. Pass.	Aorist Pass.
καλέω	καλέσω	ἐκάλεσα	κέκληκα	κέκλημαι	ἐκλήθην
κλαίω	κλαύσω	ἔκλαυσα			
κόπτω	κόψω	ἔκοψα			ἐκόπην
κράζω	κράξω	ἔκραξα	κέκραγα		
κρίνω	κρινῶ	ἔκρινα	κέκρικα	κέκριμαι	ἐκρίθην
κρύπτω	κρύψω	ἔκρυψα / κέκρυμμαι	ἐκρύβην		
λαμβάνω	λήμψομαι	ἔλαβον	εἴληφα	εἴλημμαι	ἐλήμφθην
λέγω	ἐρῶ	εἶπον	εἴρηκα	εἴρημαι	ἐρρέθην / ἐρρήθην
λείπω	λείψω	ἔλειψα / ἔλιπον		λέλειμμαι	ἐλείφθην
μανθάνω		ἔμαθον	μεμάθηκα		

Präsens	Futur	Aorist	Perf. Akt.	Perf. Pass.	Aorist Pass.
μέλλω[151]	μελλήσω				
μιαίνω	μιανῶ	ἐμίανα	μεμίαγκα	μεμίαμμαι	ἐμιάνθην
ξηραίνω		ἐξήρανα		ἐξήραμμαι	ἐξηράνθην
οἶδα[152]	εἰδήσω				
ὄμνυμι	ὀμοῦμαι	ὤμοσα			ὤμ(ο)θην
ὁράω[153]	ὄψομαι	εἶδον	ἑόρακα / ἑώρακα		ὤφθην
πάσχω		ἔπαθον	πέπονθα		
πείθω	πείσω	ἔπεισα	(πέποιθα)	πέπεισμαι	ἐπείσθην

[151] Imperfekt ἤμελλον.
[152] Imperfekt (Plusquamperfekt) ᾔδειν.
[153] Imperfekt ἑόρων.

Präsens	Futur	Aorist	Perf. Akt.	Perf. Pass.	Aorist Pass.
πίνω	πίομαι	ἔπιον	πέπωκα		ἐπόθην
πίπτω	πεσοῦμαι	ἔπεσον	πέπτωκα		
πυνθάνομαι		ἐπυθόμην			
σβέννυμι	σβέσω	ἔσβεσα			
σπείρω		ἔσπειρα		ἔσπαρμαι	ἐσπάρην
σῴζω	σώσω	ἔσωσα	σέσωκα	σέσωσμαι	ἐσώθην
τελέω	τελέσω	ἐτέλεσα	τετέλεκα	τετέλεσμαι	ἐτελέσθην
τίθημι	θήσω	ἔθηκα	τέθεικα	τέθειμαι κεῖμαι	ἐτέθην
τίκτω	τέξομαι	ἔτεκον			ἐτέχθην
τρέπω		ἔτρεψα			ἐτράπην
φέρω		ἤνεγκον			

Präsens	Futur	Aorist	Perf. Akt.	Perf. Pass.	Aorist Pass.
τυγχάνω		ἔτυχον			
φαίνω		ἔφανα			ἐφάνην
φαίνομαι itr.	φανήσομαι				
φέρω	οἴσω	ἤνεγκον (ἤνεγκα)	ἐνήνοχα		ἠνέχθην
φεύγω	φεύξομαι	ἔφυγον	πέφευγα		
φθείρω	φθερῶ	ἔφθειρα		ἔφθαρμαι	ἐφθάρην
χαίρω	χαιρήσω	ἐχάρην			

Die Musterbeispiele dieses Buches
(in Klammern die Lektion)

Deklination
1. Erste oder α-Deklination   ἡμέρα, θάλασσα, ἐντολή (4); μαθητής, νεανίας (5)
2. Zweite oder o-Deklination   λόγος; ἔργον (2)
3. Adjektive der o-/α-Deklination   ἅγιος, πρῶτος (6)
4. Dritte oder konsonantische Deklination
   φύλαξ, ἐλπίς, σῶμα, σωτήρ;
   ποιμήν, αἰών, ἡγεμών, ἄρχων (18);
   ἀνήρ, γυνή, πατήρ (19)
   πόλις, ἰχθύς, βασιλεύς, ἔθνος (20)
5. Adjektive der kons. Deklination   πᾶς (24); ἄφρων, ἀληθής, εὐθύς (27); μείζων (37)
6. Partizipien der kons. Deklination   λύων, λύσας, λυθείς (21), λελυκώς (31)
7. Unregelmäßige Adjektive   μέγας, πολύς (7)
8. Pronomen   ἐγώ, αὐτός, ἐμαυτοῦ (10);
   οὗτος, ἐκεῖνος (8), ὅδε (30); τίς (24), ὅς (13)
9. Zahlen   εἷς, δύο, τρεῖς, τέσσαρες (25)

Konjugation

A. Thematische oder ω-Konjugation
1. Vocalia (zu den einzelnen Formen von λύω siehe die Übersicht über das Grammatikpensum S.7–9; umseitig das dreisilbige Beispiel παιδεύω in allen – auch nicht neutestamentlichen – Formen)
2. Contracta   φιλέω (3, 7), τιμάω (28), πληρόω (29)
3. Muta   διώκω, πέμπω, πείθω (9, 15, 31)
4. Liquida   ἀγγέλλω (24)
5. Starker Aorist   ἔλαβον, ἐγενόμην (13, 14)
6. Wurzelaorist   ἐχάρην, ἔγνων (15, 35)
7. οἶδα (32)

B. Athematische oder μι-Konjugation
1. δίδωμι, τίθημι, ἵημι (33, 34)
2. ἵστημι (35)
3. δείκνυμι (36)
4. δύναμαι, κάθημαι, κεῖμαι (28)
5. εἰμί (8, 11, 26)
6. φημί, εἶμι (35)

Konjugation auf -ω (Verba vocalia)
Aktiv

		Indikativ		Konjunktiv	Optativ	Imperativ	Infinitiv Partizip
		Haupttempora	Nebentempora				
Präsens, Imperf.	S. 1. 2. 3. Pl. 1. 2. 3.	ich erziehe παιδεύ-ω παιδεύ-εις παιδεύ-ει παιδεύ-ο-μεν παιδεύ-ε-τε παιδεύ-ουσι(ν)	ich erzog ἐ-παίδευ-ο-ν ἐ-παίδευ-ε-ς ἐ-παίδευ-ε(ν) ἐ-παιδεύ-ο-μεν ἐ-παιδεύ-ε-τε ἐ-παίδευ-ο-ν	(damit) ich erziehe παιδεύ-ω παιδεύ-ῃς παιδεύ-ῃ παιδεύ-ω-μεν παιδεύ-η-τε παιδεύ-ωσι(ν)	möge ich erziehen! παιδεύ-οι-μι παιδεύ-οι-ς παιδεύ-οι παιδεύ-οι-μεν παιδεύ-οι-τε παιδεύ-οι-εν -οι-σαν	erziehe! παίδευ-ε παιδευ-έ-τω παιδεύ-ε-τε παιδευ-ό-ντων -έ-τωσαν	(zu) erziehen παιδεύ-ειν erziehend παιδεύ-ων, -οντος παιδεύ-ουσα, -ούσης παιδεῦ-ον, -οντος
Futur	S. 1. 2.	ich werde erziehen παιδεύ-σω παιδεύ-σεις			ich würde erziehen παιδεύ-σοι-μι παιδεύ-σοι-ς		erziehen (zu) werden παιδεύ-σειν einer, der erziehen wird παιδεύ-σων
Aorist I	S. 1. 2. 3. Pl. 1. 2. 3.		ich erzog ἐ-παίδευ-σα ἐ-παίδευ-σα-ς ἐ-παίδευ-σε(ν) ἐ-παιδεύ-σα-μεν ἐ-παιδεύ-σα-τε ἐ-παίδευ-σα-ν	(damit) ich erziehe παιδεύ-σω παιδεύ-σῃς παιδεύ-σῃ παιδεύ-σω-μεν παιδεύ-ση-τε παιδεύ-σωσι(ν)	möge ich erziehen! παιδεύ-σαι-μι παιδεύ-σαι-ς, -σειας παιδεύ-σαι, -σειε(ν) παιδεύ-σαι-μεν παιδεύ-σαι-τε παιδεύ-σαιε-ν, -σειαν	erziehe! παίδευ-σον παιδευ-σά-τω παιδεύ-σα-τε παιδευ-σά-ντων -σά-τωσαν	(zu) erziehen, erzogen (zu) haben παιδεῦ-σαι erzogen habend παιδεύ-σας, -σαντος παιδεύ-σασα, -σάσης παιδεῦ-σαν, -σαντος
Perfekt, Plusquamperf.	S. 1. 2. 3. Pl. 1. 2. 3.	ich habe erzogen πε-παίδευ-κα πε-παίδευ-κα-ς πε-παίδευ-κε(ν) πε-παιδεύ-κα-μεν πε-παιδεύ-κα-τε πε-παιδεύ-καν πε-παιδεύ-κᾶσι(ν)	ich hatte erzogen ἐ-πε-παιδεύ-κει-ν ἐ-πε-παιδεύ-κει-ς ἐ-πε-παιδεύ-κει(ν) ἐ-πε-παιδεύ-κε-μεν, -κειμεν ἐ-πε-παιδεύ-κε-τε, -κειτε ἐ-πε-παιδεύ-κεσαν, -κεισαν	(damit) ich erzogen habe πε-παιδεύ-κω πε-παιδεύ-κῃς usw. dafür gewöhnlich: πεπαιδευκώς ὦ, ᾖς, ᾖ usw.	möge ich erzogen haben! πε-παιδεύ-κοι-μι πε-παιδεύ-κοι-ς usw. dafür gewöhnlich: πεπαιδευκὼς εἴην, εἴης, εἴη usw.		erzogen (zu) haben πε-παιδευ-κέ-ναι erzogen habend πε-παιδευ-κώς, -κότος πε-παιδευ-κυῖα, -κυίας πε-παιδευ-κός, -κότος

Medium

		Indikativ		Konjunktiv	Optativ	Imperativ	Infinitiv Partizip
		Haupttempora	Nebentempora				
Präsens, Imperfekt		ich erziehe für mich	ich erzog für mich	(damit) ich für mich erziehe!	möge ich für mich erziehen!	erziehe für dich!	für sich (zu) erziehen
	S. 1.	παιδεύ-ο-μαι	ἐ-παιδευ-ό-μην	παιδεύ-ω-μαι	παιδευ-οί-μην		παιδεύ-ε-σθαι
	2.	παιδεύ-ῃ, -ει, -εσαι	ἐ-παιδεύ-ου	παιδεύ-ῃ	παιδεύ-οι-ο	παιδεύ-ου	für sich erziehend
	3.	παιδεύ-ε-ται	ἐ-παιδεύ-ε-το	παιδεύ-η-ται	παιδεύ-οι-το	παιδευ-έ-σθω	παιδευ-ό-μενος
	Pl. 1.	παιδευ-ό-μεθα	ἐ-παιδευ-ό-μεθα	παιδευ-ώ-μεθα	παιδευ-οί-μεθα		παιδευ-ο-μένη
	2.	παιδεύ-ε-σθε	ἐ-παιδεύ-ε-σθε	παιδεύ-η-σθε	παιδεύ-οι-σθε	παιδεύ-ε-σθε	παιδευ-ό-μενον
	3.	παιδεύ-ο-νται	ἐ-παιδεύ-ο-ντο	παιδεύ-ω-νται	παιδεύ-οι-ντο	παιδευ-έ-σθωσαν -έ-σθωσαν	
Futur		ich werde für mich erziehen			ich würde für mich erziehen		für sich erziehen (zu) werden
	S. 1.	παιδεύ-σο-μαι			παιδευ-σοί-μην		παιδεύ-σε-σθαι
	2.	παιδεύ-σῃ			παιδεύ-σοι-ο		einer, der für sich erziehen wird
							παιδευ-σό-μενος
Aorist I		ich erzog für mich		(damit) ich für mich erziehe!	möge ich für mich erziehen!	erziehe für dich!	für sich erzogen (zu) haben
	S. 1.		ἐ-παιδευ-σά-μην	παιδεύ-σω-μαι	παιδευ-σαί-μην		παιδεύ-σα-σθαι
	2.		ἐ-παιδεύ-σω	παιδεύ-σῃ	παιδεύ-σαι-ο	παίδευ-σαι	für sich erz. habend
	3.		ἐ-παιδεύ-σα-το	παιδεύ-ση-ται	παιδεύ-σαι-το	παιδευ-σά-σθω	παιδευ-σά-μενος
	Pl. 1.		ἐ-παιδευ-σά-μεθα	παιδευ-σώ-μεθα	παιδευ-σαί-μεθα		παιδευ-σα-μένη
	2.		ἐ-παιδεύ-σα-σθε	παιδεύ-ση-σθε	παιδεύ-σαι-σθε	παιδεύ-σα-σθε	παιδευ-σά-μενον
	3.		ἐ-παιδεύ-σα-ντο	παιδεύ-σω-νται	παιδεύ-σαι-ντο	παιδευ-σά-σθων -σά-σθωσαν	
Perf. Plusquamperf.		ich habe für mich erzogen	ich hatte für mich erzogen	(damit) ich für mich erzogen habe	möchte ich für mich erz. haben!	habe für dich erzogen!	für sich erzogen (zu) haben
	S. 1.	πε-παίδευ-μαι	ἐ-πε-παιδεύ-μην	πεπαιδευμένος ὦ	πεπαιδευμένος εἴην		πε-παιδεῦ-σθαι
	2.	πε-παίδευ-σαι	ἐ-πε-παίδευ-σο	ᾖς	εἴης	πε-παίδευ-σο	für sich erz. habend
	3.	πε-παίδευ-ται	ἐ-πε-παίδευ-το	ᾖ	εἴη	πε-παιδεύ-σθω	πε-παιδευ-μένος
	Pl. 1.	πε-παιδεύ-μεθα	ἐ-πε-παιδεύ-μεθα	πεπαιδευμένοι ὦμεν	πεπαιδευμένοι εἴημεν		πε-παιδευ-μένη
	2.	πε-παίδευ-σθε	ἐ-πε-παίδευ-σθε	ἦτε	εἴητε	πε-παίδευ-σθε	πε-παιδευ-μένον
	3.	πε-παίδευ-νται	ἐ-πε-παίδευ-ντο	ὦσι(ν)	εἴησαν	πε-παιδεύ-σθων -σθωσαν	

Passiv

		Indikativ		Konjunktiv	Optativ	Imperativ	Infinitiv / Partizip
		Haupttempora	Nebentempora				
Präs. Imperfekt		ich werde erzogen	ich wurde erzogen	(damit) ich erzogen werde	möge ich erzogen werden!	werde erzogen! laß dich erziehen!	erzogen (zu) werden
	S. 1.	παιδεύ-ο-μαι	ἐ-παιδευ-ό-μην	παιδεύ-ω-μαι	παιδευ-οί-μην		παιδεύ-ε-σθαι
	2.	παιδεύ-ῃ, -ει, -ε-σαι	ἐ-παιδεύ-ου	παιδεύ-ῃ	παιδεύ-οι-ο	παιδεύ-ου	erzogen werdend παιδευ-ό-μενος
Futur		ich werde erzogen werden			ich würde erzogen werden		(in Zukunft) erzogen (zu) werden
	S. 1.	παιδευ-θή-σο-μαι			παιδευ-θη-σοί-μην		παιδευ-θή-σε-σθαι
	2.	παιδευ-θή-σῃ			παιδευ-θή-σοι-ο		einer, der erzogen werden wird
	3.	παιδευ-θή-σε-ται			παιδευ-θή-σοι-το		παιδευ-θη-σό-μενος
	Pl. 1.	παιδευ-θη-σό-μεθα			παιδευ-θη-σοί-μεθα		παιδευ-θη-σο-μένη
	2.	παιδευ-θή-σε-σθε			παιδευ-θή-σοι-σθε		παιδευ-θη-σό-μενον
	3.	παιδευ-θή-σο-νται			παιδευ-θή-σοι-ντο		
				gleichlautend mit dem Medium			
Aorist I			ich wurde erzogen	(damit) ich erzogen werde	möge ich erzogen werden!	werde erzogen! laß dich erziehen!	erzogen (zu) werden erzogen worden (zu) sein
	S. 1.		ἐ-παιδεύ-θη-ν	παιδευ-θῶ	παιδευ-θείη-ν		παιδευ-θῆ-ναι
	2.		ἐ-παιδεύ-θη-ς	παιδευ-θῇς	παιδευ-θείη-ς	παιδεύ-θη-τι	erzogen
	3.		ἐ-παιδεύ-θη	παιδευ-θῇ	παιδευ-θείη	παιδευ-θή-τω	παιδευ-θείς, -θέντος
	Pl. 1.		ἐ-παιδεύ-θη-μεν	παιδευ-θῶ-μεν	παιδευ-θεῖη-μεν, -θεῖμεν		παιδευ-θεῖσα, -θείσης
	2.		ἐ-παιδεύ-θη-τε	παιδευ-θῆ-τε	παιδευ-θείη-τε, -θεῖτε	παιδεύ-θη-τε	παιδευ-θέν, -θέντος
	3.		ἐ-παιδεύ-θη-σαν	παιδευ-θῶσι(ν)	παιδευ-θείη-σαν, -θεῖεν	παιδευ-θέ-ντων -θή-τωσαν	
Perf. Plusquamp.		ich bin erzogen	ich war erzogen	(damit) ich erzogen sei	möge ich erzogen sein!	sei erzogen!	erzogen (zu) sein
	S. 1.	πε-παίδευ-μαι	ἐ-πε-παιδεύ-μην	πεπαιδευμένος ὦ	πεπαιδευμένος εἴην		πε-παιδεῦ-σθαι
	2.	πε-παίδευ-σαι	ἐ-πε-παίδευ-σο	ᾖς	εἴης	πε-παίδευ-σο	erzogen πε-παιδευ-μένος
				gleichlautend mit dem Medium			

Sachregister

(zugleich Register der Fachausdrücke; für griechische Wörter siehe die Musterbeispiele S. 165 und das Gesamtverzeichnis der griechischen Vokabeln S. 177)

Abhängiger Begehrsatz 82
Accusativus cum infinitivo 54
AcI: als Subjekt 54, als Objekt 104, ὥστε 111, πρίν 119, nach ἐγένετο 152
AcP 71
Adverb: o-/α-Dekl. 54, 3. Dekl. 85, Steigerung 122, präpositional 133, Zahladverbien 149
Akkusativ: direktes Ojekt 15, Zeitdauer 48 Anm. 45, AcI 54, AcP 71, Richtung 124, Hinsicht/Bezugspunkt 134, adverbiell 135, Ausdehnung 135, Zeitpunkt 135
Aktiv 39
Akut 12
Akzente 12, Enklitika 155
Alphabet 11
Angleichung 24 Anm. 15
Anrede Vokativ 15
Aorist: punktuell, komplexiv, ingressiv, effektiv 29, schwach (aktiv) 29, schwach (passiv) 47, stark (aktiv/medium) 41, 44, stark (passiv) 47, Angleichung an den schwachen 42, 44, Wurzelaorist 47
Apodosis 138
Apostroph 24 Anm. 15
ARIE-Regel 18
Artikel: Dekl. 14, 19, unbest. 17, mit μέν und δέ 34, possessiv 35 Anm. 30
Aspekte: Imperfekt 24, 29, Aorist 29, Perfekt 100, Infinitiv 50, Partizip 65, Imperativ 78, Konjunktiv 81, Irrealis 138, Optativ 141
Aspiration 130 Anm. 129
Assimilation 24 Anm. 15, 130 Anm. 129
Atona 155
Attizismus 121 Anm. 122
Attractio relativi 144
Attributive Stellung 31 Anm. 27, 33
Augment 24, 26, (Perfekt) 98
Bedingungssatz 138, 142
Befehl 77, 78, direkt mit ἵνα 147
Bestimmter Artikel 19, 27
Betonungsregeln 155

Bindevokal: δύναμαι 87, Perfekt 99, -μι-Verben 106
Casus pendens 153
Coniugatio periphrastica 70, Perfekt 99
Contracta (-ε) 17, 30, (-α) 86, (o-) 90
Dativ: indirektes Objekt 15, instrumentalis 39, 125, 136, soziativ, lokativ 125, possessivus 136, kausal 136, Hinsicht 136, mensurae 136, Zeitpunkt 136, zeitl. Ausdehnung 136
Dehnungsaugment 24, 26
Deklinierter Infinitiv 52
Demonstrativadverbien 93
Demonstrativpronomen 27, 93, Ausfall 145
Dentale (Konjugation) 30, 47, 99, (Deklination) 56
Deponentia 36, media 37, passiva 37
Digamma 12
Diphthong 12, 15, 141 Anm. 136
Direkte Entscheidungsfrage 91
Direkte Frage 91, 94
Direktes Objekt 15
Distributivverhältnisse (Semitismus) 154
Elativ 120
Elision 24 Anm. 15
Enklitika 26, 155
Entscheidungsfrage 91
Ersatzdehnung: Deklination 57, 64, Liquida 73
Eventualis 95, 138
Finalsatz 82, 146
Futur 29, medial 36, 42, statt Imperativ oder Konjunktiv 154
Futurum contractum 73
Genitiv: possessivus 15, 32, 135, auctoris 39, absolutus 67, 70, Preis/Wert 112 Anm. 113, 135, comparationis 122, 135, Ausgangspunkt 124, separativus 135, Zeit 135, qualitatis 135, subiectivus 135, obiectivus 136, beschreibend 153
Gleichzeitigkeit 44
Gravis 12
Gutturale: Konjugation 30, 47, 99, Deklination 56

169

Hauchdissimilation 44 Anm. 39
Hiat 13 Anm. 5, 24 Anm. 15
Imperativ 77, 78
Imperfekt: durativ, linear, iterativ, konativ 24, 29
Indefinitpronomen 75
Indefinitus 138
Indirekte Entscheidungsfrage 91
Indirekte Frage 91, 94, Potentialis 143
Indirekte Rede 44, 103, Optativus obliquus 143
Indirektes Objekt 15
Infinitiv 49, dekliniert 52, AcI 54, Genitiv des deklinierten 145
Interrogativadverbien 93
Interrogativpronomen 75, 93
Intervokalisches Sigma 61 Anm. 64, Futur von Liquida 73, kons. Dekl. 84
Intransitiv (ἵσταμαι) 113, 115
Iota subscriptum 12
Irrealis 138
Iterativus 95, 138
Kasusfunktionen 15, 134
Klassisches Griechisch 3
Koine 3
Kollektiver Singular 15
Komparativ: Adjektiv 120, Adverb 122
Komposita 25, 130, (ἔρχομαι) 45, (ἵστημι) 115
Konditionalsatz 138, 142
Konjunktiv 81, Adhortativus 81, Prohibitivus 82, im abh. Begehrssatz 82, im Finalsatz 82, Deliberativus 92, Prospektivus (Eventualis, Iterativus) 95, 138
Kontraktion 17, 30, 86, 90
Koronis 33 Anm. 29
Krasis 33 Anm. 29
Labiale: Konjugation 30, 47, 99, Deklination 56
Liquida: Konjugation 73, 99, Deklination 56, 57
Logisches Subjekt: AcI 53, gen. abs. 70
Medium 36, 39
μι-Verben 106
Modalpartikel 95
Modus (Aussageform) 81, 141
Muta 30
Nachzeitigkeit 44
Negation 71 Anm. 68, mehrfache 79, οὐ μή 88, Zusammenfassung 143
Nominativ Subjekt 15, für Vokativ 134, Casus pendens 153

Optativ 141
Participium coniunctum 67
Partikel 24 Anm. 15, 34, 139, Modalpartikel 95
Partizip: adjektivisch, substantiviert 65, adverbial (part. coni.) 67, adverbial (gen. abs.) 67, 70, prädikativ (coniug. periphr.) 70, prädikativ (AcP) 71, prädikativ (nach Verben d. modifizierten Seins und Tuns) 71
Passiv 39
Perfekt schwach, stark 98, 100, resultativ 100, (ἵσταμαι) 115
Personalpronom 32, 33
Plusquamperfekt 102
Positiv 120
Possessivpronomen 23, 32, 33
Potentialis 142
Prädikative Stellung 28, 31 Anm. 27, 33
Prädikatsnomen 25
Präfix 45, 97, Übersicht 130
Präpositionen 124, 132 präpositionale Adverbien 133
Präsenserweiterung (-j) 73, (-νυ) 118
Protasis 138, 142
Reduplikation: Perfekt 97, Präsens 106
Reflexivpronomen 33
Relativadverbien 93
Relativpronomen 42, 93, Angleichung 144
Satzfrage 91
Schwacher Aorist 29
Semitische Wörter 51 Anm. 49
Semitismen 151
Sinngemäße Konstruktion 28 Anm. 21
Spiritus: asper, lenis 12
Stammformen 104, 157
Starker Aorist 41, 44
Steigerung Adjektiv 120, Adverb 122
Subjekt 15
Subjektakkusativ 53
Suffix 133 Anm. 133
Superlativ: Adjektiv 120, Adverb 122
Temporalsätze 39
Transitiv (ἵστημι) 113, 115
Unbestimmter Artikel 17
Vocalia 30
Vokativ 14, 15
Vorzeitigkeit: 44, Partizip 65, Aorist und Plusquamperfekt 103
Wortstellung 16 Anm. 7
Wurzelaorist 47, Partizip 65, 114
Zahladverbien 149

Zahlen 79, 148, Semitismus 154
Zeichensetzung 20
Zeitstufe 29

Zirkumflex 12
Zusammengesetzte Adjektive 22

Deutsch-griechisches Wörterverzeichnis

A

aber	ἀλλά, δέ
abreisen	ἀπέρχομαι
alle	πάντες
alles	πάντα, πᾶν
als	ὅτε, ἐπεί
also	οὖν
alt	παλαιός
anbeten	προσεύχομαι
die anderen	οἱ δέ, οἱ ἄλλοι
ein anderer	ἄλλος, ἕτερος
annehmen	δέχομαι
anschauen	θεωρέω, θεάομαι
anstatt	ἀντί
Anteil geben	μεταδίδωμι
antworten	ἀποκρίνομαι
Apostel	ἀπόστολος
Arbeit	ἔργον
arbeiten	ἐργάζομαι
Arbeiter	ἐργάτης
Arzt	ἰατρός
auch	καί
auf	ἐν, ἐπί
auferstehen	ἐγείρομαι
aufheben	αἴρω
auf keinen Fall	οὐ μή
aufstehen	ἀνίσταμαι
Auge	ὀφθαλμός
aus	ἐκ, ἐξ
außerhalb	ἔξω
außer sich geraten	ἐξίσταμαι
auswählen	ἐκλέγομαι

B

bauen	οἰκοδομέω
Baum	δένδρον
beachten	τηρέω
Bedarf	χρεία
beenden	τελέω, τελειόω
Befehl	ἐντολή
befehlen	κελεύω, διατάσσω, ἐπιτάσσω, προστάσσω, ἐντέλλομαι
betreien	λύω
begegnen	ὑπαντάω
begehren	ἐπιθυμέω
beginnen	ἄρχομαι
behalten	τηρέω
behüten	τηρέω
bei	παρά
bekennen	ὁμολογέω
bekommen	λαμβάνω, δέχομαι
bemitleiden	ἐλεέω
bereiten	ἑτοιμάζω
Berg	ὄρος
berichten	ἀγγέλλω
besiegen	νικάω
besser	κρείσσων
beten	προσεύχομαι
betrachten	θεωρέω, θεάομαι
betreten	εἰσέρχομαι
Bett	κλίνη, κράββατος
Bettstelle	κράββατος
bevor	πρίν, πρὶν ἤ
bewachen	φυλάσσω, τηρέω
bewohnen	κατοικέω
bewundern	θαυμάζω
bezahlen	ἀποδίδωμι
bis	ἕως, μέχρι(ς), ἄχρι(ς) (οὗ)
bitten	αἰτέω, δέομαι
bleiben	μένω
blind	τυφλός
Blut	αἷμα
böse	κακός
Boot	πλοῖον
Bote	ἄγγελος
bringen	φέρω
Bruder	ἀδελφός
Buch	βιβλίον

C

Christus	Χριστός

D

daher	οὖν
Dämon	δαιμόνιον
damals	τότε

damit	ἵνα
damit nicht	ἵνα μή, μή
dann	τότε
daß	ὅτι, ἵνα
dein	σός, σου
denn	γάρ
der (Rel.-pr.)	ὅς
derselbe	ὁ αὐτός
Diener	δοῦλος, ὑπηρέτης, διάκονος
dieser	οὗτος
Dorf	κώμη
drei	τρεῖς
du	σύ
dürsten	διψάω
durch (lok.)	διά
durch (Handelnder)	ὑπό

E

eben (Adv.)	ἄρτι
Ehemann	ἀνήρ
Ehre	τιμή
eigen	ἴδιος
einer	εἷς, τις
einige	τινες
eintreten	εἰσέρχομαι
empfangen	λαμβάνω, δέχομαι
Ende	τέλος
Engel	ἄγγελος
s. enthalten	ἀπέχομαι
enthüllen	ἀποκαλύπτω
s. erbarmen	ἐλεέω
erbauen	οἰκοδομέω
erbitten	αἰτέω
Erde	γῆ
erfahren	μανθάνω
erhalten	λαμβάνω, δέχομαι
erkennen	γινώσκω
erlauben	ἐάω, ἐπιτρέπω
erleiden	πάσχω
erlösen	σώζω, λύω
Erlösung	σωτηρία
erster	πρῶτος
ertragen	πάσχω
erwecken	ἐγείρω
essen	ἐσθίω
etwa?	μήτι;
euer	ὑμέτερος, ὑμῶν
Evangelium	εὐαγγέλιον
das Evangelium verkünden	εὐαγγελίζομαι
ewig	αἰώνιος
Ewigkeit	αἰών

F

fallen	πίπτω
fasten	νηστεύω
Feind	ἐχθρός
Feld	ἀγρός
Fest, Festtag	ἑορτή
Feuer	πῦρ
finden	εὑρίσκω
Fisch	ἰχθύς
Fleisch	σάρξ
fliehen	φεύγω
Fluß	ποταμός
folgen	ἀκολουθέω
fortsenden	ἀποστέλλω
freilassen	λύω
s. freuen	χαίρω
Friede	εἰρήνη
Frucht	καρπός
führen	ἄγειν
fünf	πέντε
fürchten	φοβεῖσθαι
s. fürchten	φοβεῖσθαι
Fuß	πούς

G

ganz	ὅλος, πᾶς
gehen	ἔρχομαι, -εῖμι, περιπατέω
glauben	πιστεύειν
Gouverneur	ἡγεμών
Grabmal	μνημεῖον
gut	ἀγαθός, καλός

H

Haar	θρίξ (τριχός)
haben	ἔχειν
Hahn	ἀλέκτωρ
Hand	χείρ
hassen	μισέω
Haus	οἶκος
Hausherr	οἰκοδεσπότης
Heiden	ἔθνη
heilen	θεραπεύω

173

heilig	ἅγιος
heiligen	ἁγιάζω
Heiland	σωτήρ
Heimat	πατρίς
helfen	ὠφελέω
herabkommen	καταβαίνω
herabsteigen	καταβαίνω
herausgehen	ἐξέρχομαι
herauskommen	ἐξέρχομαι
herauswerfen	ἐκβάλλω
Herr	κύριος, δεσπότης
Herrlichkeit	δόξα
Herz	καρδία
hier	ὧδε
Himmel	οὐρανός
hinaufgehen	ἀναβαίνω
hinaufsteigen	ἀναβαίνω
hinzufügen	προστίθημι
Hirte	ποιμήν
hoch	ὑψηλός
hören	ἀκούω
hoffen	ἐλπίζω
Hoffnung	ἐλπίς
hungern	πεινάω

I

ich	ἐγώ
ihn	αὐτόν
immer	πάντοτε
in	ἐν, εἰς
in die Irre führen	πλανάω

J

Jahr	ἔτος
jeder	ἕκαστος, πᾶς
jeder einzelne	ἕκαστος
jedoch	πλήν
jener	ἐκεῖνος
jenseits	πέραν
Jesus	Ἰησοῦς
jetzt	νῦν
Johannes	Ἰωάννης
Jordan	Ἰορδάνης
jubeln	ἀγαλλιάομαι
Jude	Ἰουδαῖος
Jünger	μαθητής
Jüngling	νεανίας
junger Mann	νεανίας
Jungfrau	παρθένος

K

kaufen	ἀγοράζω
kein	οὐ, οὐδείς
Kind	τέκνον, παιδίον
kleines Kind	παιδίον
Kirche	ἐκκλησία
Kleider	ἱμάτια
Knabe	παῖς
König	βασιλεύς
Königreich	βασιλεία
können	δύναμαι
Körper	σῶμα
kommen	ἔρχομαι
Kopf	κεφαλή
krank	ἀσθενής
Krankheit	νόσος
Kreuz	σταυρός
kurz	βραχύς

L

lahm	χωλός
Lampe	λαμπάς
Land	γῆ, χώρα
lassen	ἐάω
leben	ζάω
Leben	ζωή
legen	τίθημι
lehren	διδάσκω
Leib	σῶμα
Leichnam	νεκρός, σῶμα
lernen	μανθάνω
lesen	ἀναγινώσκω
der letzte	ἔσχατος
leugnen	ἀρνέομαι
Liebe	ἀγάπη
lieben	ἀγαπάω, φιλέω
Lohn	μισθός

M

machen	ποιέω
Macht	ἐξουσία, δύναμις
Mädchen	παρθένος
Märtyrer	μάρτυς
Mann	ἀνήρ
marschieren	πορεύομαι
Masse	ὄχλος, πλῆθος
Meer	θάλασσα
mein	ἐμός, μου
die meisten	οἱ πλεῖστοι

melden	ἀγγέλλω
Menge	ὄχλος, πλῆθος
Mensch	ἄνθρωπος
mit	σύν, μετά
Mitleid haben mit	ἐλεέω
Mitte	μέσον
mitteilen	μεταδίδωμι
Mühsal	θλῖψις
müssen	δεῖ, ὀφείλω
Mund	στόμα
Mutter	μήτηρ

N

nach	μετά
Nacht	νύξ
s. nähern	ἐγγίζω
nahe	ἐγγύς
Name	ὄνομα
Nation	ἔθνος
neben	παρά
nehmen	λαμβάνω
nennen	καλέω, ὀνομάζω
Netz	δίκτυον
neu	καινός, νέος
nicht	οὐ, μή
nicht?	οὐχί;
nicht mehr	οὐκέτι, μηκέτι
s. niederlegen	ἀνάκειμαι
niemals	οὐδέποτε, μηδέποτε
noch	ἔτι
es ist nötig	δεῖ
nun	νῦν, οὖν
nur	μόνον

O

ob	εἰ
obwohl	καίπερ
oder	ἤ
öffnen	ἀνοίγω
Öl	ἔλαιον
Ohr	οὖς
Ort	τόπος

P

Platz	τόπος
predigen	κηρύσσω
Priester	ἱερεύς
Prophet	προφήτης

R

rasch	ταχύς (ταχέως)
Räuber	λῃστής
rauben	ἁρπάζω
rechtfertigen	δικαιόω
reden	λαλέω
reich	πλούσιος
Reich	βασιλεία
Reichtum	πλοῦτος
reif	τέλειος
rein	ἅγιος
reisen	πορεύομαι
retten	σῴζω
Rettung	σωτηρία
Richter	κριτής
rühmen	δοξάζω
rufen	καλέω, βοάω, κράζω
Ruhm	δόξα

S

Saat	σπέρμα
Sabbat	σάββατον
säen	σπείρω
sagen	λέγω, φημί
Schaf	πρόβατον
schicken	πέμπω
Schiff	πλοῖον
schlecht	κακός
schlechter	ἐλάσσων, ἥσσων, χείρων
schön	καλός
schon	ἤδη
schreiben	γράφω
schreien	βοάω, κράζω
Schrift	γραφή
Schüler	μαθητής
schulden	ὀφείλω
schwach	ἀσθενής
Schwert	μάχαιρα
schwören	ὄμνυμι
See	θάλασσα
segnen	εὐλογέω
sehen	βλέπω, ὁράω
sein (Verbum)	εἰμί
sein (Poss.-pr.)	αὐτοῦ, ἑαυτοῦ
selbst	αὐτός
selig	μακάριος
senden	πέμπω
setzen	τίθημι
s. setzen	καθίζω

sicherlich nicht	οὐ μή
sie (Akk. Fem.)	αὐτήν
sie (Akk. Plur.)	αὐτούς, αὐτάς
sieben	ἑπτά
Silber	ἀργύριον
sitzen	καθίζω, κάθημαι
Sklave	δοῦλος
so	οὕτως
sobald	ἐπεί, ὅταν
so daß	ὥστε
sofort	εὐθύς
sogar	καί
Sohn	υἱός
Soldat	στρατιώτης
sooft	ὅταν, ἐάν
s. sorgen	μεριμνάω
sowohl – als auch	καί – καί, τε καί
später (Adv.)	ὕστερον
sprechen	λαλέω, λέγω, φημί
Stadt	πόλις
statt	ἀντί
Stein	λίθος
Stelle	τόπος
stellen	τίθημι, ἵστημι
s. stellen	ἵσταμαι
sterben	ἀποθνήσκω
Stern	ἀστήρ
Steuereinnehmer	τελώνης
Stimme	φωνή
Straße	ὁδός
suchen	ζητέω
Sünde	ἁμαρτία
Sünder	ἁμαρτωλός
sündigen	ἁμαρτάνω

T

tadeln	ἐπιτιμάω
Tag	ἡμέρα
Tat	ἔργον
große Tat	δύναμις
Täufer	βαπτιστής
taufen	βαπτίζω
teilnehmen lassen	μεταδίδωμι
Tempel	ἱερόν
Teufel (Sg.)	διάβολος
Teufel (Pl.)	δαιμόνια
Tochter	θυγάτηρ
Tod	θάνατος
töricht	μωρός
töten	ἀποκτείνω
Toter	νεκρός
tragen	φέρω, βαστάζω
treiben	ἄγω
treu	πιστός
trinken	πίνω
trocknen	ξηραίνω
Tür	θύρα
tun	ποιέω

U

über	ὑπέρ
überflüssig	περισσός
übergeben	παραδίδωμι
überreden	πείθω
überzeugen	πείθω
übrig	λοιπός
umhergehen	περιπατέω
umkommen	ἀπόλλυμαι
ungerecht	ἄδικος
unser	ἡμέτερος, ἡμῶν
unter	ὑπό
unvernünftig	ἄφρων

V

Vater	πατήρ
Vaterland	πατρίς
verbergen	κρύπτω
verblüffen	ἐξίστημι
verdorren	ξηραίνομαι
verfolgen	διώκω
vergeben	ἀφίημι
Vergebung	ἄφεσις
vergleichen	ὁμοιόω
verhaften	συλλαμβάνω
Verheißung	ἐπαγγελία
verkaufen	ἀποδίδομαι
verkünden	κηρύσσω, ἀγγέλλω
verlassen	λείπω
verleugnen	ἀρνέομαι
verlieren	λείπω, ἀπόλλυμι
vernichten	φθείρω
vernünftig	ὑγιής
verraten	παραδίδωμι
versammeln	συνάγω
Versprechung	ἐπαγγελία
versuchen	ζητέω, πειράζω
verstehen	ἐπίσταμαι, συνίημι
Vertrag	διαθήκη
vertrauen	πιστεύω

Vertrauen	πίστις	werfen	βάλλω
verurteilen	κατακρίνω	Werk	ἔργον
viel	πολύς	wert	ἄξιος
viele	πολλοί	wider	κατά
vier	τέσσαρες	wie?	πῶς;
vierzig	τεσσεράκοντα	wie	ὡς
Volk	λαός, ἔθνος	wieder	πάλιν
voll	πλήρης	Witwe	χήρα
vollenden	τελέω	wissen	γινώσκω, οἶδα, ἐπίσταμαι
vollkommen	τέλειος		
von	ἀπό, ἐκ	wo?	ποῦ;
vorbeigehen	παράγω	wohnen	κατοικέω
vorbereiten	ἐτοιμάζω	Wolke	νεφέλη
		wollen	θέλω, βούλομαι, ἐπιθυμέω
W		Wort	λόγος, ῥῆμα
		wünschen	ἐπιθυμέω
Wache	φυλακή	würdig	ἄξιος
wachen	γρηγορέω, φυλάσσω	Wüste	ἡ ἔρημος
Wächter	φύλαξ	Wunder	σημεῖον, τέρας
während	ἕως	s. wundern	θαυμάζω
wahr	ἀληθής		
wahrhaft	ἀληθής		
wandeln	περιπατέω	Z	
wann?	πότε;		
warnen	ἐπιτιμάω		
warum?	τί;	Zahn	ὀδούς
was?	τί;	zehn	δέκα
Wasser	ὕδωρ	Zeichen	σημεῖον
weder	οὔτε, μήτε	zeigen	δείκνυμι, φανερόω
Weg	ὁδός	Zeitalter	αἰών
wegen	διά	zerstören	φθείρω, ἀπόλλυμι
wegführen	ἀπάγω	Zeuge	μάρτυς
weggehen	ἀπέρχομαι	Zeugnis ablegen	μαρτυρέω
wegtreten	ἀφίσταμαι	ziehen (intr.)	πορεύομαι, ἔρχομαι
Weib	γυνή	Zorn	ὀργή
weil	ὅτι, ἐπεί	zu	εἰς, πρός
Weinberg	ἀμπελών	zulassen	ἐάω
weise	σοφός	Zunge	γλῶσσα
Welt	κόσμος	zurücklassen	λείπω
weniger	ἧσσον	zusammentreiben	συνάγω
wenn	εἰ, ἐάν		
wer?	τίς;	zuverlässig	πιστός
werden	γίνομαι	zwei	δύο

177

Gesamtverzeichnis der griechischen Vokabeln

Die Zahlen geben die Lektionen an, bei denen die Wörter zu lernen sind. Ein Sternchen bedeutet, daß die Stammformen des Verbums in der Liste S. 157ff aufgeführt sind.

A

ἀγαθός	6	gut
ἀγαλλιάομαι	28	s. sehr freuen, jubeln
ἀγαπάω	28	lieben
ἀγάπη	4	Liebe
ἀγαπητός	21	geliebt
ἀγγέλλω *	24	verkünden, melden
ἄγγελος	2	Bote, Engel
ἁγιάζω	19	heiligen
ἅγιος	6	heilig, rein
ἀγνοέω	43	nicht wissen
ἀγοράζω	9	kaufen
ἀγρός	14	Acker, Feld
ἄγω *	3	führen, treiben, gehen
ἀδελφός	2	Bruder
ἀδικέω	30	Unrecht tun, verletzen
ἄδικος	6	ungerecht
ἀθετέω	43	abschaffen, verwerfen
αἷμα	18	Blut
αἱρέω *	39	nehmen
αἴρω *	24	aufheben
αἰτέω	3	bitten, fordern
αἰών	18	Zeitalter, Ewigkeit
αἰώνιος	7	ewig
ἀκολουθέω	7	folgen
ἀκούω *	1	(m. Gen. oder Akk.) hören
ἀκριβής	37	sorgfältig, gründlich
ἀλέκτωρ	18	Hahn
ἀλήθεια	4	Wahrheit
ἀληθής	27	wahr, wahrhaftig
ἀλλά	4	aber, sondern
ἄλλος	34	ein anderer
ἁμαρτάνω *	13	sündigen
ἁμαρτία	4	Fehler, Sünde
ἁμαρτωλός	10	sündig; Sünder
ἄμεμπτος	42	untadelig
ἀμπελών	18	Weinberg
ἀμφιέννυμι	36	anziehen, bekleiden
ἄν	30	(auch immer)
ἀνά	38	(m. Akk.) auf
ἀναβαίνω *	15	hinaufgehen, heraufkommen
ἀναβλέπω	39	1. aufblicken; 2. wiedersehen, erblicken
ἀναγινώσκω *	7	lesen
ἀναζάω	39	wiederaufleben
ἀναιρέω	39	aufnehmen, zerstören, töten
ἀναλαμβάνω	*15	aufnehmen
ἀνάστασις	20	Auferstehung
ἀναχωρέω	39	weggehen, zurückkehren
ἄνεμος	43	Wind
ἀνήρ	19	Mann
ἀνθίσταμαι *	35	s. entgegenstellen
ἄνθρωπος	4	Mensch
ἀνίστημι *	35	aufstellen, (intr.) aufstehen
ἀνοίγω *	22	öffnen
ἀντί	35	(m. Gen.) anstatt, für
ἄνω	40	oben, wieder
ἄνωθεν	40	von oben, von Anfang an
ἄξιος	36	wert, würdig
ἀπάγω *	7	fortführen
ἅπας	24	jeder, ganz (Pl.: alle)
ἀπέναντι	40	gegenüber
ἀπέρχομαι *	14	weggehen
ἀπέχομαι	40	(m. Gen.) s. enthalten, meiden

ἀπέχω *	40 (m. Gen.) entfernt sein von	ἄφεσις	21 Vergebung
ἀπό	5 (m. Gen.) von	ἀφίημι *	33 fortlassen, verlassen, vergeben
ἀποδίδωμι *	33 abgeben, zahlen; (Med.) verkaufen	ἀφίστημι *	35 entfernen, (intr.) sich entfernen
ἀποθνῄσκω	* 7, 24 sterben	ἄφρων	27 töricht
ἀποκαθίστημι	*35 wiederherstellen	ἄχρι	12 bis
ἀποκαλύπτω	9 enthüllen, offenbaren		
ἀποκρίνομαι	*22 antworten	**B**	
ἀποκτείνω *	7, 24 töten	-βαίνω *	15 -gehen, -kommen
ἀπόλλυμι (-ύω)	24 verderben, verlieren, *zerstören (Med.: umkommen)	βάλλω *	7, 24 werfen
		βαπτίζω	12 taufen, eintauchen
		βαπτιστής	5 Täufer
ἀπολύω	20 befreien, erlösen	βαρύς	37 schwer, gewichtig
ἀποστέλλω *	24 fortschicken, aussenden	βασανίζω	14 foltern, martern
		βασιλεία	4 Königreich
ἀπόστολος	3 Apostel	βασιλεύς	20 König
ἀποτίθεμαι	34 ablegen	βαστάζω	9 tragen, ertragen
ἅπτομαι	26 (m. Gen.) berühren	βέλτιον	37 (Adv.) besser
ἀπώλεια	42 Zerstörung, Vernichtung	βιβλίον	7 Buch
		βλασφημέω	32 verleumden, lästern
ἆρα;	29 (Frageeinleitung)	βλέπω	1 sehen, erblicken
ἀργύριον	2 Silber, Geld	βοάω	28 rufen, schreien
ἀρέσκω *	41 gefallen	βούλομαι *	16 wollen
ἀρνέομαι	30 leugnen	βραχύς	27 kurz, klein
ἁρπάζω *	34 raffen, rauben		
ἄρτι	32 jetzt, sofort, gerade, eben, erst	**Γ**	
		γαμέω *	31 heiraten
ἄρτος	2 Brot	γάμος	27 Heirat, Ehe
ἀρχή	26 Beginn, Herrschaft	γάρ	4 denn, nämlich
ἀρχιερεύς	20 Hohepriester	γεννάω	28 zeugen, hervorbringen
ἄρχομαι	16 (m. Gen.) beginnen, anfangen		
		γῆ	9 Erde
ἄρχω	18 (m. Gen.) herrschen über	γίνομαι *	13 werden, geschehen
		γινώσκω *	7 erkennen, wissen
ἄρχων	18 Herrscher	γλῶσσα	5 Zunge, Sprache
ἀσθενέω	34 schwach sein, krank sein	γονεύς	27 Elternteil (Pl.: Eltern)
ἀσθενής	27 krank, schwach	γόνυ	19 Knie
ἀσπάζομαι	15 begrüßen	γραμματεύς	20 Schreiber
ἀστήρ	23 Stern	γραφή	12 Schreiben (Pl.: Schriften)
ἀτενίζω	23 starren		
αὐτός	10 1. er, sie, es 2. selbst	γράφω *	1 schreiben
(ὁ) αὐτός	3. (der) selbe	γρηγορέω	27 wachen
ἀφαιρέω *	39 wegnehmen	γυνή	19 Frau

Δ		δύναμαι *	28 können
δαιμονίζομαι	21 besessen sein	δύναμις	20 Macht, große Tat, Wunder
δαιμόνιον	2 Dämon (Pl.: die Teufel)	δύο	25 zwei
δέ	4 aber, und	δώδεκα	29 zwölf
δεῖ	17 es ist nötig, recht	δῶρον	44 Geschenk
δείκνυμι (-ύω)	36 zeigen		
δεῖπνον	41 Mahlzeit	**E**	
δέκα	9 zehn	ἐάν	30 1. wenn, 2. (auch immer)
δένδρον	9 Baum		
δεξιός	25 rechts	ἐάω *	28 erlauben, lassen
δέομαι *	16 (m. Gen.) bitten	ἐγγίζω	23 s. nähern
δέσμιος	44 Gefangener	ἔγγιστα	37 (Adv.) am nächsten
δεσμός	10 Band, Fessel	ἐγγύς	30, 37 (m. Gen.) nahe bei; (Adv.) nahe
δεσπότης	5 Herr		
δεῦρο, δεῦτα	30 hierher	ἐγείρω *	24 erwecken, auferstehen lassen
δέχομαι	11 annehmen, empfangen		
		ἐγκαλέω *	39 (m. Dat.) anklagen
διά	7 (m. Akk.) wegen; (m. Gen.) durch	ἐγώ	10 ich
		ἔθνος	20 Volk (Pl.: Heiden)
διάβολος	11 Teufel	εἰ	25, 29 wenn; ob
διαθήκη	34 Testament, Vertrag	εἶδον *	14 ich sah (Aor.)
διάκονος	14 Diener, Priester	εἰκών	30 Bild
διαλέγομαι	40 (m. Dat.) s. unterhalten mit jd.	εἰμί *	8 sein (Verb)
		-εῖμι	35 gehen
διαλογίζομαι	42 erwägen	εἶπον *	14 ich sagte (Aor.)
διαρπάζω *	34 plündern	εἰρήνη	4 Friede
διατάσσω	16 (anordnen) befehlen	εἷς	25 ein
διατίθεμαι *	34 einsetzen, vereinbaren	εἰς	3 (m. Akk.) in ... (hinein)
διδάσκω	8 lehren	εἰσέρχομαι *	14 hineingehen
διδαχή	28 Lehre	εἴωθα	32 gewohnt sein
δίδωμι *	33 geben	ἐκ, ἐξ	3 (m. Gen.) aus ... (heraus)
διέρχομαι *	14 hindurchgehen		
δίκαιος	6 gerecht	ἕκαστος	26 jeder (einzelne)
δικαιοσύνη	4 Gerechtigkeit	ἐκβάλλω *	7 hinauswerfen, verbannen
δικαιόω	29 richten, rechtfertigen		
δίκτυον	7 Netz	ἐκδίδομαι	34 vermieten, verpachten
διψάω	28 dürsten		
διώκω	9 verfolgen	ἐκεῖ	13, 30 da, dort, dorthin
δοκέω *	26 scheinen, glauben	ἐκεῖθεν	30 von dort
δόξα	4 Ruhm, Herrlichkeit, Ehre	ἐκεῖνος	8 jener
		ἐκεῖσε	30 dort, dorthin
δοξάζω	21 rühmen	ἐκκλησία	4 Versammlung, Gemeinde, Kirche
δοῦλος	2 Sklave, Diener		

ἐκκόπτω *	9 abhauen, abbrechen	ἐπεί	19 als, da, weil
ἐκλέγομαι	11 auswählen	ἐπερωτάω	28 fragen, bitten
ἐκπλήσσομαι	34 überrascht werden	ἐπί	19 (m. Gen.) auf, zur Zeit von, in Gegenwart von, vor; (m. Dat.) auf, an, über; (m. Akk.) auf, über, gegen
ἐκτός	40 außer, außerhalb		
ἔλαιον	19 Öl		
ἐλάσσων	37 schlechter, geringer		
ἐλάχιστος	37 am schlechtesten, am geringsten		
ἐλεέω	12 (m. Akk.) bemitleiden, s. erbarmen	ἐπιγινώσκω *	35 erkennen
		ἐπιδίδωμι *	33 hingeben
ἐλεημοσύνη	43 Almosen	ἐπιθυμέω	30 (m. Gen.) begehren, verlangen
ἔλεος	43 Mitleid		
ἐλεύθερος	44 frei	ἐπικαλέω *	39 einen Beinamen geben (Med.: aufrufen)
ἐλπίζω	26 hoffen		
ἐλπίς	18 Hoffnung	ἐπίσταμαι	35 wissen, verstehen
ἐμός	6 mein	ἐπιτάσσω	16 (anordnen) befehlen
ἔμπροσθεν	30 (m. Gen.) vor	ἐπιτίθημι *	33 daraufstellen, darauflegen
ἐν	3 (m. Dat.) in, an		
ἐνδύω	32 anziehen, bekleiden	ἐπιτιμάω	29 warnen, tadeln
ἕνεκα	39 (m. Gen.) wegen, um ... willen	ἐπιτρέπω *	39 erlauben
		ἑπτά	26 sieben
ἐνθάδε	30 hier, hierher	ἐργάζομαι	36 arbeiten
ἔνθεν	30 von da, dorther	ἐργάτης	12 Arbeiter
ἐντέλλομαι *	26 befehlen	ἔργον	2 Werk, Arbeit, Tat
ἐντεῦθεν	30 von da, dorther	ἔρημος, ἡ	5 Einöde, Wüste
ἐντολή	4 Auftrag, Gebot	ἔρρωσθε	31 lebt wohl!
ἐντός	40 in	ἔρχομαι *	11 gehen, kommen
ἐντρέπω *	39 beschämen (Pass.: ehren)	ἐρωτάω	28 fragen, bitten
		ἐσθίω *	1 essen
ἐνώπιον	40 in Gegenwart von, vor	ἔσχατος	6 letzter
		ἔσω, ἔσωθεν	40 in
ἐξέρχομαι *	14 herauskommen	ἕτερος	14 ein anderer; verschieden
ἔξεστι	17 es ist erlaubt, möglich		
		ἔτι	23 noch, ferner
ἐξίστημι *	35 verwirren, (intr.) außer s. geraten	ἑτοιμάζω	9 bereiten
		ἔτος	20 Jahr
ἐξουσία	4 Macht, Gewalt	εὖ	17 (Adv.) gut
ἔξω	22 (Adv.) draußen; (m. Gen.) außerhalb, außer	εὐαγγελίζομαι	17 das Evangelium verkünden
		εὐαγγέλιον	2 gute Nachricht, Evangelium
ἔξωθεν	40 außerhalb, außer		
ἑορτή	36 Fest, Festtag	εὐθύς	14, 27 sofort (Adv.); gerade, direkt (Adj.)
ἐπαγγελία	21 Versprechen, Verheißung		
		εὔκοπος	37 leicht
ἐπάνω	40 oberhalb, über	εὐλογέω	21 segnen, preisen

εὑρίσκω *	1	finden	θύρα	19	Tür
εὐχαριστέω	36	danken	θυσία	30	Opfer
ἐφίσταμαι *	35	s. über etw. stellen, über etw. geraten	θύω	43	opfern
ἐχθρός	10	feindlich; Feind	**I**		
ἔχω *	4	haben, halten	ἰάομαι	28	heilen
ἕως	12	bis	ἰατρός	10	Arzt
			ἴδιος	10	eigen
Z			ἰδού	25	siehe!
ζάω	28	leben	ἱερεύς	20	Priester
ζητέω	3	suchen (nach etw.)	ἱερόν	4	Tempel
ζωή	7	Leben	-ἵημι *	33	senden, gehen lassen
ζώνη	20	Gürtel	Ἰησοῦς	7	Jesus
ζώννυμι	36	gürten	ἱκανός	43	genügend, tüchtig
			ἱμάτιον	2	Mantel; Pl.: Kleidungsstücke, Kleider
H					
ἤ	29	oder	ἵνα	26	daß, damit
ἡγεμών	18	Führer, Gouverneur	Ἰορδάνης	12	Jordan
ἡδέως (ἥδιστα)	37	gern	Ἰουδαῖος	8	Jude
ἤδη	23	schon, jetzt	ἱστάνω	35	stellen
ἥλιος	17	Sonne	ἵστημι *	35	stellen, (intr.) treten
ἡμεῖς	10	wir	ἰσχυρός	25	stark
ἡμέρα	4	Tag	ἰχθύς	20	Fisch
ἡμέτερος	6	unser	Ἰωάννης	11	Johannes
ἥσσων	37	schlechter, geringer			
			K		
Θ			καθαιρέω *	39	herabnehmen, zerstören
θάλασσα	4	Meer, See			
θάνατος	3	Tod	καθαρίζω	15	reinigen
θαυμάζω	19	erstaunt sein, s. wundern, bewundern	καθεύδω	27	schlafen
			κάθημαι	28	sitzen
θεάομαι	31	betrachten, anschauen	καθίζω	26	s. setzen, sitzen
			καθίστημι *	35	hinstellen, einsetzen
θέλημα	23	Wunsch, Wille	καί	3	und, sogar, auch
θέλω *	16	wollen	καί – καί	3	sowohl – als auch
θεμελιόω	31	gründen, befestigen	καινός	34	neu
θεός	2	Gott	καιρός	21	rechte Zeit, Zeitpunkt
θεραπεύω	1	pflegen, dienen, heilen			
			κακός	13	schlecht, böse
θεωρέω	21	anschauen, erblicken, sehen	καλέω *	3	rufen, nennen
			κάλλιον	37	(Adv.) besser
θηρίον	26	wildes Tier	καλός	8	schön, gut
θλῖψις	20	Mühsal	καλῶς	37	(Adv.) gut
θρίξ	19	Haar	καρδία	6	Herz
θυγάτηρ	19	Tochter	καρπός	15	Frucht

κατά	10	(m. Akk.) gemäß, in, während, längs; (m. Gen.) von ... herab, gegen, bei (Schwur)	Λ	
			λαλέω	3 (m. Dat.) reden, sprechen (mit)
			λαμβάνω *	1 nehmen, bekommen
καταβαίνω *	15	hinabgehen, herabsteigen	λαμπάς	19 Lampe
			λαός	11 Volk, Leute
κατακρίνω *	24	verurteilen	λέγω *	1 sagen, nennen
καταλύω	39	1. zerstören; 2. einkehren	λείπω *	13 verlassen, zurücklassen
καταρτίζω	42	in den Stand setzen, bereiten	λεπρός	26 aussätzig
			λευκός	32 weiß
κατέναντι	40	gegenüber	λῃστής	9 Räuber
κατέχω *	43	zurückhalten, zügeln	λίθος	12 Stein
κατηγορέω	30	(m. Gen.) anklagen	λογίζομαι	42 anrechnen, überlegen
κατοικέω	21	bewohnen, wohnen		
κεῖμαι	28	liegen	λόγος	2 Wort, Bericht, Rede
κελεύω	16	auffordern, befehlen	λοιπός	41 übrig
κεφαλή	11	Kopf	τὸ λοιπόν	41 (Adv.) künftig, fernerhin
κηρύσσω	1	verkünden, predigen		
κλαίω *	25	weinen	λυπέω	41 betrüben
κλέπτης	25	Dieb	λύω	1 lösen, freilassen
κληρονομέω	44	erben, erhalten		
κλίνη	32	Bett	Μ	
κοιμάομαι	28	schlafen	μαθητής	5 Schüler, Jünger
κοινόω	29	profan machen, entweihen	μακάριος	8 glücklich, selig
			μάλιστα	37 (Adv.) am meisten
κοπιάω	41	s. anstrengen	μᾶλλον	37 (Adv.) mehr
κόσμος	3	Welt	μανθάνω *	13 lernen
κράββατος	17	Bettstelle, Bett	μαρτυρέω	3 (m. Dat.) Zeuge sein, bezeugen, Zeugnis ablegen von etw.
κράζω *	9	schreien		
κράτιστος	37	bester		
κρείσσων	37	besser	μάρτυς	27 Zeuge, Märtyrer
κρίνω *	23, 24	urteilen, aburteilen	μάχαιρα	12 Schwert
κρίσις	20	Urteil, Gericht	μέγας	7 groß
κριτής	17	Richter	μέγιστος	37 größter
κρύπτω *	3	verbergen	μεθίστημι *	35 umstellen, ändern
κύριος	3	Herr	μείζων	37 größer
κύων	19	Hund	μέλαν	27 Tinte
κωλύω	43	(ver)hindern	μέλας	27 schwarz
κώμη	5	Dorf	μέλλω *	16 im Begriff sein, vorhaben, wollen, sollen, werden
κωφός	25	stumm, taub		
			μέλος	37 Glied
			μέν	10 zwar
			μένω *	24 bleiben

μεριμνάω	29	s. sorgen
μέρος	33	Teil
μέσον	26	Mitte
μέσος	26	mittlerer, mitten
μετά	10	(m. Akk.) nach; (m. Gen.) mit
μεταβαίνω *	39	weggehen
μεταμορφόω *	39	verändern
μετανοέω	21	umdenken, bereuen
μετάνοια	12	Sinnesänderung, Buße
μεταξύ	40	zwischen
μετατίθημι *	33	umstellen, ändern
μέχρι	12	bis
μή	26	nicht, damit nicht
μηδέ	28	und nicht, auch nicht, nicht einmal
μηδείς	25	kein, niemand
μηδέποτε	25	niemals
μηκέτι	23	nicht mehr
μήν	43	Monat
μήπω	25	noch nicht
μήτε – μήτε	26	weder – noch
μήτηρ	19	Mutter
μήτι;	29	etwa?
μιαίνω	31	beflecken
μικρός	35	klein
μιμνήσκομαι *	15	s. erinnern
μισέω	36	hassen
μισθός	12	Sold, Lohn
μνημεῖον	25	Grabmal
μόνον	32	(Adv.) allein, nur
μόνος	32	allein
μωρός	37	töricht, dumm

N

νεανίας	5	Jüngling, junger Mann
νεκρός	11	tot; Leichnam
νέος	44	neu; jung
νεφέλη	19	Wolke
νηστεύω	15	fasten, hungern
νικάω	31	siegen
νίπτω	11	waschen
νομίζω	33	glauben, meinen

νόμος	2	Gesetz
νόσος	5	Krankheit
νῦν	8	nun, jetzt
νύξ	19	Nacht

Ξ

ξηραίνω *	31	trocknen
ξύλον	37	Holz, Baum

O

ὅδε	30	dieser
ὁδός, ἡ	5	Weg, Straße
ὀδούς	19	Zahn
ὅθεν	30	von wo, woher
οἶδα *	32	wissen, kennen
οἰκοδεσπότης	5	Hausherr
οἰκοδομέω	5	bauen
οἶκος	3	Haus
οἰκουμένη	43	Welt
οἶνος	10	Wein
οἷος	30	wie (beschaffen)
ὅλος	24	ganz
ὄμνυμι (-ύω) *	36	schwören, fluchen
ὅμοιος	36	ähnlich, gleich
ὁμοιόω	29	gleichmachen, vergleichen mit (m. Dat.)
ὁμολογέω	22	anerkennen, bekennen
ὀνειδίζω	22	Vorwürfe machen, tadeln, schmähen
ὄνομα	18	Name
ὀνομάζω	7	nennen
ὄπισθεν, ὀπίσω	37	(m. Gen.) hinter, nach
ὅπλον	34	Waffe
ὁποῖος	30	wie (beschaffen)
ὅπου	30	wo, wohin
ὅπως	26, 30	daß, damit; wie
ὁράω *	29	sehen
ὀργή	36	Zorn, Wut
ὅριον	40	Grenze (Pl.: Gebiet)
ὄρος	20	Berg
ὅς, ἥ, ὅ	13	der, die, das (Rel.-pron.)

ὅσος	30 wie groß (Pl.: wie viele)	παραγίνομαι *40	ankommen, zu Hilfe kommen
ὅστις	30 der (Rel.-pron.)	παράγω *	23 vorbeigehen, entlanggehen
ὀσφύς	20 Hüfte		
ὅταν	30 wann auch immer, wenn	παραδίδωμι *	33 übergeben, gewähren, verraten
ὅτε	12, 30 als	παραιτέομαι	39 s. ausbitten, s. verbitten
ὅτι	9 weil, daß		
οὗ	30 wo, wohin	παρακαλέω *	7 herbeirufen, ermahnen, trösten, bitten, einladen
οὐ, οὐκ, οὐχ	3 nicht		
οὐδέ	28 und nicht, auch nicht, nicht einmal	παρακούω *	39 überhören, nicht beachten
οὐδείς	25 kein, niemand		
οὐδέποτε	25 niemals	παράπτωμα	39 Fehltritt
οὐκέτι	23 nicht mehr	παρατίθημι *	33 vorsetzen, vorlegen; (Med.) anvertrauen
οὖν	4 nun, also, daher		
οὔπω	25 noch nicht	παρθένος, ἡ	5 Mädchen, Jungfrau
οὐρανός	6 Himmel	παριστάνω	35 darbringen, vorstellen
οὖς	19 Ohr		
οὔτε – οὔτε	26 weder – noch	παρίστημι *	35 darbringen, vorstellen; (intr.) hinzutreten
οὗτος	8 dieser		
οὕτως	22 so		
οὐχί;	29 nicht?	πᾶς	24 jeder, ganz
ὀφείλω	24 schulden, müssen	πάσχω *	13 erleiden, ertragen
ὀφθαλμός	12 Auge	πατήρ	19 Vater
ὄχλος	8 Volk, Menge	πατρίς	18 Vaterland, Heimat
		πείθω *	6 überreden, überzeugen
Π			
		πεινάω	28 hungern
πάθημα	31 Leid	πειράζω	15 versuchen, prüfen
παιδεύω	1 erziehen	πέμπω	1 schicken, senden
παιδίον	6 kleines Kind	πέντε	13 fünf
παῖς	24 Kind; Junge, Mädchen	πέραν	40 jenseits
		περί	20 (m. Akk.) um herum, ungefähr; (m. Gen.) in bezug auf, über
παλαιός	17 alt		
πάλιν	17 zurück, wieder		
πάντοτε	25 immer	περιβάλλω *	32 herumwerfen; (Med.) anlegen
παρά	22 (m. Gen.) von; (m. Dat.) neben, bei; (m. Akk.) an ... entlang, zu, gegen, im Vergleich zu		
		περιβλέπομαι	12 s. umsehen, betrachten
		περιπατέω	6 umhergehen, gehen, wandeln
παραβαίνω *	39 übertreten	περισσός	37 reichlich, überflüssig
παραγγέλλω *	25 befehlen	πηλίκος;	30 wie groß? (Pl.: wie viele?)
παραβολή	15 Gleichnis		

πίνω *	10 trinken	πρίν (ἤ)	36 bevor
πίπτω *	13 fallen	πρό	5 (m. Gen.) vor
πιστεύω	1 vertrauen, glauben	πρόβατον	10 Schaf
πίστις	20 Glaube, Vertrauen	προίσταμαι *	35 an die Spitze treten, sorgen für
πιστός	6 treu, gläubig		
πλανάω	29 irreführen; (Pass.) umherirren	πρός	6, 38 (m. Akk.) zu, nach, bei; (m. Gen.) im Interesse von; (m. Dat.) neben
πλεῖον	37 (Adv.) mehr		
πλεῖστος	37 am meisten		
πλέων	37 mehr	προσδέχομαι	39 annehmen, aufnehmen, erwarten
πλῆθος	20 Menge		
πληθύνω	42 vermehren	προσέρχομαι *	14 hinzukommen, s. nähern
πλήν	40 außer; aber, jedoch		
πλήρης	27 voll	προσεύχομαι	11 (m. Dat.) beten zu, anflehen
πληρόω	29 (m. Gen.) füllen, anfüllen mit etw., vollenden		
		προσέχω *	41 Beachtung schenken
		προσκαλέομαι *	11 herbeirufen, vorladen
πλησίον	40 nahe bei		
πλοῖον	2 Schiff, Boot	προσκυνέω	26 (m. Dat.) fußfällig verehren, anbeten
πλούσιος	8 reich		
πλοῦτος	33 Reichtum	προστάσσω	16 (anordnen) befehlen
πνεῦμα	18 Geist	προστίθημι *	33 hinzufügen
πόθεν;	30 woher?	προφήτης	5 Prophet
ποιέω	3 machen, tun	πρωΐ	24 früh
ποιμήν	18 Hirte	πρῶτος	6 der erste
ποῖος;	30 was für ein?	πτωχός	8 arm
πόλεμος	44 Krieg	πυνθάνομαι *	42 s. erkundigen, fragen
πόλις	20 Stadt, Staat	πῦρ	21 Feuer
πολλάκις	44 oft	πωλέω	33 verkaufen
πολύς	7 viel	πῶς;	4 wie?
πονηρός	6 mühselig, schlecht, böse		
πορεύομαι	12 reisen, marschieren	**P**	
πορνεία	41 Unzucht, Hurerei	ῥῆμα	18 Wort
πόρρω	37 (Adv.) fern	ῥιζόω	31 verwurzeln
πόσος;	30 wie groß? (Pl.: wie viele?)	Ῥωμαῖος	8 Römer
ποταμός	12 Fluß		
ποταπός;	30 was für ein?	**Σ**	
πότε;	10 wann?	σάββατον	4 Sabbat, Woche
ποτήριον	21 Becher	σάρξ	18 Fleisch
ποῦ;	18 wo? wohin?	σβέννυμι *	36 (aus)löschen
πούς	19 Fuß	σημεῖον	4 (Vor-)Zeichen, Wunder
πράσσω	9 tun		
πρεσβύτερος	23 älter; Ältester	σήμερον	24 heute

σιωπάω	29	schweigen	**T**	
σκανδαλίζω	25	ärgern, (zur Sünde) verführen; (Pass.) abfallen	τάχιον	37 (Adv.) schneller
			τάχιστα	37 (Adv.) am schnellsten
σκεῦος	27	Gerät, Gefäß (Pl.: Gepäck, Hab und Gut)	ταχύς	27 schnell
			ταχύ	27 (Adv.) schnell
			τε	41 und
σκότος	23	Dunkelheit, Finsternis	τέκνον	2 Kind
			τέλειος	37 vollendet, reif
σός	6	dein	τελειόω	31 beenden, vervollkommnen
σοφία	19	Weisheit, Klugheit		
σοφός	15	weise, klug	τελέω *	3 beenden, vollenden
σπείρω *	15, 24	ausstreuen, säen	τέλος	20 Ende, Ziel
σπέρμα	21	Saat, Same	τελώνης	10 Zöllner, Steuereinnehmer
σταυρός	8	Kreuz		
σταυρόω	29	kreuzigen	τέρας	34 Vorzeichen, Wunder
στήκω	35	stehen	τέσσαρες	18 vier
στόμα	18	Mund	τεσσεράκοντα	15 vierzig
στρατιώτης	14	Soldat	τηρέω	3 bewachen, beachten, behüten, behalten
σύ	10	du		
συλλαμβάνω *36		ergreifen, gefangennehmen, ein Kind empfangen	τι;	24 was? warum?
			τίθημι *	33 stellen, legen, setzen
			τίκτω *	13 hervorbringen, gebären
συμβαίνω *	39	geschehen		
συμφέρω *	43	zusammentragen, nützen	τιμάω	28 ehren, schätzen
			τίμιος	37 geschätzt, wertvoll
σύν	5	(m. Dat.) mit	τίς;	24 wer?
συνάγω *	10	zusammentreiben, zus.-führen	τις, τι	24 (enkl.) ein, ein gewisser (Pl.: einige); etwas
συνέρχομαι *	14	zusammenkommen, zusammen kommen		
			τοιοῦτος	30 so (beschaffen)
συνίημι *	33	verstehen	τόπος	14 Platz, Ort
συνίστημι *	35	zusammenstellen, empfehlen; (intr.: zusammentreten)	τοσοῦτος	30 so groß (Pl.: so viele)
			τότε	8 damals, dann
			τράπεζα	40 Tisch, Bank
σφραγίζω	32	versiegeln	τρεῖς	25 drei
σῴζω *	1	retten, schützen	τρέπω *	39 wenden
σῶμα	18	Körper	τρέχω *	40 laufen
σωτήρ	18	Heiland, Retter	τρίτος	25 dritter
σωτηρία	13	Rettung, Heil, Erlösung	τρόπος	43 Art, Weise
			τυγχάνω *	42 etw. erlangen
			τυφλός	8 blind

Υ			φυλάσσω	9 bewachen
ὑγιής	27	gesund, vernünftig	φωνέω	18 die Stimme erheben, sprechen
ὕδωρ	19	Wasser		
υἱός	5	Sohn	φωνή	14 Stimme
ὑμεῖς	10	ihr	φῶς	23 Licht
ὑμέτερος	6	euer		
ὑπάγω *	22	gehen, weggehen	X	
ὑπακούω *	22	gehorchen	χαίρω *	15 s. freuen
ὑπαντάω	29	begegnen	χαλκός	44 Erz, (Kupfer)geld
ὑπάρχοντα	35	Vermögen	χαρά	17 Freude
ὑπάρχω	35	sein, existieren	χαρίζομαι	31 einen Gefallen tun, gewähren
ὑπέρ	36	(m. Akk.) über (... hin), jenseits; (m. Gen.) im Interesse, zu Gunsten von		
			χάριν	40 um ... willen, wegen
			χάρις	19 Dank, Gnade
			χείρ	19 Hand
ὑπηρέτης	14	Diener	χείρων	37 schlechter
ὑπό	12	(m. Akk.) unter; (m. Gen.) von, durch (vom Handelnden)	χήρα	14 Witwe
			χρεία	17 Nutzen, Bedarf
			Χριστός	14 Christus
ὑποκάτω	40	unter	χρόνος	13 Zeit
ὑπομένω *	39	ertragen, aushalten	χρυσός (-ίον)	44 Gold
ὑποτάσσω	30	unterwerfen	χωλός	11 lahm
ὕστερον	15	(Adv.) später	χώρα	30 Land
ὑψηλός	37	hoch	χωρίς	40 fern von, ohne
ὕψιστος	37	höchster		
ὑψόω	29	erhöhen	Ψ	
			ψεύδομαι	41 täuschen, Lügen erzählen
Φ				
φαίνω *	32	zeigen (Pass.: erscheinen)		
			Ω	
φανερόω	29	bekanntmachen, zeigen	ὧδε	13, 30 hier, hierher
			ὡς	12, 15 wie, daß, als, während
Φαρισαῖος	8	Pharisäer		
φέρω *	14	tragen	ὥστε	34 so daß, deshalb
φεύγω *	13	fliehen	ὠφελέω	17 (m. Akk.) unterstützen, helfen
φημί	35	sagen		
φθείρω *	24	zerstören		
φιλέω	3	lieben		
φιμόω	31	knebeln, zum Schweigen bringen		
φοβέομαι	14	fürchten, s. fürchten		
φρόνιμος	19	vernünftig		
φυλακή	14	Gefängnis, Nachtwache, Wache		
φύλαξ	18	Wächter		

Interreligiöses Lernen V&R

Rainer Lachmann / Martin Rothgangel /
Bernd Schröder (Hg.)
**Christentum und
Religionen elementar**
Lebensweltlich - theologisch - didaktisch
Theologie für Lehrerinnen und Lehrer, Bd. 5.
2010. 400 Seiten mit 4 Abb., kartoniert
ISBN 978-3-525-61425-9

Mit dem fünften Band findet die Reihe »Theologie für Lehrerinnen und Lehrer« ihren Abschluss. Er greift einen Inhalts- und Kompetenzbereich des Religionsunterrichts auf, der in unserer multireligiösen Gesellschaft zunehmend an Bedeutung gewonnen hat und unter dem didaktischen Signum des »Interreligiösen Lernens« nicht nur dem Religionsunterricht aufgegeben ist. Nach Klärung der »Grundfragen« (I) folgt zuerst ein Kapitel »Christliche Konfessionen« (II), dann die Auseinandersetzung mit den »Weltreligionen« (III) und – eine Rarität in der didaktischen Literatur – das Kapitel »Sondergemeinschaften und neue Religionen / Weltanschauungen« (IV). Der Band schließt ab mit »Moderne Variationen von Religion« (V).

Vandenhoeck & Ruprecht

Bibel ohne sieben Siegel

V&R

Rainer Lachmann / Christine Reents /
Gottfried Adam / Gottfried Adam (Hg.)
Elementare Bibeltexte
Exegetisch – systematisch – didaktisch
Theologie für Lehrerinnen und Lehrer, Bd. 2.
4., unv. Auflage 2010. 479 Seiten, kart.
ISBN 978-3-525-61421-1

Ob Schöpfung oder Königsbücher, Propheten oder Hiob im Alten Testament, Gleichnisse, Wundergeschichten oder Paulus-Briefe im Neuen Testament – die elementaren Texte der Bibel stellt der zweite Band der Reihe »Theologie für Lehrerinnen und Lehrer« übersichtlich und auf dem neuesten Stand der Forschung vor.

Der Dreischritt »exegetisch«, »systematisch«, »didaktisch« ist auf die Bedürfnisse von Lehrenden zugeschnitten, die neben einer ebenso knappen wie gehaltvollen Einführung in den jeweiligen Bibeltext auch praktikable Vorschläge für eine Umsetzung im Unterricht benötigen.

Vandenhoeck & Ruprecht